PARAYI REDDEDEN ADAM

Pegasus Yayınları: 1251

PARAYI REDDEDEN ADAM
MARK SUNDEEN
Özgün Adı: The Man Who Quit Money

Yayın Koordinatörü: Yusuf Tan
Editör: Kemal Küçükgedik
Düzelti: Cengiz Alkan
Sayfa Tasarımı: Meral Gök

<u>Baskı-Cilt: Alioğlu Matbaacılık</u>
Sertifika No: 11946
Orta Mah. Fatin Rüştü Sok. No: 1/3-A
Bayrampaşa/İstanbul
Tel: 0212 612 95 59

1. Baskı: Ocak 2016
ISBN: 978-605-343-780-2

Türkçe Yayın Hakları © PEGASUS YAYINLARI, 2016
Copyright © 2012, Mark Sundeen

Bu kitabın Türkçe yayın hakları Akcalı Telif Hakları Ajansı aracılığıyla Random House Penguin LLC çatısı altında faaliyet yürüten Penguin Publishing Group'un alt markası Riverhead Books'tan alınmıştır.

Tüm hakları saklıdır. Bu kitapta yer alan fotoğraf/resim ve metinler Pegasus Yayıncılık Tic. San. Ltd. Şti.'den izin alınmadan fotokopi dâhil, optik, elektronik ya da mekanik herhangi bir yolla kopyalanamaz, çoğaltılamaz, basılamaz, yayımlanamaz.

Yayıncı Sertifika No: 12177

Pegasus Yayıncılık Tic. San. Ltd. Şti
Gümüşsuyu Mah. Osmanlı Sk. Alara Han
No: 27/9 Taksim / İSTANBUL
Tel: 0212 244 23 50 (pbx) Faks: 0212 244 23 46
www.pegasusyayinlari.com / info@pegasusyayinlari.com

MARK SUNDEEN

PARAYI REDDEDEN ADAM

İngilizceden Çeviren:
BARIŞ SEVER

PEGASUS YAYINLARI

Her daim bana nüveleri veren Cedar için...

"Yaşamınız, yiyip içecekleriniz, vücudunuz ya da giyecekleriniz için endişelenmeyin. Hayat, yemekten ya da vücudunuz, kıyafetlerden daha önemli değil midir? Gökteki kuşlara bakın; onlar ekmezler, biçmezler ya da biriktirmezler ve sevgili Kutsal Babamız onları besler… Endişelenmek kimin ömrüne bir saat daha eklemiştir ki?" – Hz. İsa

"Hiçbir şeyimiz olmadan da mutluca yaşayabiliriz! Mutlulukla beslenen parlak tanrılar gibi oluruz!" – Buda

"Şehir meydanında boş bir bankta da uyusam, yaşadığım her yer evimdir." – Merle Haggard

BÖLÜM 1

1

Yirmi birinci yüzyılın birinci yılında, Amerika'nın ortasında bir otoban kenarında duran bir adam cüzdanından bütün birikimini çıkarıp –otuz dolar– bir telefon kulübesinin içine bırakıp uzaklaştı. Otuz bir yaşındaydı, iyi bir aileden geliyordu ve üniversiteye gitmişti. Ne bir ruhsal hastalığı ne de bağımlılığı vardı. Yaptığı şey, özgür iradesiyle karar verebilecek bir yetişkinin kararıydı.

Son on iki yılda, Dow Jones tüm zamanların en yüksek derecesine ulaştığından beri, Daniel Suelo ne tek bir dolar kazanmış ya da harcamıştı. Mortgage başvurusunda bulunmak için isim soy ismin yeterli olduğu bir dönemde bile borçlanmamış hatta mal takasında bile bulunmamıştı. Kamu borcu sekizden ona ve on üç trilyon dolara çıktığında ne vergi ödemiş, ne yiyecek karnesi, sosyal yardım ya da hükümet tarafından verilen herhangi bir desteği almıştı.

Onun yerine Utah kanyonlarında bir mağarada kendi evini kurmuş, civardaki karadut ve yaban soğanlarını toplamış; rakun ve sincap leşleriyle, tarihi geçmiş atık sebzelerle ve zaman zaman arkadaşları ve yabancıların yardımlarıyla beslenmişti. "Benim felsefeme göre yalnızca karşılıksız verilen, bırakılmış olan, mevcut olan ya da yetişen şeyler kullanılmalıdır," diye yazıyor. Geriye kalanlarımız vergiler, konut kredileri, emeklilik planları ve hesaplarla uğraşırken, Suelo bir kimlik kartı bile taşımıyor.

Köprü altında yatıp çöp kutularını karıştırsa da tipik bir berduş değil. Dilenmiyor ve sık sık çalışıyor ancak karşılığında ücret almayı reddediyor. Spiritüel inanışları ve emelleri olsa da ne bir keşiş ne de herhangi bir kiliseyle bağı var. Mağarada yaşamasına rağmen inzivaya çekilmiş değil; aksine, oldukça sosyal, arkadaşları ve ailesiyle ilişkisini sürdüren, halk kütüphanesinde kurduğu internet sitesi aracılığıyla, yabancılarla ateşli tartışmalar yapmaktan geri durmayan birisi. Bütün batıyı bisikletle turlamış, nakliye trenleri ve otostopla ülkedeki bütün eyaletleri neredeyse görmüş, trol teknelerinde ağ taşımış, pasifik kıyılarında kara kabuk midyesi ve deniz lahanası toplamış, Alaska derelerinde somon avlamış ve üç ay boyunca antik bir katran ağacının tepesinde yaşama cesareti göstermişti.

"Parasız yaşamanın mümkün olduğunu biliyorum," diyor Suelo. "Hem de bolluk içinde…"

Suelo'yla henüz paradan vazgeçmeden önce, toplumdan uzaklaşmak isteyenler ve gezginler için bir cennet olan Utah'taki Moab çöl karakolunda tesadüfen tanışmıştık. Aynı çemberde koşmuş, aşçı olarak aynı görevlerde bulunmuş, bir şey ispatlamak için olmasa da kira ödemek istemediğimiz için kamu arazilerine yerleşmiştik. İkimiz de tipik kariyer yollarından vazgeçmiştik çünkü dünyanın gidişatına kızgındık ve değiştiremiyorduk. Onlarla başa çıkamayacaksak en azından ofislerinde bilgi girmeyi, büyük kutularındaki çöplerini almayı ve onlara ödeme yapmayı reddebilirdik. Fakat sonraki yıllarda yollarımız coğrafi olarak ve diğer türlü ayrılmıştı.

Onu yeniden bulmaya karar verdiğimde son sohbetimizin üzerinden neredeyse on yıl geçmişti. Daniel'ın parasız yaşama girişimini duyduğumda ilk başta aklını yitirdiğini düşünmüştüm. Artık kamyonetiyle gezginlik yapan bir seyyah değildim ve profesyonel bir yazar olmuştum. Kiralık evimde tesisatı tamir edip bir dönüm araziye piyasada değeri üçe katlanan bazı fidanları ekerek vakit geçiriyordum. Mağara sakini arkadaşımın beni Facebook'ta arkadaş olarak eklemesiyle yeniden iletişime geçtik.

Gerçi onu bir keresinde görmüştüm. Moab'ı ziyaretim sırasında kabarık, kır saçlı bir adamın market reyonları arasında yürüdüğünü görmüştüm. Hatta göz göze geldiğimizde uzun süre birbirimize bakmıştık. Tanıdık geliyordu fakat bu yaşlı, kır saçlı, yüzünü kırışıklıklar bürümüş kişi on yıl önce beraber aşçılık yaptığım Daniel olabilir miydi?

Bana gülümsedi. Kapkara ve eğri büğrü dişlerini gösterdiğinde gülümsemekten kendimi alamamıştım. Bir adamın gönüllü açlığını desteklesem de Amerika'nın en zengin bölgesinde bu çirkin dişlere bakmayı reddediyordum. Böylesi üzgün bir ağza bakmaya zorlanmamalıydım. Gördüğüm şey beni dişlerimin mükemmel halinden, düzenli gelirimden, kiralık daireden utandırmıştı ve sanki bu gülümseme beni direkt olarak suçlamıştı. Utancımdan dolayı kızgındım. Burası özgür bir ülkeydi ve Suelo istediği kadar çamurda uyuma ya da artık sebzeleri toplama hakkına sahipti ama karşıma oturup beni yargılamaya hakkı var mıydı?

Artık eski arkadaşımı tanımıştım ama ne elini sıkmış ne de arkadaşlığımı sunmuş ya da nasıl olduğunu sormuştum. Dişlerimi sıkıp hafifçe başımı salladıktan sonra arabama atladığım gibi oradan kaçmıştım.

Gerçek şuydu ki paradan *hoşlanmaya* başlamıştım. Aslında parayı hep sevmiştim. Küçük bir çocukken bile topladığım bozuk paraları banknotlara çevirip bankadaki tasarruf hesabıma yatırırken büyük bir tatmin duyardım. Ayrıca paranın temsil ettiği ticaret, kredi ve birikim sistemini de severdim. Büyüyüp bir yetişkin olduğumda da para bana iyi davranmıştı; yapmak istediğim şey olan kitap yazma işiyle para kazanmaya başladım. Para bana zekâmı test etme, birikim yapma, riske girme ve kazanma şansı verdi. Çadırda yaşadığım günlerde bile para biriktirme sayesinde bu özgürlüğü sağlayabilmiştim. Şimdiyse değerinin altında ikinci el bir araba ararken ya da ev ödemelerimi daha düşük bir oranda taksitlendirirken, sistemi alt ettiğimi hissediyordum.

Otuzlu yaşlarıma doğru sahip olduğum şeylerin bir kamyonet kasasına sığacağı bir döneme girdiğimde, kazandığım her bir senti biriktirmenin faydasını görmüştüm. İkinci bir araba ve ikinci bir ev aldım ve bir emeklilik hesabına katkıda bulunup elli üç sayfa vergi iadesi dosyaladım. Altı çift kayak takımım vardı.

Derken 2008 yılına geldik. Dünyada yirmi trilyon dolarlık sabit sermaye yatırımı bir anda kötü mortgage yatırımları ve çıkan spekülasyonlar sebebiyle kül olup gitmişti. Konut balonunun patlamasıyla beraber meydana gelen haciz ve iflaslar sebebiyle milyonlarca insan emeklilik yatırımı, birikim ve işlerini kaybetti. Benim kıymetsiz emeklilik hesabım bile yarı yarıya değersizleşmişti. Çalıştığım dergiler beni ücretsiz izinlere çıkardı ya da komple kapandılar. Bütçe kesintileri sebebiyle üniversitede öğretmenlik işimi kaybettim. Evim için aylık yaptığım ödeme aniden iyi değerlendirilmemiş bir yatırıma dönüşmüştü. Evi ne kadar dekore edip boyarsam boyayayım, onun için ödediğim bedelin karşılığına denk gelmiyordu artık. 60'lı, 70'li yıllarda doğan jenerasyonum hakkında tahminlerde bulunan muhaliflerin belki de haklı bir noktaları vardı: Kendi ebeveynlerinden başarısız bir nesil olmuştuk.

BBC'ye verdiği röportaj, *Details* ve *Denver Post*'ta hatta *Ripley's Believe or Not*'un sayfalarında yer alan öyküsü sebebiyle Suelo hatırı sayılır bir şöhret kazanmaya başlamıştı. Kişisel blog ve internet adresi on binlerce kez ziyaret edilmişti. Thomas Jefferson, Sokrat ve Aziz Augustine'den alıntılarla dolu yazılarına bakarken Suelo'nun hayatıyla ilgili aldığı kararları ve kötü dişlerini düşündüm. Hepimizin patlayan konut balonu yüzünden mecburen düşündüğümüz bir gerçeği dile getirmişti: Para yalnızca bir illüzyondu. "Adına para denilen ve gerçekliğine bütün dünyanın inandığı bu şeyden yorulmuştum," diyordu. "Gerçekdışı olmaktan yorulmuştum."

Daniel, benim peşine düştüğüm her şeyi reddetmeyi seçmişti. Reddettiği şeylerin dışında onun da kucakladığı bir şeyler olmalıydı. Kaçırdığım nokta neydi? Sonunda Utah çölüne gidip bunu bizzat öğrenmeye karar vermiştim.

Moab'a döndüm. Evli bir çift olan arkadaşlarımda kalıyordum. Suelo'yla birkaç kez e-posta aracılığıyla temasa geçmiştim fakat basit bir plan üzerinde uzlaşamamıştık. Elbette ki telefon kullanmıyordu. Mağaranın görgü kurallarını da bilmiyordum, haber vermeden gitmek uygun muydu? Ayrıca onun vahşi doğada tam olarak nerede yaşadığını bilmiyordum. Bir e-posta gönderip arkama yaslandım ve yakın zamanda kanyondan çıkıp kütüphaneye gelmesini umdum.

Aradan bir gün geçti. Sonbahardı. Hava güneşli ve soğuktu. Arkadaşımın verandasına oturmuş, bir bardak taze karpuz suyumu yudumluyordum. Ev sahipliği yapan arkadaşlarımdan Melony, karpuzun antioksidan, elektrolit ve vitaminle dolu müthiş bir yiyecek olduğunu düşünüyordu. Son beş yıldır, günde üç kere içtiği karpuz suyu sayesinde hiçbir doktor, meditasyon ya da alerji ilacının iyileştiremediği hastalığından kurtulduğuna yemin ediyordu. Fakat hasat bitip kasabadaki iki markette de karpuz stokları tükenince zor duruma düşüyor, yaklaşan kışla birlikte internetten sipariş vermek gibi umutsuz yollarla karpuz bulmaya çalışıyormuş. Bu arada bir gün daha geçmişti ve Suelo'dan haber yoktu.

Yine verandada oturmuş, saatimi kontrol ederken bir hareketlilik çarpmıştı gözüme. Siyah bir bisiklet ve sürücüsü yaklaşıyordu. Gri sakalı ve saçı arasında boynuz çerçeveli bir gözlük vardı. Bisiklet sürücüsünün üzerinde çenesinin altında, teneke bir broşla tutturulmuş siyah bir cepken vardı. Bakışları direktti ve huzurluydu.

Bacakları durmadan pedal çevirmesine rağmen vücudunun üst kısmı oldukça rahat gözüküyordu. Bisikletinin arka kısmına bir elma sepeti monte edilmişti. Ellerini bırakıp meyvelerle hokkabazlık yapsaydı şaşırmazdım.

Caddeye doğru fırlayıp, "Daniel!" diye bağırdım. Sesimi duyunca yavaşlayıp döndü ve kendimi tanıtana kadar şaşkın gözlerle bana baktı.

"Ah, sensin demek," dedi.

Mağarada yaşayan bir adama göre Suelo'nun tarzına dikkat ettiğini söyleyebilirdim. Pantolonunun birkaç santim uzun paçalarını botlarının üstünde kıvırmıştı. Dar, siyah bir tişörtün üzerine giydiği ekose kumaşlı fanilasını deri bir kemerin göründüğü beline doğru bırakmıştı. Dış görünüşü büyük buhran zamanındaki bir evsiz ile hovarda bir Fransız ressamı karışımıydı. Buster Keaton ile Paul Gauguin karışımı bir şey.

Sırada ne yapacağımı bilmez bir halde kollarımı uzatıp onu beceriksizce kucakladım. Odun dumanı gibi kokuyordu. Onu içeri davet edip Melony ve kocası Mathew'la tanıştırdım. Melony ona zulasının sonu olduğunu söylediği büyükçe bir bardak karpuz suyu ikram etti.

Suelo canlanmışa benziyordu. Sağ gözünün üstündeki yara sebebiyle tek kaşı hafifçe havada gözüküyordu ve bu da ona sürekli merak içindeymiş gibi bir hava katıyordu.

"Kavun tarlasını biliyor musunuz?" diye sordu.

Bilmiyorduk.

"Derelerin arasındaki tarla," dedi başını aşağı yukarı sallarken. "Orada binlerce meyve var. Karpuz, kantalup, kabak ve balkabakları da var. Aylarca onlarla beslendim."

"Kimin tarlası?" diye sordum.

"Birilerinin işte," diyerek omuz silkti. "Obama başkan seçildikten sonra sistemin çökeceğini düşünmüş ve nadasa bıraktığı tarlasını ekmiş. Ancak kıyamet kopmayınca o da her şeyi çürümeye bırakmış."

Mathew, Melony ve ben evden çıkıp caddeye yönelen Suelo'yu takip ettik. Kaldırım kenarında bisikletini iterek ilerleyip bir süre sonra bizi iki derenin arasına sıkışmış, çamurlu bir tarlaya götüren Suelo'yu izlemeye devam ettik. Mormon öncüler zamanından kalma bu tarlaya her çeşit ağaç ekilmişti ve üzüm asmaları göze çarpıyordu. Şeftali ağaçları, armut ağaçları ve elma ağaçları vardı. Cennetten çıkmış gibi görünen bu yerde tek eksik anadan üryan bir Havva ve ona elma sunan yılandı.

Yüzlerce karpuz vardı ve bazıları devedikenlerinin ve fidanların arasında kalmıştı. Bozulanlar ise güneş ışığında şişip pelte haline gelmişti bile. Suelo, bir tanesini bebek gibi kucağına aldı ve parmağıyla vurdu.

"Çıkardığı ses derinse olgundur."

Etrafı dolaşırken onu dinliyorduk.

"Bıçağı olan var mı?" diye sordu Melony. Suelo kendi bıçağını bisiklette bırakmıştı. Fakat bir önemi yoktu. Ufak bir fıçı büyüklüğünde bir karpuz kapıp havaya kaldırdı ve yere bıraktı. Karpuz ayaklarının dibinde güm diye parçalanmıştı. Eğilip avucuyla göbek kısmından bir parça aldı ve şapırdatarak yedi.

Sonrasında da hepimizi besledi.

Mathew ve Melony tek kelime etmeden, ellerinden dirseklerine akan suya aldırmayarak karpuzu ağızlarına tıktılar. Burnum kabuğa değene kadar yüzümü karpuza gömdüm. Karpuzları denemeye devam ettik. Karpuzların bazıları çürük, bazıları ise hamdı. Yine de leziz parçalar çıkmıştı karşımıza. Hava soğuk, kuru ve güneşliydi ve ilk büyük ekim yağmurlarının ardından çamurlu toprak hâlâ ıslaktı. Tarlanın etrafı sanki üzerlerine milyonlarca mısır serpilmiş gibi sarıya dönmüş ağaçlarla çevriliydi. Ağaçların ardında kırmızı uçurumlar vardı ve onların da ötesinde karlı zirveler, mavi gökyüzüne yaslanıyordu. Dördümüz de yemiş ve karpuza doymuştuk.

"Yaprakları hiç bu kadar sarı görmemiştim," dedi ıslak dirseklerini pantolonunda kurulayan Suelo. "Yazık, kabaklar çürümüş."

Tarlalardan bakınca, Mathew ve Melony'nin evi, cennetin bu köşesinden yaklaşık yüz metre ötede görünüyordu; resmen bir taş atımı mesafede. Parasız, kayıp Suelo'nun birden ortaya çıkıp bizi çölün ortasındaki Karpuz Diyarı'na, bu bolluğa getirmesi oldukça esrarengizdi.

Mathew, Melony ve ben kollarımızı ucuzlukta bulmuş gibi karpuzlarla doldurmuştuk. Fakat Suelo yalnızca küçük, tek bir yeşil meyve alıp sepetine koydu ve sessizce pedallara asıldı.

2

"Toplumumuz, paraya sahip olma zorunluluğu üzerine dizayn edilmiştir," dedi Suelo. "Kapitalist sistemin bir parçası olmak zorundasınız. Sistemin dışında yaşamak yasaktır."

Haklı olduğu bir nokta vardı. Ulusal kimliğimiz "özel mülkiyet" fikriyle sarmalanmıştır. On dördüncü yasada garanti edildiği üzere; yaşamımız ve özgürlüğümüz gibi, aksi bir kanuni süreç işleyene kadar, özel mülkiyetlerimizden de mahrum bırakılamayız. Fakat madalyonun öteki yüzüne bakıldığında, mülk sahibi olmayanların aynı korumadan faydalanmadığını görüyoruz. Burada hiçbir yerde olmadığı kadar gayrimenkule saygı duyuluyor. Avrupalıların gelişiyle birlikte Amerikan yerlilerinin, insan ancak havaya veya günışığına sahip olabileceği kadar toprağa sahip olabilir düşüncesi yerle bir edilmişti. Beyaz adam ayaklarının altındaki toprağı üç yüz yıl boyunca topladı. 1900 yılına gelindiğinde Amerika'daki gayrimenkulün tamamı alınmıştı. Özel mülkiyetin yasal üstünlüğü –görece yeni icat edilmiş bir şey– Amerikan mantığına sarsılmaz bir fizik kanunu gibi yerleşti. Çatıdan düştüğünüz an yerçekimi kuvveti sizi aşağı çekecektir. Kirayı ödemediğinizde ev sahibi sizi dışarı atar. Terk edilmiş bir yapıya izinsiz yerleşirseniz, haneye tecavüzden suçlanırsınız.

Hatta kamuya ait doğal araziler bile parasız bir adamı hoş karşılamaz. Şirketlere toprakları kazma ya da petrol rafinerisi dikme izni verilirken, bir vatandaşın kamu arazisine bir kulübe bile inşa etmesi yasaklanmıştır. Çiftlik evleri inşa etmek ise yüz yıldan fazla bir zamandır yasaklanmış durumda. Ulusal parklarda kamp yapanlar on dört gün sonra ya terk etmek ya da gecelik ücret ödemek zorundadır. Şehir parklarında yaşamak ise avarelik olarak görülür ve birçok yerde yasaklanmıştır. Kullanılmayan bir kamu arazisinde uyumanın cezası –viyadük altları ya da nehir kıyıları gibi– genellikle vergilerle inşa edilmiş bir hapishanede uyumaktır.

Suelo bu kanunlara meydan okumuştu. Başlıca evi Arches Ulusal Parkı'ndaki kumtaşından düzinelerce mağara olmuştu. Parasız yaşamaya başladıktan iki yıl sonra, 2002 sonbaharında, bir uçurumun tepesindeki oyuğa yerleşmişti. Yaklaşık altmış metre genişliğinde, on beş metre yüksekliğinde bir yerdi. Kâkül şeklinde, oldukça simetrik bir girişi vardı. İçeride oturup dışarıdaki dar geçide baktığınızda, bir trampetten kendini dünyaya ilan ediyor gibi hissediyordunuz.

Suelo'nun mağarası, yolun bittiği yerden iki saatlik bir yürüyüş sonunda ulaşılan, burada rahatsız edilmeyeceğini düşündüğü, uzun bir dönem kalmak amacıyla yerleştiği bir yerdi. Taş zemini düzleştirip üzerini başkalarının çöplerinden bulduğu muşamba, uyku tulumu ve matlarla kapladığı bir yatağa dönüştürmüş. Rüzgârı kesmek için taş bloklar ayarlamıştı ve eski, metal kutulardan sobalar yapmıştı. Dere kenarından kaktüs kozaları, avize ağacı çekirdeği ve vahşi bitkiler toplamayı biliyordu. Çöplerden topladığı pirinç, un, fasulye gibi kuru gıdaları poşetleyip stok yapmıştı. Akarsularda susuzluğunu giderip derede banyo yapıyordu. Kıyafetlerini nehir kayasında yıkayıp sıcak kum taşında kuruluyordu. Bazı taş levhaları kullanarak bir kütüphane yapmıştı. Kaya parçalarından yaptığı heykel, Easter Adası'ndaki büstlere benziyordu.

Havalar ısındığında doğa yürüyüşçülerinin uğrak mekânı haline geliyordu burası. Suelo orada olmadığında ise orada kamp yapabileceklerini belirten bir not bırakırdı arkasında. *Benim olan sizindir. Yiyeceğimden istediğiniz kadar yiyebilirsiniz. Kitaplarımı okuyabilir, istediklerinizi beraberinizde götürebilirsiniz.* Ziyaretçiler genellikle nezaketinden ötürü minnetlerini belirten notlar bırakırlardı.

Derken bir gün Toprak Düzenleme Ofisi'nden bir korucu onu tahliye etmeye gelmiş ve Suelo'nun on dört gün kamp limitini aştığını belirtmiş.

"Buralarda geziniyor olsaydım, bu kampı gördüğümde birisine ait bir yer olduğunu düşünürdüm fakat burası kamuya ait," demişti korucu.

"Maaşını ödedikleri için mi yoksa gerçekten inandığın için mi böyle söylüyorsun?" diye sormuş Suelo.

"Kişisel görüşlerimi mesleğimin gerektirdiklerinden ayırmak zorundayım," diye yanıtlamış korucu. "Ancak burada etrafı etkiliyorsun."

Suelo ise, "Ben mi yoksa siz mi yeryüzünü daha fazla etkiliyorsunuz?"

Korucu yüz yirmi dolarlık bir ceza yazmıştı.

"Para kullanmam," diye yanıtlamıştı Suelo. "Dolayısıyla cezayı ödeyemem."

Yalnızca para kullanmıyor değil, aynı zamanda ne bir kimlik ne de pasaport taşıyordu. Yasal soyadı olan Shellabarger'dan bile vazgeçmiş, onun yerine İspanyolcada toprak anlamına gelen Suelo'yu kullanıyordu. Bu soy isme Oregon'da ağaç üzerinde oturma eylemi yaptığı günlerde gördüğü "TOPRAK KUTSALDIR" yazılı çıkartmadan sonra karar vermişti.

Korucunun kafası karışmıştı. Yıllarını kanyona gelen mezar kazıcıları ve hırsızları kovalamakla geçirmiş olan korucu, Suelo'nun doğaya zarar vermediğini biliyordu. Hatta bir nevi kâhyalık yaptığı bile söylenebilirdi. Korucu, Suelo'ya onu en yakın ilçeye, savcıya götürüp durumu çözme fikrini önermişti. Ertesi gün parasız pulsuz bir evsiz ve federal bir görevli, sorunu çözmek için valiliğe ait bir kamyonete binip çölü geçmişlerdi. Yol boyunca Suelo ona parasız yaşam felsefesini, korucu ise hayatını neden doğayı parçalayan insanları engellemeye adadığını anlattı. "Şimdiyse karşıma senin gibi biri çıktı ve ne yapmam gerektiğini bilmiyorum."

Adliyeye vardılar. Hâkim, beyaz saçlı, kibar görünümlü bir adamdı. "Demek parasız yaşıyorsun," diye ağır ağır konuştu. "Oldukça şerefli bir duruş ama modern bir dünyada yaşıyoruz. Bütün bu kuralların bir sebebi var."

Suelo böyle lafları hep duyuyordu; artık farklı bir zamanda yaşıyorduk ve böylesi bir duruşu ne kadar asil görünse de uygulamaya çalışmak sorunlara sebep oluyordu. Hatta bir keresinde bir Budist manastırının kapısını çaldığında ona bir gecelik ücretin elli dolar olduğunu söylemişlerdi.

Buda'nın kendisinin bunu geri çevireceği sonucuna varmıştı Suelo.

Fakat cevap olarak: "Buda'nınkinden farklı zamanlarda yaşıyoruz," demişlerdi.

Suelo bu ayrımı bu kadar basit kabul etmiyordu. Bugün ya da iki bin yıl öncesi fark etmezdi, eğer kamu arazileri halka aitse herhangi birini işgal etmek için kimseden izin almamalıydı. Ne zaman polisin biri onu kasabada otostop çekerken ya da pizzacı çöplüğünü karıştırırken görüp ne yaptığını sorsa; "Amerika'da geziniyorum," diye yanıtlıyordu.

"Cevabım polislere anlamlı geliyor," dedi Suelo. "Birçoğu vatansever ve kıdemliler. Her Amerikan vatandaşının bu ülkede gezinme hakkı olduğunu biliyorlar."

Suelo, ona uygun cezayı bulmaya çalışan Utah hâkimine on dört günlük kamp limitinin amacını sordu. "Adalet ya da çevre korunmasıyla bir ilgisi var mı? Hayır. Benim gibi insanlar olmasın diye yapılmış," Daniel'a hapis cezası ya da kamu hizmeti seçenekleri sunuldu.

"Hapis cezasının uygun olduğunu düşünmüyorum," dedi hâkim. Tıpkı korucular, keşişler ya da Suelo'yla karşılaşan birçok polis gibi Utah'taki hâkim de Suelo'nun, toplumumuzun başlıca değiş tokuş birimi olan parayı kullanmayı reddettiği gerçeği karşısında ne yapması gerektiğini bilmiyordu. Biraz düşündükten sonra, "Sen ne yapman gerektiğini düşünüyorsun?" diye sordu.

Suelo, istismara uğramış kadın ve çocuk barınağında çalışabileceğini söyledi. Yirmi dört saatlik kamu hizmetinde anlaşmışlardı. Suelo'nun gönüllülük temelinde yaptığı iş ona ceza gibi gelmemişti. Devasa malikânesinden çıkarıldıktan birkaç hafta sonra bu defa daha küçük ve bulunması daha zor bir mağara keşfetti.

Suelo'nun doğada geçirdiği yılların onu kutsal bir dava adamına dönüştürdüğü yönünde bir çıkarımda bulunmak oldukça baştan çıkarıcıydı. 2001 yılında ağaçta yaşadığı zaman yaptığı aslında tam da buydu. Paradan vazgeçtikten bir yıl kadar sonra, üç ay boyunca Oregon şerifinin, testere hırıltılarının tehditlerine boyun eğmeden, bir köknarın tepesinde yaşamıştı. O ve aktivistlerin mücadelesi, koruyu kesilmekten kurtarmıştı.

Ayrıca Suelo'nun hayat tarzı, Amerika'da yaşayan diğer herkesten daha az zarar veriyordu doğaya. Arabası olmadığından ya da ısıtıcı ve soğutucu hiçbir alet kullanmadığı için karbondioksit üretimi neredeyse yok denecek kadar azdı. Böğürtlen toplamak ya da somon avlamak için ise bir yerden başka bir yere gitmeye araç kullanmadığından dolayı yine zararı yoktu. Bunun yanı sıra çöplerden toplayıp yeniden değerlendirdiği şeylerle, atıkların dönüşüm masrafını ve bunun için yapılacak enerji israfını da engellediği söylenebilirdi. Suelo'nun şişe, konserve, ambalaj kâğıdı, poşet ya da atmadan önce kesmemiz gereken altılı paket tutacakları da üretmediği kesindi. Üstelik Suelo, ortalarda bulduğu kola şişelerini toplayıp bir süre kullandıktan sonra geri dönüşüm kutularına atan biriydi. Ortalama bir Amerikan vatandaşının yıllık karbon üretimi yaklaşık olarak yirmi ton civarındayken, Suelo'nun ortalaması muhtemelen bir Etiyopyalının karbon üretimi kadar olmalıydı; yani bir Amerikalı'nın ürettiğinin yüzde birinin bile yarısı.

"Olabilecek en düşük karbon ayak izi bırakmak için çabalıyor," dedi en iyi arkadaşı Damian Nash. "Onu tanıdığımdan beri, başlıca hayat amacı, olabildiğinde az alıp karşılığında olabildiğince çok vermektir."

Yine de yeryüzünü kurtarmak Suelo'nun başlıca amacı değil. Paradan vazgeçmeden önce de o kadar düşük seviyede karbon izi bırakıyordu ki parayı bıraktıktan sonra dramatik bir değişiklik olmamıştı. Ağaç üstünde üç ay yaşadıktan sonra bile politik hareketlerin değerini sorguluyordu. "Faydası var mı bilmiyorum. Kökleri besleyip dalları buduyoruz ve daha fazla çıkıyorlar. Doğaya gerçekten faydalı olmak istiyorsak, parasal sistemi, yani canavarın kendisini beslememeliyiz."

Suelo para harcamadan yaşamak için barınak ararken özel ya da devlete ait birçok sığınaktan kolayca faydalanabilirdi. Fakat Suelo, kapitalist sistemin üretimi olduğunu düşündüğü bu vakıflardan faydalanmayı reddediyordu. Böyle yerlerin ödeneği, zorunlu vergi mükellefleri tarafından karşılanıyordu. Sığınakların çoğu, maaş beklentisiyle yaşayan görevlilerce işgal edilmiş durumda.

Suelo bir yardım ya da desteği ancak gönüllü bir şekilde yapılıyorsa kabul ediyordu. Katolik İşçi Evi, Üniteryan Kilisesi ve bir Zen Merkezi'nin kapısını çaldığında ona uyuyabileceği bir yer sunmuşlardı. Zaman zaman, Georgia'daki üyelerinin hamak satışıyla geçinen ya da Oregon'da kendi sebzesini yetiştiren özel komünlerin misafiri olmuştu. Yine Portland, Oregon'da anarşistlerin ve komünistlerin kaldığı, geçici misafirleri ağırlamaktan mutluluk duyan işgal evlerinde de kalıyordu.

Suelo, ailesi, arkadaşları ve tamamen yabancılar tarafından da ağırlanıyordu. Colorado, Grand Junction'daki ailesi, Denver yakınlarında yaşayan erkek kardeşi Doug Shallabarger, Moab'da yaşayan arkadaşı Damian Nash ve Amerika boyunca bir düzine daha tanıdığında istediği zaman kalabilme hakkına sahipti. Doğu Oregon'daki arkadaşı Tim Wojtusik, bazı sabahlar uyandığında Suelo'yu bahçesinde kamp yaparken bulmaya artık alışmıştı. Ayrıca onlarca kez hiç tanımadığı insanlar onu arabasına almış, sonrasında yemek ısmarlamışlardı. Bir keresinde, bir Navajo ona gece yatması için kendi yatağını vermiş ve kendisi kanepede yatmış, sabahında ona kahvaltı bile hazırlamıştı.

Moab'da geçirdiği yaklaşık yirmi yıldan sonra Suelo iyi bir ev bakıcısı olarak ün kazanmıştı. Bazen aylarca evlerinden ayrı kalan çok sayıda mevsimlik işçinin yaşadığı bir kasabada, onun hizmetleri oldukça talep görüyordu. Kış boyunca bir evden diğerine geçip duruyordu. Bir seferinde, bir arkadaşı ona kışı arka bahçesindeki ağaç evde geçirmesini teklif etmişti fakat komşusu şikâyetçi olmuştu.

Bunca sığınacak yer tekliflerine rağmen Suelo gecelerinin çoğunu dışarıda geçiriyor ve doğada kamp yapıyordu. Bazen Sedona, Arizona civarlarında, bazen New Mexico, Gila'da haftalarca kalır ve bir keşişten öğrendiği hayatta kalma becerilerini uygulardı. O ve arkadaşları bazen bisikletle Portland'dan Wyoming'e gider, yol boyunca kamp yaparlardı. Ülke boyunca neredeyse bütün tren hatlarını kullanmıştı . Bir yaz, Portland'ın orta yerindeki Willamette Nehri'nde bir ada kurmuştu. Akarsuda bulduğu plastik bir iskele parçasına el koyup gelişmemiş adasının böğürtlen çalılarına doğru kürek çekmiş ve kalın çalıları elden geçirip dışarıdan görülmesini engelleyecek biçimde şekil vermişti. Oraya bir ev kurmak istemişti ama başaramamıştı. Bir diğer yazı ise San Fancisco'nun kuzeyindeki Mount Tamalpais ormanında geçirmişti. Keçi yolunun on metre yukarısına çantasını bırakmış ve Amerika'nın en zengin muhitlerinden birinde, fark edilmeden yaşamıştı. Bir ay boyunca Florida Üniversitesi'nin Gainesville'deki kampusündeki kuş evinde kamp yapmıştı. Amerika'da para ödemeden uyuyacak bir sürü yer vardı. Yeter ki nereye baktığınızı bilin.

Suelo bugünlerde, mağaranın yanı sıra Moab şehri sınırlarında özel bir mülkiyetin içinde gizli bir kampta da kalıyordu. Tipik bir evsiz yerleşimi; bir çadırın üstünü örten yırtık, plastik muşamba, toprağın üzerine dağıtılmış çaydanlık ve tencereler. Arazi sahibi bir sabah etraftaki dumanı fark edince elinde bir kürek ve battaniyeyle koşup gelmiş fakat yıllardır tanıdığı Suelo olduğunu anlayınca rahatlamış. Suelo'dan ateş yakmamasını istemiş fakat kalmasına net bir şekilde izin vermemekle birlikte orada kalmasına göz yummuş.

Kasabadaki kamplar sayesinde, geç saatlere kadar kasabada kaldığı gecelerde mağarasına iki saat boyunca yürümekten kurtulmuştu. Fakat yine de genel olarak nereyi seçerse orada uyuyordu. "Kaldırımdan birkaç adım uzakta olduğun sürece kimse senin uyuduğunu fark etmiyor," dedi Suelo. "Bir keresinde bir karakolun yanında bile uyumuştum."

BİR DAKİKA. Suelo kendisiyle alay mı ediyordu? Bir kilise odasında kalmayı kabul etmekle, bir evsiz barınağında kalmak arasında gerçekten fark var mıydı? Ayrıca benzinle çalışan otomobillere otostop çekip kişisel blogu için kütüphanede bilgisayar kullanması da onu en az bizim kadar paraya bağımlı yapmıyor muydu? Yeşil banknotun kendisiyle direkt bir ilişkisi olmasa da sonuçta arabalar, kütüphaneler ya da bilgisayarlar da ticaret ürünü değil miydi?

Suelo, bu tarz yorumları göz önünde bulunduruyordu. Halk kütüphanesini kullandığı zaman, başkalarının vergi paralarını kabul ettiğinin farkında ve bu yüzden bir süreliğine kütüphaneyi kullanmaktan vazgeçip yalnızca arkadaşlarının evinde internete girmeyi düşünmüştü. Fakat bu kadarı da fazlaydı. O halde vergilerle yapıldığı için caddelerde yürümemesi de gerekirdi. Ekonomik sistemimizde her şey o kadar iç içe geçmişti ki kesin bir saflığa erişmek imkânsızdı. Asıl amacı, sahip olduklarını birilerine verirken karşılık beklememek ve tersi durumda ise yalnızca gönüllü olarak verilenleri almaktı.

Parasız yaşam kuralları üzerine durmadan düşünüp yeni yorumlarda bulunuyordu. 2000 yılında, parasız yaşama deneyimine başladığı ilk aylarda bir arkadaşıyla Doğu Sahili boyunca yaptıkları otostop yolculuğu sırasında yaşadığı durumdan, arkadaşlarına gönderdiği bir e-postada şikâyet etmişti: "Parasız yaşamaya çalışıyorduk ama insanlar hâlâ pembe avuçlarımıza büyük miktarlarda para koymaya devam ediyordu. Bu yüzden bir kural geliştirmiştim; ya gün batana kadar onlardan kurtulacaktım ya da normalde ihtiyaç duymadığım, çikolata gibi şeylere harcayacaktım." Sonunda para harcamamaya karar vermişti.

Fakat bir arkadaşın arabasına benzin almaları gerektiğinde birileri bunu yapmak zorunda kalmıştı. "Belki burada beklersek birileri bize benzin verir," diye bir öneride bulunmuştu Suelo bir defasında. "Ya da belki biraz buluruz." Arkadaşı benzini kendi parasıyla almaya karar vermişti.

2001 baharında, Suelo büyük bir kaytarma yaptı. Georgia'da bir komünde kaldığı sırada, Utah'taki bir arkadaşının düğününe gitmek isteyip nasıl gidebileceğini düşünürken beklenmedik bir anda eline 500 dolarlık bir vergi iadesi çeki ulaşmıştı.

"Parasız yaşama deneyimi şimdilik askıda," diye yazmıştı arkadaşları ve ailesine. Çeki bozdurup bir araba kiraladı ve bütün

Amerika'yı üstü açılabilir, gece mavisi bir Mercedes-Benz 600 sport coupe'yle kat etti.

"Meteliksiz bir otostopçunun bir Mercedes sürmesi çılgıncaydı!" diye yazdı arkadaşlarına. "Bir solukta güney Amerika'yı geçip New Mexico'ya vardım ve sürekli son hız yokuş aşağı giderken tozlu bir paspasa dönüştüm. Yolculuk sırasında aldığım otostopçuların, önlerinde duran Mercedes'i gördüklerindeki halleri inanılmazdı. Bir Mercedes'le çöp bidonuna dalmak ise tam bir çılgınlıktı. Bunu herkes denemeli. Neredeyse bir kamyonet kasasında yolculuk etmek kadar zevkliydi."

O yaz sonunda paranın kalanından kurtuldu "çünkü ayağımda bir pranga varmış gibi hissettiriyordu," ve bir daha da kullanmadı.

Karpuz şölenimizden birkaç gün sonra, güneşli bir ekim öğleden sonrası kanyona doğru ilerleyen Suelo'yu takip ediyordum. Üzerinde kareli bir gömlek ve dizden kesimli, zeytin yeşili bir korucu şortu vardı – bir ulusal park kasabası çöplüğüne göre oldukça iyi kıyafetlerdi. Bir keresinde aynı şorttan bulan bir arkadaşı için: "Korucu taklidi yapıyor," demişti. Suelo'nun kovboy şapkası, kıyafetini tamamlıyordu. Şapka siperliği bana Perulu köylüleri ya da büyücü hekimleri hatırlattı. "Bunu bir Hıristiyan ikinci el dükkânında buldum," dedi. "Bir çocuk kovboy şapkasıydı. Islatıp gererek genişlettim ve düzleştirdim. İkinci el dükkânları her zaman iyi şeyleri atıp saçma şeyleri satmaya çalışır. Kıyafetler pamuklu değilse ya da üzerinde en ufak bir delik bile varsa hemen atarlar. Onun yerine, işçilerini çok kötü şartlarda çalıştıran markaların tişörtlerini satıp dururlar."

Yolun yakınında, bisikletini bir çalılığa sakladı, küfedeki elma ve patatesleri eski püskü çantasına aktardı. Suelo yıllar içinde birçok bisiklet edindi ve birilerine verdi. Şimdiki Anasazi petroglifleriyle ve pembe, plastik flamingolarla süslü bisikleti, anne ve babasının hediyesi. Bakımını gönüllü olarak parça sağlayan bir dükkânda yaptırıyordu. İkinci el lastikler kullanıyor ve bazı parçaları bir perakendecinin çöpünden sağlıyordu. Bisiklet kilidi yoktu.

Asfalttan ayrılır ayrılmaz sandaletlerini çıkarıp çıplak ayakla toprağa bastı. Ayaklarının altı keçe gibi ve genişti. Topuklarında çatlaklar vardı. Taşlı patikada sessizce yürüyordu.

Kanyon baş döndürücü bir yerdi. Altın rengi uçurumlar her iki yanda uzanıyor ve kuzgunlar gökyüzünde daireler çiziyordu. Antik petrogliflerin ve insansı biçimlerle bizonların kayalara nakşedildiği bir yerin altında yürüyorduk. Kuzgunlar gökyüzünde çember çizerek uçuyordu. Kaya duvarlarının dibinde bodur çamlar, ardıçlar ve çalılar sıralanıyordu. Yakıcı güneş altında eğri büğrü kalmış gövdeleri ve kökleri, kumtaşlarının arasına sanki birer damla ıslaklık düşmüş gibi iz bırakıyordu.

İlk bakışta kırsal bölgede hayat yokmuş gibi gözüküyordu. Kanyonun yukarı kısmında, Şeytanın Bahçesi, Ateşli Fırın, Cehennem İntikamı gibi isimlere ilham veren çorak araziler ve kurumuş akarsu yatakları uzanıyordu. Bu halleriyle, Hollywood aktörlerinin genelde takılıp düştükleri, akbabalardan arta kalan insan iskeletleriyle kaplı yerlere benziyorlardı. Fakat kanyonun dibinde, yeşil, serin bir akarsu, kaygan kayaların üstünde coşup akarken porselen bir küvet gibi taşa şekil veriyor ve alglerin üzerinden dalıp aşağıya, temiz yüzme deliklerine doğru akıyordu. Yapraklı söğütler ve kavaklar kıyıya tutunurken, sarı yapraklarını oluşan girdaba döküyorlardı. Kunduzlar, gövdelerin yumuşak kısmını yiyip küçük barınaklar inşa ediyor ve bu gölgeli vahayı parıldatıyordu. Havada Rus zeytin ağaçlarının tatlı kokusu vardı.

Yolumuz kuma dönüşürken ayakkabıma küçük kumtaşları girdi ve Suelo'yu takip ederken ayakkabılarımı temizledim. Kanyonun sığ bir kısmında, kumdan yüzlerce küçük fidan başı yükseliyordu. "Yaban soğanı," diye açıkladı Suelo ve eğilip köklerini kazıdı. Ben de birini kazmaya başladım. "Dikkatli ol, çok sert çekme," diye beni uyardı. "Yoksa kırılır." Çantasını karıştırıp içinden metal bir kaşık çıkardı ve onunla kazmaya devam etti. Hasadımızı alırken: "Bütün halde yiyebilirsin," dedi ve yeşil sapı beyaz yumrunun etrafına sarıp ağzına tıkadı. Ben de aynısını yaptım. Oldukça lezzetli ve keskin kokulu bir Frenk soğanı tadı vardı.

Gölgeyi takip edip akarsu boyunca yürüdük. Bir kuzgun yukarıda öttü ve Suelo onu mükemmel bir şekilde taklit etti. Yaklaşık bir saat sonra izlediğimiz yoldan ayrılıp gölgeli, kurumuş bir dere yatağını tırmanmaya başladık. "Ayak izlerinden şaşmamaya çalışırım," dedi Suelo.

Kurumuş akarsuyun siyah izlerinin uçuruma doğru uzandığı gölgeli bir oyukta, dik bir kayayı tırmanıp şu an yaşadığı mağaraya vardık. Karşımızda oldukça geniş, karşı taraftaki uçuruma ve pırıl pırıl, mavi bir gökyüzüne bakan bir mağara vardı. Kamp ateşi çemberinin ardında havası inmiş bir uyku tulumu, hemen yanındaki çanta, birkaç parça çamaşır ve bir gitarın yanında duruyordu. Elbette ki Suelo'nun son vurgunu, pahalı bir dürbün de oradaydı. "Bütün bunları çöplükte buldum," dedi neşeyle dürbünü işaret ederek. "Bu yüzden kuş gözlemcisi olmaya karar verdim." O ana kadar mavi bir balıkçıl, bir şahin ve bir pigme baykuş görmüş.

Suelo çantasını indirip ayaklarını sürüyerek yürüdü. Bir plastik soda şişesini kanyondaki yağmur havuzuna taşırken bataklığı geçip şişeyi doldurmayı umuyordu. Daha sonra elleriyle yaban çimleri, çam yaprağı, ardıç dalları ve ebegümeci yaprakları topladı.

"İnsanlar bana hep buğday çimi verirler," dedi bana. "Bir süre sonra, neden yaban çimi kullanmayayım diye düşündüm. Suyunu neredeyse her sabah içerim ve kendimi harika hissederim."

Bağdaş kurup çamur içindeki köpükten minderine oturdu ve biber konserveleri kutusundan yaptığı sobasını yaktı. Sobası tutuşana kadar ateşi dallarla besledi. Üzerine bir demlik dolusu su yerleştirdi. Sobanın kenarlarındaki delikler sayesinde hava akımı sağlandı ve demlikteki su birkaç dakikada kaynamaya başladı. Suelo avucundaki bitkileri suya ekleyip demlenmeye bıraktı.

Vahşi hayata yaklaşırken, isle kaplı mağarasında oturup ateşi yabani otlarla besleyen bu gri saçlı bilgeyi izlemeyi giderek Himalayalar'da yaşayan bir bilgini ziyaret etmeye benzettim. Yaklaşık on yıldır dövüş sanatları ve doğu dinleri üzerine okuyan, Indianalı bir genç, Suelo hakkında internette bir şeyler okuduktan sonra bir Greyhound otobüsüne binip parasız yaşamın ustası Suelo'ya bir nevi çıraklık yapmaya gelmişti.

Suelo, kendisine kutsal bir adammış gibi yaklaşılmasını derhal reddediyordu. Felsefede daha derinleştikçe kendine daha fazla gülüyor ve derin bilgisine dair övgüleri işitince sanki utanıyormuş gibi gözlerini başka bir tarafa çeviriyordu. Kronik bir unutkanlık sorunu vardı ve devamlı olarak alnını kaşıyıp: "Indiana'ya mı yoksa Alaska'ya mı gitmemden önceydi hatırlayamıyorum," diye söyleniyordu. Oldukça kendini sevdiren bir huyu vardı ve bildiği bir şeyden söz edildiğinde, "Doğru ya!" ya da yeni bir şey öğrendiğinde, "Ah!" diye ani ve abartılı tepkiler veriyordu.

Ben: "Buda'nın Hindu olarak doğduğunu okumuştum."

Suelo: "Doğru ya! Haklısın!"

Suelo'nun mizah anlayışı oldukça garip ve naifti. Mesela, mezarlığın yanına inşa edilecek bir konut projesi hakkında: "İnsanlar bu muhitte yaşamak için ölüyor!" dedi.

Ona parasız yaşamaktan ne öğrendiğini sorduğum esnada ikinci defa kaynatacağı çayın ateşini yelliyordu. Dumanların arkasından sorularıma yanıt verirken Oz büyücüsüne benzer bir hale büründü. Ellerini bir büyücü gibi sallayıp mistik bir sesle: "Artık gizemli bir âleme girdim!" dedi ve kendi şakasına kahkahayı patlattı. "Şişedeki cin benim!"

Bulduğu atık ve terk edilmiş objeler ve sıfır yapım masrafıyla, Suelo kaldığı mağarayı modern bir evsiz için bir cennete dönüştürmüştü. Orayı ilk keşfettiğinde engebeli yüzeyi taşıdığı kovalar dolusu kumlarla düzleştirerek işe başladı. İri kaya bloklarını mağaranın ağzına rüzgârı ve içerinin görünürlüğünü kessin diye yerleştirmişti. Atık tencere, tava, kâse, bıçak, tabak, çatal, kaşık ve spatulaları biriktirmiş, plastik bir kovanın içine pirinç, un, şehriye, yulaf ezmesi ve tahılın yanı sıra patates ve havuç gibi yer sebzeleri ve serin mağarada uzun süre dayanabilecek sebzeler depolamıştı. Fare ve sürüngenlerin erişmesini engellemek için tavandan sarkıtılan pamuklu bir bez çantanın içinde ise taze sebzeler bulunuyordu.

Uçurumun kuzey yüzüne bakan mağara hiç güneş almıyordu ve içerisi yaz aylarında bile üşütecek kadar serindi. Suelo, karanlık çökünce lambasını yaktı. Zaman zaman el fenerleri bulsa da bir süre sonra pilleri bitiyordu. Mağaranın uygun köşelerine yerleştirilmiş gaz lambaları daha güvenilir ışık kaynaklarıydı. Basit bir düzenekle yaptığı gaz lambası için cam bir kavanozu ayçiçeği yağıyla doldurup bir şarap mantarının içine geçirdiği pamuk ipliğini yerleştiriyordu. Mantarın yanmasını önlemek için alüminyum folyoyla sarıyor ve yüzeydeki mantarı koruyordu. Yaptığı ilkel fitil ve gaz lambası günlerce yanıyordu.

O gece uyku tulumumu Suelo'nun ateş çemberinin yakınına serip mağaranın dışına doğru döndüm ve parlak yıldızları izleyerek uykuya daldım. Şafak vakti uyandığımda, Suelo'yu bağdaş kurmuş ve uyku tulumunu omuzlarına atmış halde otururken buldum. Uzaktaki uçurum duvarlarının ardından ağır ağır beliren güneşi izleyen Suelo, kıpırdamadan oturuyordu. Bir süre sonra yeniden uzanıp bir süre daha uyudu.

Sabah çayından sonra harekete geçtik ve çırağı Phil önderliğinde bir Çin dövüş sanatı meditasyonu olan Qigong yaptık. Ağaç kucaklama ve top yakalama pozisyonlarında durduk. Güneş ışığı uçurum kenarlarından üzerimize düşmeye ve çalıkuşları ötmeye başladığında nedensiz bir saadet doldu içimize. Ta ki Suelo en iyi Bruce Lee aksanıyla: "Şimdi ölümüne dövüşeceğiz!" diye bağırana kadar.

Suelo'nun hayatı yoğun bir amaç doğrultusunda gidiyormuş gibi gözükse de aslında rüzgâr onu nereye sürüklerse oraya gidiyormuş gibi yaşıyordu. Dürbün bulduğunda kuşları inceliyordu. Gitar bulduğunda müzik yapıyordu. Dövüş sanatı ustasıyla Qigong yapıyordu. Böyle devam ediyordu. "Rastgelelik benim rehberimdir," dedi bana.

Kanyonda yaşam cennet gibiydi. Ortalık ısınmaya başlayınca küçük dereye gidiyordu. Kasabaya gitmek istemezse depoladığı şeyler ve topladığı yiyeceklerle bir haftadan fazla dayanabilirdi. Güneş altında oturduğumuz sırada birilerinin onun için oyduğu tahta flütü çaldı. Ardıç ağacı, adaçayı ve cılız mormon kökleriyle bir çay hazırladı.

Yine de Suelo kendini oraya bağlamıyordu. Her an bir bekçinin gelip onu oradan kovabileceğini biliyordu. Mağara ona ait değildi. Buraya yerleşmesi bile açıkça kanun dışı bir şeydi.

"Açık olmak, Hıristiyanlığın öğretilerinden biridir," dedi Suelo geçici krallığını izlerken. "En yalın haliyle söylemek gerekirse, İsa'nın öğretilerine göre bir yaşam sürdürmek kanun dışı."

İsa'nın öğretilerince bir yaşam sürmek –en azından mevcut Amerika Birleşik Devletleri'nde– oldukça saf, naif bir fikir gibi geliyordu kulağa. Suelo, tıpkı kendisi gibi modern zamanların peygamberler ve kahramanlar devrinden çok daha farklı olduğu görüşünü reddeden, dini değerlere idealistçe bağlı bir ailede yetişmiş.

3

Bir gün, Daniel henüz on bir yaşındayken bahçede oynayıp eve döndüğünde, evi boş bulmuş. Yıl 1972'ymiş ve Daniel'ın ailesi, babasının bir araba galerisinde çalıştığı, Denver'ın uzak bir banliyösünde yaşıyormuş. Daniel ebeveynleri ve kardeşlerine seslenmiş fakat bir yanıt alamamış. Üç kardeşi de evde yokmuş. Onlara seslenirken sesi titriyormuş. Hızla anne ve babasının yatak odasına koşmuş. Annesinin kıyafetleri, ayakkabılarının üzerinde duruyor, sanki annesi kıyafetleri üzerindeyken buharlaşıp gitmiş gibi görünüyormuş. "Anne!" diye bağırmış. "Baba!" Elektrikli bir fan vızırdamaya başlamış.

Daniel'ın zihni basit bir açıklama bulma isteğiyle tutuşuyormuş. Belki de köpekleriyle yürüyüşe çıkmışlardır diye düşünmüş. Veya arabayla bir yerlere gitmişlerdir. Fakat arabanın garaj yolu üzerinde olduğunu görmüş. Yoğun bir şekilde düşündükten sonra kendince tek makul senaryoya varmış: Yüce İsa geri dönüp yaşayan ruhları topluyordu. Ailesinin derhal cennete yollandığı sonucuna varmış. Tıpkı kutsal kitaptaki vahiyler gibi günahkârların cezalandırılacağını düşünmüş. Gökten ateşler yağacak ve Babil'i deniz yutacakmış. Zavallı Daniel, annesi ve ailenin geri kalanının cennete gönderildiği ve kendisinin itiraf etmediği günahları sebebiyle ceza için arkada bırakıldığı düşüncesine saplanmış.

Ailesi komşu ziyaretinden döndüğünde, basamakları tırmanırken Daniel'ı ağlar halde bulmuş, onu rahatlatmaya çalışırken duygularını incitmemeye çalışıp hafifçe gülmüşler. Ailenin en küçük üyesi Daniel, her şeyden endişe edermiş. Fazla endişelenmemesi gerekiyormuş. Zamanı geldiğinde İsa'nın onu evine kabul edeceğini söylemişler.

Kilise kitaplarını okuyan ailede Hıristiyanlık külliyatını en çok okuyan kişi Suelo'ymuş. Bir yaz, henüz çok küçük bir çocukken para biriktirip anne ve babasıyla Pennie, Rick, Ron ve Doug için Noel hediyeleri almış. Hediyeleri Noel Baba süslü hediye kâğıtlarıyla sarmış ve ağustos ayında hediyeleri vermiş. Büyük kıyametten önce hediyelerini almalarını istiyormuş.

Daniel, o zamanlar kilisedeki pazar okulunu ciddiye alan tek çocuk olduğunu düşünüyormuş. Fakat bu durum inancını kolaylaştırmamış. Haylazlık yapıp birbirlerine notlar yazan çocuklar, ayetlerde geçtiği üzere koca bir devenin iğne deliğinden geçme ihtimalinin zengin bir adamın Cennetin Krallığı'na girme ihtimalinden neden daha büyük olduğunu düşünerek uykusuz kalmıyorlardı.

Dini değerlerle sıkı bir şekilde yetiştirilmeyen çocuklar için İsa'nın dönüşü ve yaşayan ruhları toplayacağı inancı çizgi film gibi gelir. Fakat geçen yarım yüzyılda bu fikir oldukça yaygınlaştı. Amerikan Protestan mezhebinin yüzdesi 1960'lı yılların ortasından itibaren yüzde yirmi beşten yüzde ona kadar düştü. Diğer muhafazakâr kiliselere bağlı kalanların oranı ise yüzde yirmi beşte sabit kaldı. Nüfus artışıyla birlikte, oransal olarak olmasa da rakamsal olarak bir artış söz konusuydu. Bir zamanlar çocukların korkulu rüyası olan, şeytanın asası gölgesinde, cehennemde yanma senaryosunun yerini Kutsal Kitap'taki kıyamet ve katranla yanma fikri almıştı. Muhafazakâr yetişenler, dünyadaki günlerimizin sayılı olduğunu düşünüyorlardı. Saatler çalışmayacak, zaman duracaktı.

Suelo'nun muhafazakârlık eğilimleri gösteren ailesi, geçen yarım yüzyılda tıpkı benim ailem gibi daha bir laikleşen, Amerikalıların daha az dindar, daha fazla eğitim almış, şehirlileşmiş ve zenginleşmiş kesiminin tam karşıtı görüşleri temsil ediyordu. Muhafazakâr bir ailenin, parasız ve evsiz yaşamaya karar veren bir evlada daha az tolerans göstereceğini düşünürken oldukça yanılmışım. Muhafazakârlar için mağarada yaşamak, çekirge ve yaban balıyla beslenmek, sınavlar ve stajlar hakkında kaygılanan laik insanlar için olduğundan daha anlaşılır. Shellabarger ailesinin felsefesi, yaşam boyu sıkı çalışmanın sonunda seni bekleyen zenginliği müjdeleyen Amerikan Rüyası fikrine dayanmıyor. Onların idealizmine göre inançları her şeyin ödülüdür ve paranın o kadar da önemi yoktur. Her ne kadar Suelo'nun yolu aykırı bir çıkış olsa da ailesinin yetiştirme tarzı onun paradan vazgeçme fikrine yönelik bir hazırlık gibiydi.

Seksen iki yaşındaki Dick Shellabarger hâlâ koca ayakları ve elleriyle odun kırabiliyordu. İri gövdesiyle odayı kuvvetli bir beygir gibi dolduruyordu. Genizden gelen kalın sesiyle ve bir kovboy edasıyla konuşuyordu: "Para, kamunun tanrısıdır," diye yanıt verdi. "Onun için öldürür ve yalan söylerler."

Dick, Daniel'ın annesiyle altmış yıldan fazladır evliydi. Colorado, Frutia'da, Grand Junction'ın doğusunda, uzak bir kasabada yaşıyorlardı. Oğullarının mağarasından yaklaşık yüz altmış kilometre uzaktalardı. Comstock ve Motherlode isimli çıkmaz sokaklar, bisiklet süren çocuklar ve bebek arabalarını iten anneler haricinde neredeyse bomboştu. Duble yolları dolduran Amerikan yapımı araba ve kamyonetlerin üzerinde kocaman YAŞAMA SAYGI DUY etiketleri yapıştırılmıştı. Shellabarger ailesinin evi tek katlı, tuğla ve yan kesimleri ahşap kaplama bir evdi. Bahçede yaprak dökmeyen iki çam ağacı vardı. Ön kapıda küçük bir afiş asılıydı:

"İsa Mesih'i içinde hisseden bir âdemoğlu, yeni bir varlığa bürünür."
Dick'in ağabeyine ait ev oldukça sade ve temizdi. Üç yatak odası, iki banyosu ve dokulu duvarların hepsinde aynı grimsi beyazlık hâkimdi. Titizlikle düzenlenip yerleştirilmiş tamir aletlerinin bulunduğu garajda sıradan bir sedan otomobil vardı.

Beş kardeşin en küçüğü olan Dick Shellabarger 1928 yılında, Büyük Buhran'ın tam ortasında doğmuş ve Colorado'da büyümüş. Berber, tamirci ve elinden her iş gelen babası iş bulma umuduyla California trenine atladığı gibi gitmiş ve bir süre Alaska-Kanada karayolunda kamyon şoförlüğü yaptıktan sonra birikimleriyle iki inek ve Denver yakınlarında bir çiftlik satın almış. Dick'in çocukluğu, babasının birini satıp ötekini aldığı atların üzerinde geçmiş. "Castle Rock'ta bir liseye gitmeye çalışıyordum. Buradan iki ya da üç otobüsle gidiliyordu," diye anlattı Dick. "Onuncu sınıftan sonra artık bırakmak zorunda kalmıştım."

Aile hiçbir zaman ilk çiftlik hayvanları için borç almayı başarıp devam edememiş. Suyun üzerinde kalmayı başarıp at sırtı yolculuklar, barı olan eski bir konak, müzik kutusu ve dans pisti sunan bir çiftlikle devam etmişler yola. Dick'in büyük ağabeyleri evi terk edip büyük bir araba galerisi imparatorluğu kurmuş. Dick ise babasının izinde gidip tamircilik yapmış. Japonya'da bir süre askerlik yaptıktan sonra yazın gelen gelirini komşularının atlarını eğiterek desteklemiş.

Suelo'nun gezgincilik huyunu babasından aldığını söylersek, düşünceli halini annesinden aldığını iddia edebiliriz. Kocasından bir yaş daha büyük olan Laurel'in ışıl ışıl gözleri ve ince elmacık kemikleriyle soylu bir güzelliği vardı. 1927 yılında, Denver'da doğan Laurel Jeanne Wegener, Almanya'dan Amerika'ya göçen ilk neslin çocuklarındandı. Babası Charles, gezgin bir satıcı ve marangozdu. Büyük buhran döneminde oldukça zorluk çeken aile, borç karşılığı sebze ve meyve almak zorunda kalmıştı. Fakat bir önceki yüzyıla ait bir Avrupalı olup koyu takımlar giyen, flüt çalıp asla araba kullanmayı öğrenmeyen, tren ve tramvayları tercih eden birisi olan babası Charles, kızının klasik piyano dersleri alıp bir koroda şarkı söylemesi konusunda oldukça ısrarcı olmuş.

Aile köken olarak Hıristiyan olsa da dini bütün insanlar değillermiş. "Lutherci kiliseye giderdim doğrusu," dedi Laurel. Olgunlaşıp çarpıcı ve gururlu bir genç kadın olmaya başladıkça dine olan ilgisi zayıflamış. Derken bir gün bir eğitim gezisi için kiliseye gitmiş fakat oraya vardığı sırada otobüsün kalktığını görmüş. Arkasından koşup ne kadar el sallasa ve bağırsa da otobüs durmamış. "Bil bakalım kim deliye dönmüştü," dedi. Bir daha kiliseye geri dönmemiş.

Belki de ailesinin Avrupalı kökenlerinden kaynaklıydı fakat Laurel savaş sonrası Amerika'nın vaat ettiklerinden tatmin olmamıştı. Okuldan mezun olduktan sonra bir sinemada yer gösterici olarak çalışmış ve ardından iletişim kolejinde eğitim sertifikasını tamamlayıp muhasebecilik yapmış. Birkaç ay sonra *Hepsi bu mu?* diye düşünmeye başlamış.

1946 yılıydı ve muhafazakârlık ana akım olalı on yıl olmuştu. "Yeniden doğmak" ve "kişisel kurtuluş" Birleşik Devletler Kongresi'nin birleştirici çatısı değil, birbirlerine karşı ayrışan iki farklı kampın sloganları olmuştu. Billy Graham'ın 1948 yılında açacağı Haçlı savaşları henüz başlamamıştı ve Jerry Falwell'in 1956 yılında kilisesini bulmasına daha vardı. İkinci Dünya Savaşı boyunca yükselişe geçen laik hükümetle birlikte başlıca kiliseler bireysel kurtuluştan çok sosyal adaletsizliklere odaklandı ve Hıristiyanlar Auschwitz, Hiroşima gibi kıyamet alameti olaylardan sonra Kutsal Kitap'ın ahlakiliğini sorguladılar.

Bir akşam ebeveynlerinin radyosunu dinleyen Laurel, eski moda inancı diriltme saatinde California'dan yayın yapan bir papazın sıcak sesiyle doldurduğu programı duydu. Program, Afrika'da ormanın derinliklerinde vahşilerin ruhunu kurtaran misyonerlerden bahsediyordu. Duyduğu şey ona çok anlamlı ve heyecanlı bir yaşam gibi gelmişti. Laurel, Denver İncil Enstitüsü'ne kaydoldu. Enstitüdeki ilk gününde öğretmeni insanın varoluşunun yedi devrini gösteren ve yaradılışın yedi gününü yorumlayan bir kâğıt çıkarmıştı: Yazgı Çizelgesi. İlk yazgı, yaratılıştı. İkincisinin ortaya çıkışı, Âdem ve Nuh arasında geçen 1656 yılda ortaya çıkmıştı. Üçüncü yazgı, İbrahim dönemine uzanan gelecek 430 yılı ve dördüncü yazgı ise İsa'ya uzanan 1960 yılı içeriyordu. O zamandan beri insanlığın Beşinci Yazgı ya da Kiliseler Çağı dönemini yaşadığını söylemişti öğretmen ve bu dönemin İsa'nın geri dönüşüyle tamamlanıp Altıncı Yazgı dönemine geçileceğini de eklemişti. Altıncı Yazgı; Büyük Kıyamet dönemi ve yedi yıl sürecek olan şiddet dolu bir zaman dilimini ifade ediyordu. Kutsal kitaptaki vahiyler gerçekleşecek ve yedi mühür açılacaktı. Yüce Mesih dünyaya hükmedecek ve cennetten düşen ateşlerde şeytan kaynayacak. İnsanlığın günahkâr kısmı ve Babil denizlere gömülecek. Küller temizlendikten sonra gerçek inançlılar cennete gidecek ve Yedinci Yazgı dönemi başlayacak: Milenyum. Babil'i yok eden Yüce Mesih, Yeni Kudüs'ü yönetecek. Şehitler ve azizler yeniden canlanacak ve İsrailoğulları'nın On İki Kabilesi iade edilip kuzuyla kurt beraber yaşayacaktı.

"Kurtulmuştum," diyor Laurel. "O akşam eve gittim ve İsa'dan benim kurtarıcım olmasını istedim." Sonraki üç yılı İncil okulunda geçirmiş. Onu kendi kızıymış gibi kanatları altına alan öğretmeni, Laurel'i yanında İncil kampına götürmüş. Hıristiyanlığın öğretilerini öğrenen Laurel, anne ve babasına da öğretip onların da yeniden doğuşuna yardım etmiş.

1948 baharında bir tatile çıkmış. Otobüs onu konuk çiftliğinden yaklaşık on kilometre önce indirmiş. İki kovboy, indiği yerde Studebaker marka bir kamyonete yaslanıyormuş. Yaklaşık yetmiş kilo, 1.90m boyundaki, daha genç gözüken, çizme ve geniş kenarlı fötr şapka takmış olan kovboya gözünü dikmiş Laurel. Onu konuk çiftliğine bırakan pikapta iki kovboyun arasında oturmuş ve kamyonetin her bir çukurda sıçrayışı sırasında bacakları genç kovboyunkine değen Laurel'in vücudunu hoş bir elektrik kaplıyormuş.

Çiftliğe vardıklarında Dick, Laurel'i kalacağı çam yaprağı ve naftalin kokulu, ahşap kulübeye götürmüş. Kulübe kapalı olmasına rağmen Dick Shellabarger müzik kutusunu fişe takmış. "Müzik açtım ve dans ettik," diye anlattı Dick o günü. "Sadece ikimiz vardık."

Ertesi gün artık birbirlerinden ayrılamaz olmuşlar. Dick, Laurel'i bakımından sorumlu olduğu özel bir kulübeye davet etmiş. Soğuk havada beraber yürüyüp kulübeye gidip ağır, ahşap kapıyı arkalarından kapamışlar. Dick, kibritle gaz lambasını yakmış. Kullanılmamış, temiz çarşafları yatağın üzerine sermişler. Şöminenin yanına oturup gazete kâğıdı ve odunla ateş yakmışlar. Laurel, içeride bulduğu piyanonun başına geçmiş. Dick, Laurel'in o gün çaldığı şeyleri o zamanlar alışık olduğu hoppa şeylerden öte romantik ve ruhani bulduğunu hatırlıyordu. Arkasından yaklaşıp çalan melodileri dinlerken Laurel'in kokusunu içine çekmiş. Belinde tuttuğu ellerin yavaşça ilerleyip Laurel'in yüzüne dokunmasına engel olamamış.

Laurel, yanlışlıkla bastığı kaotik notadan sıyrılıp oturduğu yerden ayağa fırlamış ve talibinin yanağını hafifçe öpüp kaçtığı gibi yıldızlı geceye karışmış, Dick de peşinden gitmiş. Yemek vaktiymiş ve annesinin pişirdiği kızarmış tavuğun kokusunu almış. Mutfağa girerken hafifçe tökezleyip şapkasını askıya asmış ve masadaki son boş sandalyeye yerleşmiş. Annesi, babası, iki kardeşi, bir kuzeni ve Laurel de dâhil olmak üzere herkes oradaymış. Önce kısa, endişeli bir bakışla Laurel'i süzmüş ve bir süre sonra yeniden, bu defa uzun uzun ona bakmış. Yolunda gitmeyen bir şeyler var diye düşünmüş. Kızın gül yanaklarında her zamanki kırmızılık yerine karaltılar fark etmiş. İşte o anda kızın yüzüne ellerindeki kurumu bulaştırdığını anlamış.

Aradan geçen altmış yıla rağmen Shellabarger çifti birbirlerine hâlâ çılgınlar gibi âşıktı. Dick tıpkı o günlerdeki gibi köylü ağzıyla konuşurken Laurel onun hatalarını düzeltmeye devam ediyordu.

"Babama eskiden orijinal demiryolu serserisi derdik," dedi Dick oturma odasına geçtiğimiz sırada.

"Ama serseri değildi," diye yanıtladı Laurel.

"Hayır, değildi. Sadece ona takılıyorduk. Keşke ben de onun kadar yetenekli olsaydım."

"Öylesin," dedi Laurel ve bana döndü. "Kendine haksızlık ediyor."

"Büyükbabam berberdi," dedi Dick bana doğru.

"Güzellik uzmanıydı," diye ısrar etti Laurel.

O gece, benim için hazırladıkları odaya giderken, çalışma odalarının önünden geçen koridorda ilerlerken içeriden gelen sesleri dinledim. Dick masasına oturmuş, gelecek İncil dersini okurken, Laurel derse katılacak sağır bir kız için okunanları kâğıda döküyordu.

"On dokuzuncu ayet," diye başladı boğazını temizleyen Dick. "Büyük S. Seni sonsuza dek kendime eş alacağım, virgül, doğruluk, virgül, adalet, virgül, sevgi, virgül, merhamet temelinde seninle evleneceğim, nokta."

Bilgisayar ve internetleri olduğunu ve bu ayeti bulup kopyala yapıştır yaparak da kolayca hazırlayabileceklerinin farkındaydım ama bu şekilde yapmaktan keyif aldıkları ortadaydı. Dick Shellabarger devam etti: "Büyük S. Sadakatle seninle evleneceğim, virgül, R, A ve B büyük, kesme işareti, RAB'bi tanıyacaksın. Nokta."

İsa'nın dönüşünü bekleyen Protestan Hıristiyanlar iki kampa bölünmüşlerdir: Milenyum sonrası kampı ve Milenyum öncesi kampı. On yedinci ve on sekizinci yüzyıl Hıristiyanları çoğunlukla Milenyum sonrası kampa, yani bin yıllık hükümdarlık sonrasında Mesih'in döneceğine inandılar. Mesihin dönüşünü çabuklaştırmak için uyumlu bir dünya yaratmak adına kölelikten vazgeçip alkolü yasakladılar, kamu eğitimini ve kadın okuryazarlığını desteklediler.

Fakat İç Savaş yılları ve takip eden endüstrileşme çağıyla birlikte birçok Protestan, fikirlerini yeniden gözden geçirmişti ve Hz. İsa'nın esasen büyük yargılamadan önce geleceğine inanmaya başlamışlardı. Bu yüzden toplumda yapılmaya çalışılacak bu tarz düzenlemelerin bir anlamı olmayacaktı. Önemli olan, bireylerin inancıydı. Tarihçi Randall Balmer bu inanç grubuyla ilgili olarak: "Umutsuzluğun teolojisine sığınıp fani dünyayı Şeytan ve yardakçılarına bıraktılar," diye yazmıştır.

Aralarındaki ayrışma yirminci yüzyılda daha da genişledi. 1925 yılındaki Scopes Davası'yla[1] birlikte ulusal basın tarafından oldukça aşağılanan muhafazakâr milenyum öncesi inancı mensupları geri çekilip kendi alt kültürlerine dönerek politikadan ve zamanın getirdiklerinden uzaklaştılar. "Kendi içlerine döndüler," diye yazıyordu Balmer, "ve diğer insanları Hz. İsa'nın yakındaki dönüşü ve ruhsal krallığına dair inançlarıyla kendilerine çekmeye çalıştılar."

Tanıştıklarından birkaç ay sonra Dick Shellabarger, Laurel'a evlenme teklif ettiği dönemde Laurel milenyum öncesi kampına artık iyice yerleşmişti ve artık yalnızca onun gibi düşünen bir Hıristiyanla evlenebilirdi.

"Annem ve babam hayatlarımız boyunca kiliseye aittiler," dedi Dick.

---

1   Maymun Davası olarak da bilinir, Amerika Birleşik Devletleri'nin Tennessee eyaletindeki Dayton'da, Charles Darwin'in evrim kuramını öğreterek yasaları çiğnediği öne sürülen John T. Scopes adlı bir lise öğretmeninin yargılandığı ünlü dava. (10-21 Temmuz 1925) (ç. n.)

"Yeterli değil."

"Nasıl yeterli olamaz?"

"Kişisel bir şey mi?" diye soruyor Dick'e.

Sonuç itibariyle Dick'in kat etmesi gereken teolojik mesafe o kadar da büyük değildi. Ailesinin çok sıkı bağlarla olmasa da ait olduğu Plymouth Brethren kilisesi, 1820 yılında, John Darby tarafından İrlanda'da kurulmuştu ve kurucunun kitabı olan Yazgı Çizelgesi çoktan Laurel'ı büyülemişti bile. Dick'in gönüllü rahip büyükbabası Yeni Ahit'i ezberlemişti.

Dick kurtuluşun yolunu bulmuştu. Shellabargerler 1949 yılında evlendiler ve Plymouth Brethren kilisesine katıldılar. Gruplar arası farklılıklar o kadar keskindi ki Güneyli Vaftizciler kıyaslama yapıldığında daha serbest kalıyordu. Brethren kilisesinin inancına göre, Tanrı'ya mezhepsel, gerçek bir vaiz tarafından yönetilen bir kilisede ibadet edilmeliydi. Kendi ibadethanelerine şapel diyorlardı ve orası yalnızca tapınmak için bir araya geldikleri bir yapı değil, kutsal bir cemiyetti. Tıpkı Katolik ve Lüteriyen inancındakiler gibi devasa fani yapı ve organizasyonlar meydana getirmenin insanları İncil'in kendisinden uzaklaştıracağını düşünüyorlardı. Farklı bir mezhep gibi algılanmamak için resmî adları olarak, birçok Amerikalının hiç duymadığı, Plymouth Brethren ismini kullanmıyorlardı.

Yaklaşık altmış yıl boyunca Dick ve Laurel, İsa'ya hizmet ile ailelerinin somut ihtiyaçlarını karşılamak arasında bir denge tutturarak yaşadılar. Brethren'in maaşlı bir papazı olmadığı için Dick gönüllü papaz olarak hizmet verdi. Yine de yeni evli bir çift olarak bir gelire ihtiyaçları vardı. Dick'in ailesi konuk çiftliğine yakın oturuyordu ve bir lise diploması olmayan Dick'in seçenekleri sınırlıydı. Sonunda Montana çiftliğinde henüz ne olduğunu bilmediği bir işi kabul etti ve 1949 yılında, elden geçirdiği eski bir Buick'e atlayıp karısı ve birkaç parça eşyasıyla kuzeye gitti. Çiftliğe vardıklarında çiftliğin hanımının hasta ve çalışamaz durumda olduğunu gördüler.

"Karın yemekleri yapabilir," demişti çiftlik sahibi.

Şartlara teslim olmak yerine, bir gün zamanı gelince oğluna da vereceği tavsiyeye uydu; adil olmayan şartlarda çalışmayı reddetti.

"Onun çalışmasını istemiyorum," diye yanıtlamıştı Dick. "Karım hamile."

"Anlaşmamızda onun da çalışacağı vardı."

"Hayır, yoktu."

"Mektupta öyle yazmıştım."

"Mektubu her ihtimale karşı cebimde getirdim," dedi Dick ve cebinden katlanmış mektubu çıkardı.

"Her neyse, yemek pişirecek diyorum o kadar," diye çıkışmış çiftlik sahibi.

Dick'in kaldırdığı koca yumruğunu gören çiftlik sahibi arkasını döndüğü gibi kaçıp gitmiş, Shellabarger çifti yeniden bavullarını toplayıp evlerine dönmüştü.

Dick kâğıt fabrikasında iş buldu fakat çıplak kız resimleriyle dolu takvimler karşısına çıkınca işi bıraktı. Shellabarger çifti iş arkadaşlarından farklı olduklarını anlamışlardı. "Bizim kendimizi bir şey sandığımızı düşünüyorlardı," diyor Dick. "Hep böyle oldu. Kongre seyahatlerinde ne içki içtim ne de fahişelere gittim. Kucağıma yanaştıklarında itmek zorundaydım." Kızları Pennie doğduktan sonra Dick, Chicago'daki Brethren kolejine yazıldı. İlk oğulları Rick de o dönem doğmuştu. Genç aile üç yıl döküntü bir dairede yaşadı ve Dick İncil'i öğrendi. "Chicago'nun siyahî gettolarını arşınlayan yaşlı bir dağ köylüsüydüm," diye anlattı Dick o günleri.

Dick araba ticaretinden, matbaalara dek bir dizi işte çalıştı ve ailesi de onunla beraber birkaç yılda bir taşınmak zorunda kaldı. Laurel ve Dick'in üç oğlu daha yoldaydı. Colorado'da bir maden kasabası olan Gypsum'da bir mitinge katılmışlardı. Laurel, çocuklara evde bakma görevini üstlendi. Fakat karı koca olarak hiçbir zaman kalıcı bir kariyerleri olmamıştı; Mesih'in çağrısını takip etmek dışında.

Son çocukları Daniel James Shellabarger, Denver, Arvada'da, 1961 yılında doğdu. Daniel'ın doğumundan sonra Dick, erkek kardeşinin Chevy araba galerisinde işe başladı. Dick, ertesi yıl Denver Volkswagen bayisi tarafından işe alındı ve 1967 yılında, Daniel'ın ilkokula başladığı yıl, San Antonio, Teksas'taki ulusal ofiste işe başladı. Bir yıl boyunca bayiler, şehirler ve toplantılar arasında mekik dokudu.

Ailenin idealizmi onlara egemen olmuştu. San Antonio'daki tatillerinde Volkswagen kaplumbağa arabalarına tıkışıp Doug ve Dan'i de bagaj kısmına yerleştirip Meksika sınırına, tatillere çıkıyorlardı. Sınır kapıları açıktı ve Meksikalılar Rio Grande köprüsünden akıp alışveriş yapar ve akrabalarını ziyaret ederlerdi. Dick ve Laurel yol boyunca onları selamlayıp İspanyolca hazırlanmış broşürleri dağıttılar. Hiçbiri İspanyolca bilmiyordu ama bunun bir önemi yoktu. Hepsi de kutsal kitapçıklar dağıtıp *Hola* ve *God Bless* diye selamlamışlardı insanları. "Meksikalılar İncil'e susamıştı," dedi Dick. Elbette ki Afrika'ya yapılacak bir misyon ziyareti değildi ama yine de bu seyahatler, Laurel'ın her zaman istediği yaşamdı.

Belalı altmışlı ve yetmişli yıllarda Shellabarger ailesinin yaşama biçimi, birçok muhafazakâr aile için bir standart haline gelmişti. "Bu alternatif evrenden çok daha geniş kapsamlıydı," diye yazıyordu Randall Balmer. "Yirminci yüzyılın ortalarında mevcut daha geniş kültürün içerisinde sanal bir ekonomi yürütmek mümkündü (bunu şahsımca da tasdik edebilirim) fakat işin doğrusu dışarıdan birileriyle çok az ticarete dayanan bir ilişki biçimiydi." Muhafazakârlığın bütün çizgilerinde olduğu üzere ve doğal olarak da Plymouth Brethren Kilisesi de kendi yollarının Hıristiyanların türleri içerisinde en doğru yol olduğunu düşünüyordu – diğer dinlere hiç değinmiyordu bile. Bu yüzden yüzde 78 gibi bir çoğunluğu Hıristiyan olan Amerika'da, Protestanlar kendilerini kuşatılmış bir azınlık olarak görüyordu. "Büyüme çağımızda kilisemiz dışındaki her şeyin şeytan işi olduğuna inanıyorduk," dedi Suelo. "Kimseye güvenmiyorduk."

San Antonio'daki göreceli zenginlikleri bir ayrıcalık gibi olmuştu. Birkaç şirket birleşmesi sonucunda, Dick 1969 yılında işini kaybetmişti ve yeniden, Daniel'ın ortaokula başlayacağı Denver'a döndüler. Daniel çelimsiz, ciddi bir çocuğa dönüşmüştü. Ron ve Doug babalarının hareketli doğasına sahipken, Rick ve Daniel sakinlik ve ağırbaşlılıklarıyla annelerine çekmişlerdi. Daniel, evin en küçüğü olma fikrinden hoşlanmıyordu ve bazen diğerleri kadar uzun gözükebilmek için ayaklarına koca tabanlı botlar geçirirdi. Okula gitme konusunda sık sık onu hasta edip evde kalmasını sağlayacak kaygılara kapılırdı. Esasen sosyal ve arkadaş edinme becerilerine sahip biri olmasına rağmen, ailesinin inançlarına sıkıca bağlı yaşam biçimi onu olumsuz anlamda etkilemişti.

"Ebeveynlerimin idealizmini üzerimde taşımak zorunda hissetmem yüzünden arkadaş edinmekte zorlanıyordum," dedi Suelo. "Özellikle de kilise dışındaki herkes ve her şeyin şeytani potansiyel taşıdığını düşünüyorsan. İnsanlar bizimle alay edebilirlerdi fakat bunun karşılığında diğer yanağımızı dönmemiz gerekiyordu. Oysa şimdi anlıyorum ki çocuklar sizinle alay etmek istediklerinde aslında sizinle muhatap da olmak istiyorlar ve arkadaşlıklar bu şekilde başlıyor. Fakat o zamanlar bunu göremiyordum."

Nispeten dar görüşlü olmasına rağmen aile yaşantıları oldukça sıcaktı ve iyi işliyordu. Suelo'nun Denver yakınlarındaki okul arkadaşı Randy Kinkel, Shellabarger ailesini oldukça sıcakkanlı ve misafirperver olarak hatırlıyordu. Laurel'ın sıcak gülümsemesini, köpek, kedi, kuş, balık ve hatta timsah bile içeren küçük hayvanat bahçelerini anımsıyordu. "Dan, o yaşta da sessiz, düşünceli bir karakter sergiliyordu," diyordu Kinkel. "Yine de çok eğlenceli bir çocuktu ve harika bir taklit yeteneği vardı. Çok iyi ses ve mimik taklitleri yapardı. Aynı zamanda çizim yeteneği de harikaydı. Onu çılgın dini düşüncelere sahip biri olarak hatırlamıyorum." Daniel ve Randy'nin en büyük eğlencesi, her daim sarhoş, bela çıkarmakta usta biri olan Palyaço Blinky hakkında sahte gazeteler yapmaktı. "Yaşıtlarına göre oldukça sofistike bir mizah anlayışı vardı," diyordu Kinkel.

Daniel'ın meşgaleleri yeniden dine dönmüştü. Her ne kadar kiliseleri İncil'in kesin doğruları söylediğine inansa da kilisenin bazı üyelerinin zaman zaman İsa'nın öğretilerini takip etmediği de oluyordu. Bay ve Bayan Hatch gibi pazar okulunun yapımına yüklü para yardımları yapmış bazı Brethren üyelerinin kış güneşinde boyunlarına sardıkları kürkleriyle, Cadillac'larından indikleri görülürdü. 1969 yılının bir pazar günü, Bay ve Bayan Hatch görkemli arabalarından inmek üzereyken, yaşlı görünümlü, uzun saçlı, blucin giyinmiş ve omuzlarına Meksikalı şalı atmış bir adam belirdi. Daniel'ın babasının hippi diye isimlendirdiği tiplerdendi. Hippi direkt olarak yanlarına gidip araba ve kürklerine aşağılar gözlerle bakmıştı.

"İsa size bunu mu öğretiyor?" diye sormuştu. "Tanrıya mı yoksa paraya mı hizmet ediyorsunuz?"

Hatch çifti donup kalmıştı. Hippi sallana sallana yürüyüşüne devam ederken Suelo, babası onu kiliseye doğru ittirene kadar adamın arkasından bakakaldı.

"Kâfir," dedi babası. "Hiçbir şey bildiği yok."

Fakat adamın sözleri Daniel'ı sarsmıştı. Ayetleri okumuştu. Hz. İsa dünyevi nimetleri bir kenara atmamızı söylememiş miydi? Matta 19:21: "Eğer eksiksiz olmak istiyorsan, git, varını yoğunu sat, parasını yoksullara ver." Ayrıca Paul, Timothy 6:10'da paranın bütün kötülüklerin anası olduğunu söylememiş miydi?

Ya o kâfir denilen adam haklıydıysa ve yanılan Brethren ise?

1974 yılında, tam da girişimci ruhuna uygun düşecek şekilde davranan Dick, sigortalarını nakde çevirip ailesini Arizona'daki küçük Safford kasabasına taşıdı ve orada Montgomery Ward isimli bir perakendeci zincirinin bir şubesini açtı fakat işyeri Daniel'ın on dördüncü yaş gününü kutladıktan kısa bir süre sonra batmıştı. "Babam her şeyi kaybetti," diye anımsıyordu Suelo. 1975 yılında, iflas etmiş ve gelirleri önemli ölçüde azalmış Dick, ailesiyle beraber Grand Junction'a taşındı ve bir kez daha ağabeyine ait Chevrolet bayiliğinde depo işini kabul etti.

Orada kalıcı ev olarak tanımlamaya en yakın hayatı yaşadılar. Shellabarger ailesinin çocukları orada lise hayatlarına başladılar ve üniversiteye gittiler. Daniel hariç hepsi orada evlendiler. Grand Junction sıkıcı bir petrol ve tarım kasabasıydı ve demiryoluyla nakliye için önemli bir noktaydı fakat orada yapabileceğiniz en eğlenceli şey, bankanın üst katına çıkabilmek için asansöre binmekten ibaretti. Rocky dağlarının batı eteklerindeki bu şehir, Aspen ve Telluride gibi lüks tatil yerlerine dönüşmüş maden kasabalarının cazibesine sahipti. Fakat yine de burası bir Nixon kalesiydi ve büyük çoğunluk sessiz, mütevazı bir topluluktan meydana geliyordu. Sayısız kiliseye sahip ve bıyıklı, sert erkeklerin koca kamyonetler kullandığı bir yerdi. Tam da Dick ile Laurel'a uyacak bir kasabaydı. Ülke boyunca on yıllardır politik olarak sesleri kesilmiş olan muhafazakârlar, Din Hakları ismini verdikleri bir hareket altında yeniden seslerini duyurmaya başlamışlardı. Dinsel yaşamları gereği kürtaj, eşcinsellik gibi meselere karşı çıkmalarına karışan hükümetlerle mücadele eden, kendilerinden emin muhafazakârlardı.

Shellabarger ailesi demiryoluna yakın, kasvetli bir mahallede, ahşap bir kulübe kiralamışlardı. Rick evde kalırken, Ron, Doug ve Daniel, yeni gelenlere sataşmanın gelenek olduğu okullarına devam ediyorlardı. Tek avantajları, her yerde afiş ve reklamları bulunan, Chevy bayisinin sahibiyle aynı soyadlarını taşımalarından dolayı, zengin çocuklar zannedilmeleriydi.

O dönemlerde, Suelo tam da ailesinin aşıladığı bir düşünceye yoğunlaşıp Amerikan ayrıcalığını sorgulamaya başlamıştı. Amigos de las Americas isimli bir Hıristiyan grubuyla yaptıkları, Kuzey Amerikalı çocukların Güney Amerikalı çocuklara aşılar götürdüğü bir seyahatte, Suelo onun bugünkü düşüncelerini de etkileyen, zenginliğin doğası, açgözlülük ve cömertlik üzerine bazı sorgulamalara girişmişti. Brezilya sınırına yakın ovalara seyahat etti. Bolivya seyahati, Suelo'nun üçüncü dünya ülkelerine yönelik ilk tecrübesi olmuştu ve o dönem Bolivya, Haiti'nin ardından Batı yarımküredeki en fakir ikinci ülkeydi. "O zamanlar hayatımda ilk kez karınları şiş çocuklar görmüştüm," diye anımsadı Suelo.

Suelo'yu en çok etkileyen şey ise orada karşılaştıkları insanların aşırı fakirliklerine rağmen gösterdikleri cömertlik olmuştu. "Üzerlerine oturacakları kütüklerden başka şeyleri olmamasına rağmen yerlerinden kalkıp bizim oturmamızı istiyorlardı," dedi Suelo. "Üstüne bir de bizi beslediler. Daha kendilerine bile yetecek yemeği bulamazken hiçbirimizin aç kalmadığından emin olmak istiyorlardı. Bu cömertlik beni büyülemişti."

Grand Junction'a döndükten birkaç gün sonra Daniel ve bir arkadaşı mahallede geziniyorlardı. O sıralar Shellabarger ailesi eski bir köylü kulübesini andıran yeni evlerine taşınmışlardı. Renkli, cafcaflı bir malikâneye doğru yaklaşıp çimlerin üzerinde yürüdükleri sırada malikânenin kapısını aralayan bir adam onlara bağırıp çimlerden uzak durmalarını istemişti.

Adamın tavrı Daniel'ı bir kez daha düşünmeye itmişti. En az şeyi olanlar, en fazla paylaşan insanlardı. Buna istinaden hayatı boyunca inandığı bir vecizeyi kendine motto edinmişti: İnsanoğlu daha fazla şeye sahip oldukça daha az verir. Diğer yandan ise cömertlik kültürü daha az atık meydana getirir çünkü orada paylaşım düşüncesi esastır. Cimrilik kültüründe olduğu gibi çöplerini yemek artıklarıyla doldurmazlar.

Yine o zamanlar, kiliseye dair sarsılmaz inancı ilk darbesini yemişti. Grand Junction'a taşınır taşınmaz, Dick ve Laurel vakit kaybetmeden evde İncil dersleri vermeye başlamıştı ve birkaç yıl içinde meydana getirdikleri grupla kasabanın eteklerinde bir şapel inşa edecek güce ulaşmışlardı. Fakat aynı zaman diliminde Dick ve Laurel'ın cemaatle arası bozulmuştu.

"Sadece ayak uyduramamıştık," diye açıkladı Dick. "Bizde kusurlar bulmaya başlamışlardı." Kilisedeki erkekler, Laurel'ın kadınlara başarılı bir şekilde İncil dersleri vermesine gücenmişe benziyordu. "Brethren'daki kadınlara ikinci sınıf insan, köle muamelesi yapılıyordu," dedi Dick. Yaklaşık otuz yıl sonra Shellabarger ailesi Brethren kilisesini terk edip mezhep farkı gözetmeyen, Protestan bir kiliseye katıldılar.

O dönemler Dick, Chevy bayisinde müdür pozisyonuna yükselmişti ve ailenin işleri tekrar yolunda gitmeye başlamıştı. Pennie, Brethren'dan kendinden daha büyük bir adamla evlenmiş, sekiz çocuğundan ilkini doğurmuştu. Lise öğrenimlerini bitiren Rick ve Doug, Grand Junction'daki Mesa State Koleji'ne yazılmış, yaklaşık bir yıl bir hastanede çalışan Daniel da onların izini takip etmişti. Orta seviye bir ruhsal hastalığı atlatan Ron, evlenip bir işçi olarak hayatını sürdürmüştü.

Daniel'in araştırmacı kafasının inançlarının temellerini sorgulaması evi terk eder etmez ortaya çıkmamıştı. Daniel, doktor olmaya karar verdi ve Boulder'daki Colorado Üniversitesi'ne nakil olabilmek için başvurdu. Ailesinin kilisesi oraya gitmesini onaylamamıştı. Boulder'ı kâfir tarikatlar, liberaller ve yoldan sapmışların cenneti olarak görüyorlardı. Oraya taşındığı takdirde Daniel'ın inancının erozyona uğrayabileceğinden endişe ediyorlardı. Fakat Daniel'ın kararı kesindi. Kendine güveniyordu ve inancına yönelik yapılacak her saldırının onu zayıflatmak yerine daha da güçlendireceğini düşünüyordu.

4

Düşünmek için yemeliyiz. –Pierre Teilhard de Chardin

Dilenmenin Amerika'da belki de en utanç verici eylem olarak görüldüğü söylenebilir. Bu eylemi şöyle tanımlarız: Eğer sıkı çalışmazsan ve iyi dereceler almazsan, sonun sokaklar olur ve bozuk para için dilenirsin. Eskiden fahişelik yapmak, bundan daha utanç verici bir hareket olarak görülürdü fakat artık eskort kızlara bile dilencilerden daha fazla saygı duyuluyor.

Doğulu dinlerde dilenmek tamamen farklı bir anlam ifade eder. *Sadhus* isimli Hindu kutsal adamlar, ellerinde yemek kâseleriyle kapı kapı dolaşıp yemek isterler. Sanksritçede "feragat etme" anlamına gelen Sannyasis isimli papaz keşişler de *Sadhuslar* gibi yaşarlar. Budistler ise onlara *Bhikkus* derler ve "dilenciler" ya da "sadakayla yaşayan insanlar" olarak çevrilirler. Müslümanlar ise *Fakir* olarak adlandırır onları ve "aç insanlar" olarak çevrilir dilimize. Sufi dervişler ise kapı kapı gezdikleri için Farsçada "kapı" kelimesiyle adlandırırlar. Her durumda dilenen kişiler ülkeyi çıplak ya da basit kıyafetlerle gezerler. Saçlarını iple toplarlar ve vücutlarına çamur ile kil yayarlar. Ne sahip oldukları bir şey ne de bir gelirleri vardır. Tamamıyla başkalarının katkılarıyla hayatta kalırlar.

Tüm zamanların belki de en saygı duyulan dilencisi, Siddhartha Gautama'dır. Milattan önce 563 yılında ayrıcalıklı Hindu evini terk edip doğruluğu ve gerçeği bulacağı yolculuğa çıkıp Buda olmadan önce sahip olduğu yegâne şeyler üç tane cübbe, bir jilet, bir iğne, bir kemer, bir su matarası ve bir dilenme çanağıydı. Sadaka vermek, hayır işinden ziyade bir değiş-tokuştu. Dilenmenin amacı yalnızca yiyecek elde etmek değildi, aynı zamanda gururdan vazgeçip diğer insanlara da bağlı olduğumuzu kabul ederek mütevazılaşmakla ilgiliydi. Bunun için gururundan vazgeçen kişi, yaşadığı topluma verme eyleminin ayrıcalığını tattırır ve bu yolla kendileri de kutsal adamlara yaraşan, hiçbir şeye sahip olmama yönünde küçük bir adım atmış olurlar. Dilenci ekmek almıştır ama ekmeği veren kişi, sahip olduklarını paylaşma fırsatı yakalayarak daha önemli bir değere sahip olur. Buda öğrencilerine sadakalarını topladıkları sırada "teşekkür ederim" demeyi yasaklamıştı. Bugünlerde keşişler teşekkür yerine, "Cömertliğiniz size barış ve huzur getirsin," diyor.

Toplumdan dışlanmak bir yana, *Sannyasi*ler saygı kazanmak için onları destekleyen toplumla manevi anlamda önemli ve bilgece sözlerini paylaşırlar. *Sannyasa*'nın ileri gelen destekçilerinden biri de Mohandas Gandi'ydi ve "Hem bedenin hem de ruhun peşinde birlikte yaşayamam," demiştir açlığı seçip seks, pişmiş yiyecek hatta tuz gibi dünyevi zevklerden vazgeçtikten sonra. Batılılar böylesi bir çileciliği hayranlık ya da en azından büyük bir merakla izlemişlerdi. *Orman Kitabı* isimli kitabında Rudyard Kipling, altmış yaşında, ailesini besleyip yetiştirmiş ve kariyerinde başarıya ulaşmış ve ardından sahip olduğu pozisyonu, sarayı ve gücü terk ederek eski kıyafetlerle, elinde yiyecek çanağıyla yollara düşen yaşlı bir uşağı, sempatik bir şekilde anlatıyor. Hatta huysuzun teki olan Mark Twain, şüpheci Amerikan tinselcilerinden Brigham Young, 1895 yılında Hindistan'daki mistiklerle karşı karşıya geldiğinde içinde bastırılmış, saygı benzeri bir şeyler hissetmişti. *Following Equator*'da şöyle yazıyordu:

"*Kimisi sıcak, toz, açlık, yokluk karşısında sabır ve sebatla aylardır yollarda olan bu hacıların inanç ve tutkularından başka hiçbir destekleri yoktu. Böylesi bir iman gücünün yaşlı, zayıf, genç ya da kırılgan ayırt etmeksizin, böylesi çileli ve inanılmaz bir yolculuğa, şikâyet etmeksizin ya da bir an bile kararsızlık yaşatmadan dayanma gücü verebilmesi gerçekten de inanılmaz bir şeydi. Yalnızca korku ya da aşk böyle bir şey yaptırabilir. Bu gücü onlara korku mu yoksa tutku mu veriyor bilmiyordum. İtici gücü ne olursa olsun, böylesi bir yeniden doğuş hareketi biz soğuk beyazlar için hayal gücümüzün ötesinde, harika bir hareketti. Aralarında saçlarını inek gübresiyle sıvamış fakirler vardı. Ayrıca bütün gün hatta hafta boyunca çivili bir tahta üzerinde yatıp bunu umursamayan bir Hint fakiri bile vardı. Bir başka adam ise pörsümüş kollarını bütün gün havada tutarak, kıpırdamadan duruyordu ve söylediğine bakılırsa bunu yıllardır yapıyordu. Bütün bu performansları yapanların önlerinde katkıda bulunmak isteyenlerin verdiklerini toplamak için bir bez parçası duruyordu ve fakirin de fakiri izleyiciler, ucuz da olsa bir şeyler vererek adaklarının kabul olup onlar tarafından kutsanmayı umuyorlardı. En sonunda ruhani adamlar çıplak halde bir geçit töreni yapıp yürüyüşe geçtiklerinde oradan uzaklaştım... Bu görüntü hiçbir zaman aklımdan çıkmayacak.*"

Hz. İsa'nın, "Fakirler, kutsanmış olanlardır çünkü Tanrı'nın Krallığı onlarındır," sözüne rağmen modern Hıristiyanlıkta bunun bir karşılığı yoktur. "Fakat zenginlere eyvahlar olsun, onlar ancak bu dünyada rahat eder." Feragat etmek, yüzyıllardır dinin merkezinde yer almıştır. Beşinci yüzyılda Suriye'de yaşamış Aziz Simone, otuz yedi yıl boyunca bir kulenin üzerindeki küçük bir platformun üstünde oruç tutarak ve ibadet ederek yaşamıştır. Ortaçağda Avrupalı keşişler İsa'yı taklit etmek maksadıyla gönüllü olarak dilencilik yapmış ve kutsal inançlarını bu şekilde ifade etmişlerdir. Fakat bu gelenek ne modern çağa ulaşmış ne de Amerika'ya uğramıştır.

Doğrusu Fransisken ve Mont Carmel keşiş ve rahibeleri hâlâ açlık yeminleri edip bağışçılar tarafından desteklenirler. Fakat bu bağışlar sokaklarda toplanmıyor. Bugünlerde bağışlar kredi kartları ya da thefriars.org internet adresi aracılığıyla toplanıyor. Thomas Merton ve Dorothy Day gibi yirminci yüzyıl Katolikleri ve Katolik işçiler, geçmiş zaman sofu fakirliğini modern zamanlara taşımaya çabalıyor. "Açık bir şekilde kabul etmemiz gerekir ki özveri ve feragat, ibadetin temellerindendir," diye yazıyor Merton. Fakat bu düşünceler Hıristiyanlığın yalnızca kıyısında, küçük karşılıklar bulabiliyor. Keşiş ve papazlarımızı kapımızda yiyecek dilerken hayal bile edemeyiz. Zaten onlar için kurduğumuz vakıflar buna izin vermeyecektir.

Suelo bir keşiş olmamasına ya da kendine kutsal adam sıfatını yakıştırmamasına rağmen onlardan çok fazla ilham alıyordu. Tayland'da bir Budist manastırında kaldıktan sonra kendini, kısacası farklı türde bir dilenme yöntemi geliştirmiş, Amerikalı bir Sadhu olarak tanımlamıştı. Felsefesi gereğince para için dilenmese de yiyecek dilenmekten kaçınmıyordu. Ara sıra da olsa restoran ve fırınlara gidip artık yiyecek olup olmadığını soruyor. "İnsanlar genellikle iyi davranıyorlar. Hatta bir şeyler verebildiklerinde mutlu oluyor, gülümsüyorlar. İçeri gidip ellerinde bir tabak dolusu yemekle geri geliyorlar. Fakat bazen yalnızca oradan defolup gitmemi istiyorlar."

"Böyle yaptıklarında küçük düşürülmüş gibi hissediyor musun?" diye sordum.

"Bazen. Fakat bu da yürüdüğüm yolun bir parçası; tepki vermeden oradan uzaklaşabilmek."

Ona neden sadaka isterken keşiş gibi giyinmediğini sorduğumda bana dindar insanların diğerlerinden daha fazla şey almaması gerektiğini söyledi. "Önemli olan, herkesi eşit bir statüde tutabilmek ve insanları Budist keşişlere yardım ettikleri ölçüde, batakhanelere düşmüş sarhoş ya da dilencilere de yardım etme konusunda cesaretlendirmektir," dedi. "Bu şekilde yiyecek bulabilme ihtimalim azalacak olabilir ama esas olan bu ruhu yakalamaktır. Doğruluk yolunu takip edersem yiyecek bulmak için endişelenmeme ya da insanların bana yiyecek vermelerini sağlamak için onları manipüle etmeme gerek kalmaz."

Suelo'yu daha fazla dilenmekten alıkoyan bir diğer şey ise onun yetiştiği Rocky dağları insanına özgü, içgüdüsel olarak onu yardım istememe yönünde etkileyen gururuydu. "Başka insanların yardımını dilenmek böyle yaşamanın en zor kısmıydı," dedi Suelo. "Her zaman bir şeyler vermek yönünde yetiştirildim. Almaktan ziyade vererek kutsandım. Bu yola atıldığım ilk birkaç yılda kabullenmekte en çok zorlandığım şey, ihtiyaç içerisinde olduğum gerçeğiydi. Bazen hâlâ öyle hissedebiliyorum. İnsanlar aç olup olmadığımı sorduğunda aslında sahiden de aç olmama rağmen, 'Aç değilim,' diyebiliyordum."

Elbette ki yaşadığımız toplumda ihtiyaç sahiplerinin yemek yemesi için dilenmesi gerekmiyordu. Bu iş için yemek kuponları oluyor ya da aşevleri gibi kâr amacı gütmeyen kuruluşlar devreye giriyordu. Suelo'nun evsiz barınaklarına uğramamasının sebepleri vardı: Vakıflar arzu duydukları için bir şeyler vermiyordu. O halde Suelo dilenmeden ya da işsizlik yardımı almadan nasıl yemek yiyordu?

Mağaranın dışında, karşı uçurumların ardındaki güneşin doğuşunu izleyip Qigong seansımızı tamamladıktan sonra çantamdan öğle yemeğimi çıkardım. Peynir, kraker, çikolata ve biraz avokado getirmiştim. İsa ve antik Hindulardan o kadar konuştuktan sonra, dövülmüş çeltik tohumunu una serperek harç yapıp mayasız ekmeğe dönüştürmesini bekliyordum Suelo'dan.

Mavi kapaklı, plastik bir kavanoz çıkardı ve Skippy marka fıstık ezmesinin tanıdık logosunu gördüm. Değerli taşlarla bezenmiş kahverengi, yapışkan madde yerine kırmızı, sarı, turuncu ve yeşil renklerde şeyler gördüm. Kapağı açıp kavanozu bana doğru uzattı.

"Ayıcık jelibon ister misin?"

İki yıl boyunca devam eden ziyaretlerim süresince Suelo'yu hiç aç bir halde ya da diğer öğününü nasıl bulacağına dair telaşlanırken görmedim. Zaman zaman ona evimde yemek pişirdiğim ya da bir restorana götürdüğüm oldu fakat çoğu zaman o beni besledi. Ne zaman mağarasına yiyecek götürsem o kadar misafirperverdi ki kendi yemeğimi unutuyordum. Suelo kendi çapında bir bolluk ve berekete zaten sahipti.

En başta Suelo'nun tipik bir Amerikalı kadar yemek yemediğini söylemem lazım. Mesela uzun bir yürüyüş yaptığımızda sadece iri bir parça ekmek ve bir mandalina yiyip uzattığım ve benim aç bir kurt gibi mideme indirdiğim peynir ve kurabiyeleri geri çeviriyordu. Günde iki kere yemek yiyor ve pilav, meyve, sebze, ekmek ve peynir gibi oldukça sade ve basit şeyler tüketiyordu. Az da olsa bulduğunda et de yiyordu. Günlük diyeti bir Amerikan'dan çok tipik bir insan diyetine daha yakındı. Dünya ortalaması günde 2800 kaloriyken bir Amerikalı günde ortalama 3800 kalori tüketir. Hatta Suelo'nun günlük diyeti, Sahra Çölü'nün güneyindeki insanların 2200 kalorilik günlük ortalaması civarındadır.

Az yemek yemenin bütün dinlerde oldukça tarihsel bir yeri vardır. Hz. Musa, Hz. İsa, Buda ve Hz. Muhammed, saflığa ve alçakgönüllülüğe giden yolda düzenli bir şekilde oruç tutarlardı. Tıpkı modern zaman liderleri Gandi, Martin Luther King Jr. gibi. Aynı şekilde Hıristiyanlar Büyük Perhiz döneminde, Yahudiler Yom Kipur'da, Müslümanlar ise Ramazan'da oruç tutarlar. Mormonlar her ayın ilk pazar günü oruç tutmaya teşvik edilirler. Budist rahipler genel olarak sabah altı civarında kahvaltı yapar, öğle vaktinde bir kez daha yer ve günün geri kalanında yalnızca sıvı tüketirler. Gerçi pratik karşılıklar farklı anlamlar taşısa da asıl amaç ruhani alanı genişletmektir. Suelo, bu inancı kendi günlük yaşamına entegre etmiş durumdaydı. "Bazen çöpte yiyecek bir şey bulamayacağım diye endişeleniyorum," diyor. "Fakat ardından bulamasam da önemli olmadığını düşünürüm. Hatta bulamamam sağlığım için iyi bile oluyor."

Suelo yiyeceği her şeyi kendi temin etmek zorundaydı. İlk seçenek olarak yiyecek aramaya çıkıyordu. Soğan, ısırgan otu, tere ve yabani bitkiler kazıp çıkarıyordu. Ananas ve sedir dikenleri toplayıp kaynamış suda demliyordu. Karadut toplayıp kurutuyordu. Terk edilmiş meyve bahçelerinden elma ve şeftali toplayıp kurutuyor ve pestil yapıyordu. Ülkenin başka kısımları yiyecek konusunda daha cömertti. Bir keresinde California sahilinde böğürtlen, deniz lahanası, rezene ve kara kabuk midyeleri toplayarak yaşamış. Kamp ateşine attığı midyeler ateşte şamfıstıkları gibi açılıyormuş.

Paradan vazgeçmeden önce ve sonraki yaşamında, Suleo canlı hayvanları yakalamada kendini geliştirip karmaşık yetenekler geliştirmişti. Alaska'da yaşadığı birkaç ay boyunca zıpkınla avlanmayı öğrenmiş ve uzun süre çoğunlukla somon balığı yiyerek beslenmişti. Fakat çok da iyi bir avcı olduğunu söylemek mümkün değildi. Silahı ya da oku yoktu. Tuzak da kurmuyordu. Arizona'dayken elleriyle göbekli domuz yakalamayı denemiş ama başaramamış. Fakat yine de ara sıra yol kenarlarında ölmüş memeliler bulduğu oluyormuş. "Bu yeni ölmüş sincabı nehir yolunda buldum," diye yazmıştı bir keresinde bloguna. "Bulduğumda dişlerinin arasına bir tane meşe palamudu sıkışmıştı fakat daha sonra şiş yanaklarına on dört tane daha tıktığını gördüm!" Sincabın derisini soyup temizlemiş ve *Pişirmenin Zevki* kitabında gördüğü usulde suda haşlayıp pişirmiş.

Kemirgenlerin varlığına rağmen, Utah çölü hayatta kalabilmesi için yeterince yiyecek sağlamıyordu. Yiyecek toplamak ya da ekim yapmaktansa, Suelo insanların artıklarını toplamayı tercih ediyordu. "Çöplerde yeterince yiyecek varken kanyonda avlanmayı doğru bulmuyorum," dedi.

Suleo'nun başlıca yiyecek kaynağı, başkalarının artıklarıydı. Amerikalılar her yıl 29 milyon ton yenilebilir kaynağı çöpe gönderiyor ve bu miktar toplam üretilen yiyecek kaynaklarının yüzde kırkına denk geliyordu. Birçoğu ise eskimiş yiyeceklerdi; kahverengi muzlar, küflenmiş dutlar, çürümüş elmalar ve solmuş lahana benzeri yiyecekler. Fakat çok daha mükemmel koşullarda yiyecekler de atılıyordu. Son tüketim tarihini henüz geçmiş ve daha paketi bile açılmamış sandviçler gibi. Suelo'nun henüz birkaç saat önce gerçek fiyatlarında satılan bisküviler, kurabiyeler, mısır konserveleri ve sosisler bulduğu çok oluyordu. Zaman zaman bozulmayan yiyeceklerden pirinç, fasulye ve un gibi ürünler de buluyordu. Marketlerin çöplükleri dışında restoran arkalarındaki çöpler de iyi seçenekler sunabiliyordu. Fırınlar koca somunları günün sonunda sokağa atarken, pizza dükkânları da birçok yiyecek atıyordu.

Bir gün Suelo'yla beraber yiyecek toplamaya çıktım. Amerikalıların küçük görüp zayıflık belirtisi olarak gördükleri bir eylem olan dilenmenin aksine, çöplük karıştırma işi daha yıkıcıydı. Neredeyse çalmaya benzer, zekânla hayatta kalmayı gerektiren bir tecrübeydi. Fakat her seferinde başarılı olmanın garantisi yoktu. Bazı fastfood zincirleri, çöp karıştırıcılarını uzaklaştırmak için artık yemeklerin üzerine bulaşık suyu döktürür. Bunu takiben izinsiz çöplüğe girme konusu gündeme geldi. Çöpler kime aittir? Mülk sahibine mi? Çöp toplayıcılarına mı? Yoksa kamuya mı aittir? Dar bir sokaktaki çöp konteynırını karıştırmakta sorun yoktu ama birçok süpermarket, çöp konteynırlarını kapalı ve kilitli halde tutuyordu. Gezdiğimiz süpermarketlerin çöplükleri derin bir mağarayı andırıyordu ve açık bir şekilde özel mülk oldukları belirtilmişti. Fakat Suelo bütün bunları aşacak tecrübeye sahip. "İçeri girerken kendine güven," diye tavsiyede bulundu. "Kimse seni fark etmeyecektir."

Çöp konteynırlarıyla ilgili bilinmesi gereken bir diğer gerçek de şu ki tamamen dolmadan onlara ulaşmak imkânsızdı. Mesela bir tanesi bir buçuk metre boyunda, yine bir buçuk metre derinliğinde ve neredeyse bir metre genişliğindeydi. Kollarımızla konteynıra tutunup kendimizi yukarı çekerek ayaklarımızı yerden kestik ve asıldık. İşin komik yanı arkamızdan bize hafifçe çarpan biri yüzünden bile kolayca çöplüğün içini boylayabilirdik. Konteynırın iç kısmına doğru sarktıktan yaklaşık bir dakika sonra damarlarımda akan kanı kulak ve şakaklarımda hissedebiliyordum. Atık yığınlarına doğru uzanıp sebze ve ekmekleri aldık. İçerisi oldukça keskin, ekşi bir kokuyla kaplıydı. İşim bittiğinde kendimi geri çekip yeniden yeryüzüne ayak bastım. Bazı çöp karıştırıcıları sarkmak yerine bizzat konteynırın içine girip görünmemeyi tercih ederler. Fakat konteynırın içinde çalışmanın da kendine has stresleri var. Çöp ayıklamak yerine bizzat çöpün içine girmiş olursun ve aksi bir durumda kaçmak da neredeyse imkânsız hale gelir. Üstelik her an kapağın kapanma ve konteynırın bir yere sürüklenme endişesiyle kapana kısılabilirsin.

O gün konteynır bize oldukça cömert davranmıştı. İşte Suelo'yla topladığımız ganimet:

6 somun Pepperidge Farm ekmeği

2 paket simit

1 poşet beyaz patates

4 kızıl patates

1 kutu organik çilek

2 paket ahududu

2 paket karadut

1 greyfurt

7 paket doğranmış mantar

1 soğan

1 kabak

27 koçan mısır

Çöplük ganimetinin boyutu genellikle bölgenin karakteristiğini yansıtıyordu. Suelo en iyi artık toplama tecrübesini California'daki Mill Valley'de yaşamış. Oradaki organik kafeler ve gurme butiklerinin arka kısımlarında bir arkadaşıyla birlikte adeta altın madenine rastlamışlar. Limonlu humus, biberli rosto sandviçlerin tadını çıkardıkları bir dönem geçirmişler. "Vahşi domuzlar gibi yiyorduk," dedi Suelo. "Marin County'de bulduğumuz yiyecekler bir harikaydı."

Suleo'nun yediklerinin çoğu ona verilenlerden oluşuyordu. Birçok insan onu akşam yemeğine ya da oturmaya davet edip buzdolabında ne varsa yiyebileceğini söylüyorlardı. Bazen bir sürü ekmek, sebze ve lezzetli meyvelerle döndüğü oluyordu. Paradan vazgeçtiği ilk dönemler karşılığında yemek istemeden çok zamanlar çalışmıştı. Fakat birkaç acı tecrübe sonunda dermansız düşünce emeği karşılığında yiyecek istemeye başlamış. O zamandan bu yana değiş-tokuşa en yakın yaptığı şey bu olmuş.

Yardımsever insanların yanı sıra, Suelo'yu beslemekten zevk duyan bazı organizasyonlardan da bahsetmek lazım. Moab'da faaliyet gösteren Youth Garden Project isimli, kâr amacı gütmeyen bir çiftlik her ay gönüllüleriyle birkaç saat boyunca devedikeni ve tarla sarmaşığı temizleyip kendi mahsulleriyle yapılmış yemekleri dağıtıyordu. Suelo, Sol Food Farms isimli, ücretli çalışanı olmayan bir özel çiftlikte diğer birkaç gönüllüyle beraber terk edilmiş tarlalarda çapa sallayıp domates, salatalık ve lahana ekerek bu tarz tarımcılığı yeniden canlandırmaya çalışıyordu. Emeklerinin karşılığında çıkarılan mahsulden paylarına düşeni alıyorlardı. Bunun Suelo'nun ısrarla reddettiği değiş-tokuş fikrinden ne farkı olduğunu merak ediyordum. Çiftliğin sahibi Chris Conrad'a Suelo'nun emeklerinin karşılığını nasıl verdiğini sordum:

"Ona ne kadar isterse alabileceğini söylüyorum," diye yanıtladı omuzlarını silkerek. "Fakat işin doğrusu oradan bir şey alıyor mu ya da ne kadar alıyor bilmiyorum. Böyle şeyleri takip etmem."

Son yıllarda Suelo'nun en güvendiği yiyecek kaynaklarından biri ise Moab Şehir Parkı'nda yılda 365 gün, gönüllülerce her öğlen yemek sunan bir bedava yemek programı olmuştu. Her gün farklı bir ekip, restoran ve kafeteryalardan topladıkları artıklarla pişirilen sıcak yemekleri dağıtıyor. Herhangi bir hükümet desteği, sponsor hatta Sağlık Bakanlığı izni bile olmaksızın, üç yıl boyunca binlerce öğle yemeği dağıtmışlar. Suelo neredeyse her öğlen oraya gitti ve zaman zaman bulaşığa da kaldığı oluyordu. Oldukça neşeli, şölen havasında geçen bir faaliyetti aslında. Yemek almaya gelenler arasında kır saçlı evsizler, genç gezginler, kaya tırmanışçıları ya da ofisinden öğle yemeği için çıkmış çalışanlar oluyordu. Free Meal grubunun misyonu yalnızca açları beslemek değildi; aynı zamanda artan yiyeceklerin çöplüğü boylamasını da engellemiş oluyorlardı.

"Free Meal hareketi sınıfsal bir hareket değil ya da tipik aşevlerine benzemiyor," diye yazmıştı Suelo. Farklı sınıflardan insanlar, ihtiyacı olsun ya da olmasın, orada toplanıp yenmediği takdirde fazlalık yiyeceklerin çöpe gitmesine engel oluyorlar."

Suelo ücretsiz yemeğe minnet duyarken aynı zamanda onu bu topluluğa iten şeyi de hatırlıyordu. "Hepimiz sosyal topluluklara muhtacız fakat yalnızca kendimize ait toplulukları istiyoruz," dedi. "Böyle olsun istemesek de kendi inşa ettiğimiz izolasyona bağımlıyız. Kültürümüzde çekingenlik önemli bir yer tutuyor. Latin Amerika'daki komün topraklarını düşünüyorum. Oradaki topluluklar hasada beraber gidiyor ve herkes birlikte çalışıp mahsulü kutluyor ve eğlencenin tadını çıkarıyorlar. Oradaki insanların birlikte olmaya ne kadar can attıklarını görmek kolayca mümkün."

Soğuk bir gecenin sonunda, alacakaranlık çökmüşken, Suelo ve Qigong ustası Phil muz aramaya çıktılar. Suelo'nun üzerinde siyah kapüşonlu bir sweatshirt ve sırtında çantası vardı. Kafasına taktığı şapkanın ipleri boynundan sarkıyordu. Moab'ın diğer ucunda yaşayan arkadaşı atık halde yaklaşık otuz kilo muz bulmuş ve bozulmadan gelip almaları için haberi uçurmuştu. Alacakaranlık ve aysız bir akşamdı. Suelo'nun geçerken süzdüğü birçok çöp konteynırı gördük. "Şu çöpte genelde kutular ve ofis araç gereçleri oluyor. Ayda bir kez gelip kontrol ederim." Kasabadaki çöp karıştırıcıları arasında en bilinen ve sürekli bir kaynak niteliği taşıyan devasa hipermarket, artıklarını sakladığı çöp konteynırlarını kapalı ve kilitli tutuyordu. Fakat müşteriler için küçük bir otopark vardı ve bazen müşteriler değerli eşyalarını oraya atıyordu. "Termal matımı ve dürbünümü orada buldum," dedi Suelo.

Moab küçük bir yer olmasına rağmen şehir planı yayalardan çok şoförlere uygundu. Otoban boyunca neon ışıkların sıralandığı, lise arazisinin etrafındaki geniş araziden geçiyorduk. Suelo ve Phil, moteller, araba galerileri ve fast food satış yerleri arasındaki kaldırımları sessizce arşınlıyordu. MOAB'DA EN UYGUN TEKLİF, 60 AY VADE, %3,9 FAİZ. MUTFAKLI-UYDULU-KONUK ÇAMAŞIRHANELİ. YARIM KİLO BUZ 99 SENT. Navajo Kampı'na doğru TIR'lar ilerliyordu.

Pete'in evine doğru yaklaşırken henüz kapanmış bir bakkaliyenin yanından geçtik. Sürünerek ışıkların yıkadığı asfaltla dolu yükleme yerine doğru ilerledik. Koca bir makine mırıltıyla çalışıyordu. Arsanın üzerine sızmış yapışkan, keskin kokulu bir şey zemini kaplamıştı. Suelo ve Phil kapağı açıp içeri şöyle bir göz attı. Büyük, siyah çöp poşetlerine doldurulmuş çöpler üst üste yığılmış halde açılmayı bekliyordu. Suelo düz, beyaz bir kutuyu çekip bitişikteki kapağın üzerine indirdi. Coca –Cola kamyonunun kırmızı ve beyaz şeritleri sönük ışık altında parıldıyordu.

"Pizza isteyen var mı?"

Bir başka peynirli pizza daha çıkardı. Karanlığın içinde gayet hızlı bir şekilde çalışabiliyordu. Elini daldırıp çiftlik sosları ve meze kutuları arasından çıkardığı şeylerin etiketini okudu. "Bir çeşit spagettiymiş," dedi. Ardından gözü kurtardıkları yiyeceklere takıldı ve: "Bunları koyabileceğimiz kutu gibi bir şey var mı?" diye sordu Suelo. Bir ekmek çuvalı bulup sekiz tane kızarmış tavuk parçasını içine koydu.

Beş dakika içinde iki büyük karton kutu dolusu yiyecekle orayı terk ettiler. Sıradaki adresimiz olan depolama tesisi genelde kullanılabilir şeyler bulmak için güvenilir bir adres olsa da o gece araba ön camından başka bir şey bulamadık. Bir yerleşim bölgesinde, yolumuza caddeden devam ettik.

"Pete'in evi içeri girerken kapıyı çalmak zorunda olmadığın bir yer," dedi Suelo. Açık garajın içindeki geri dönüşüm kutularının yanında yiyeceklerden bir dağ yükseliyordu. Çöp karıştırıcıları ağının fazlalık ganimetleri, arkadaşlarının gelip alması için buraya bırakılmıştı. "Bir çöp dükkânı," dedi Suelo neşeyle. Suelo çeşitli sebzelere, kek kutularına ve bütün pastalara gözünün ucuyla bile bakmamıştı. Muzlar için buraya gelmişti. Bir tanesini alıp soydu ve afiyetle mideye indirdikten sonra bir diğerine uzandı.

Evin içine girdiğimizde kır saçlı bir kadının bulaşıkları yıkadığını gördük ve kabarık tüylü bir köpek bizi dostça karşıladı. Masanın üstünde bir yiyecek kurutucusu inleyerek çalışıyor ve muzların kokusunu etrafa yayıyordu. Kafasına bir bisiklet kaskı geçirmiş Pete bir süre sonra yanımıza geldi. Tek tekerlekli bisikletiyle mahalleyi dolaşıp gelmişti. Hava durumu don olacağını belirtirken, muzların kararıp kararmayacağını merak ediyorduk. Daniel bir miktar muz ve kızarmış tavuk alıp sırt çantasına doldurdu. Ardından kutudan bir muz daha çıkarıp soydu ve yemeye başladı.

"Ağabeyim bana eskiden Danimuz derdi," diyor.

Soğuk ve karanlıkta bir saat kadar yürüdük. Suelo'nun bisikletini bıraktığı yerden üç kutu bira aldık. "Tanımadığım birileri sepetime bırakmış," dedi Suelo. Ardından hep beraber kanyona doğru yola koyulduk.

Karanlıkta gözümün önüne kaldırdığım elimi bile göremediğimi söylesem biraz abartmış olurdum fakat kol mesafesindeki dikenli ağaçların dallarını bile göremiyordum. Yüzüme yediğim birkaç darbeden sonra bir boksör gibi gardımı alarak yürümeye devam ettim ve yüzümü korudum. Bir taş parçası, kaya, diken ya da çamura mı basacağımı bilmediğimden yürürken ayağımı yavaşça yere basıyordum. Suelo engebeli arazide uzun ve çabuk adımlarla ilerliyordu. Derelerden geçmek için ayakkabılarımızı üç defa çıkarmak zorunda kaldık.

Önümüzdeki üç geçit oldukça dardı. "Ayakkabılarını çıkarabilirsin," dedi Suelo. "Ya da sıçrama kabiliyetine güvenirsin." Dedikten sonra Suelo su kenarına dikkatlice yaklaştı ve karanlığın içinde çevik bir hareketle sıçrayıp karşı tarafa güvenli bir şekilde geçti. Bu metot sonuncu geçide kadar işimize yaradı. Sonuncu seferde alanı yanlış değerlendirmem sonucunda atlayarak düştüğüm yerde, tek bacağım buz gibi suyun içini boyladı. Ayakkabılarımızı yeniden giydik ve Suelo'nun önderliğinde çalılar ve böğürtlenler arasında ilerledik. Suelo'nun bu karanlık yolculuğu yüzlerce defa yaptığı açıkça belli oluyordu.

Mağaraya saat on bir buçukta vardık ve muz cennetini terk edeli yaklaşık iki buçuk saat geçtiğini fark ettim. Hava soğumuştu ama yürüyüş yüzünden hâlâ sıcacık hissediyordum. Hepimiz açtık. Daniel bir muz yiyip gaz lambasını yaktıktan sonra kızarmış tavuk kutusunu açtı. Soğuk olmasına rağmen tavuk oldukça lezzetliydi. Üçümüz düz bir kayanın üstüne oturup tavuk budu ve göğüslerini yerken Phil bir kutu bira açtı.

"Sanki biraz küflenmiş gibi," dedi Suelo ve gözlüklerini takıp tavuğun paketini inceliyor. "Yirmi altısında paketlenmiş."

Söylediği şeyi dikkate almak istiyorduk fakat bugünün tarihini bilmedikten sonra, paketlenme tarihinin bir önemi yoktu. Üstelik hiçbirimiz yemeyi bırakmak istemiyorduk. Bana tadı pek de küflü gelmedi.

"Bugün yirmi yedisinden fazla olmamalı," dedi Phil.

"Evet," dedi Suelo yatağına uzanırken. Botlarını çıkardıktan sonra bir parça tavuk daha aldı. "Bence de tavukta sorun yok."

2006 yılında bir akşam, günbatımını seyrettiğimiz sırada Suelo bir kaktüs yemeye karar verdi. Yıllardır Frenk inciri yediği için kaktüs yemenin de bundan farklı olmayacağını düşünüyordu. Ayrıca kaktüslerin zehirli olduğuna dair herhangi bir şey de duymamıştı o güne kadar. En azından Kuzey Amerika kaktüslerinin zehirli olmadığını biliyordu. Kaktüs dikenleri avcılardan kendini korumak için var ise neden ayrıca toksin üretmeye de ihtiyaç duysundu ki?

Suelo eğilip çakısıyla kaktüsü kesti. Soyup dikenlerini özenle, tek tek çıkardıktan sonra kabuklarını, çöl boyunca yaptığı tren yolculuklarında susuz kalmamak için yediği kiviler gibi soydu.

Gece yavaş yavaş çöktü ve Suelo ılık havanın keyfini çıkardı.

Ardından kalp atışları hızlanmaya başladı ve giderek hızlandı. Ateşi çıktı. Kaynar bir suya sokulmuş gibi hissediyordu kendini Suelo. Ateşi baldırlarından bacaklarına, oradan beli ve kafasına ulaşıp tüm vücudunu sardı. Kalbi gümbür gümbür atıyordu. Buna katlanacak gücü yoktu.

Kalp krizi geçireceğim, diye düşünmüştü o anda Suelo.

En yakın hastane iki saat yürüme mesafesindeydi. Oysa Suelo doğrulacak halde bile değildi neredeyse. Mağarasına kadar emekleyip orada uzandı.

Sonuçta vahşi doğanın içinde bir acemi değildi. Kanyonda neredeyse on yıldır hayatta kalmayı başarmıştı. Yine de bunun başına geldiğine inanamıyordu. Hep zamanı geldiğinde bir çakal gibi ölüp bedeninin besin zincirinin bir parçası olacağından bahsederdi. Fakat yine de henüz ölmek istemiyordu. Pek duygusal bir adam olmamasına rağmen aklına yaklaşık yüz elli kilometre uzakta, Colorado'da yaşayan ailesi gelmişti. Onların değerlerini reddetmesine rağmen yine de oğullarını seviyorlardı. Kırk bir yaşında beyninde çıkan bir tümör yüzünden oğulları Rick'i kaybetmişlerdi ve kardeşinin vedası Suelo'nun beynine kazınmıştı. O yüzden kendi ölümü adına da birkaç şey mırıldandı:

Güzel, zengin ve dolu dolu bir hayat yaşadım, mutlu öldüm. Benim için endişelenmeyin. Hepimiz nasılsa öleceğiz. Zehirli kaktüs yedim. Hepinizi seviyorum.

Birilerinin bedenini bulması ne kadar sürerdi? Kasabada bir sürü arkadaşı vardı fakat kimse gelip onu kanyonda aramazdı. Daniel kasabaya inerdi ve işi bitince giderdi. Kimse onun nerede olacağını bilmezdi. Ne zaman birileri onu özlemeye başlardı acaba? Ya da onu ilk kim bulurdu? Muhtemelen ilk bulanlar kuzgun ve çakallar olurdu. Ya da bir rakun. Rakunlar ete bayılırdı.

Sonuçta bu işte bir adalet vardı. Suelo paradan vazgeçtiğinden beri bazı insanlar ona bedavacı ve bir parazit gözüyle bakıyorlardı. Bir şey elde ettiğinde karşılığında ne verdiğini öğrenmek istiyorlardı. Suelo'ya bunu sorduklarında, Suelo karşılığında neden bir şey vermek gerektiğini sorardı. Bir kuzgun ne verirdi mesela? Ya da bir çakal ne verirdi? Onun görüşüne göre her bir yaratık, var olarak bile bir şeyler vermiş olurdu. Fakat maddeci bir açıdan bakıldığında ona karşı çıkanların sağlam bir karşı argümanları vardı: Bir kuzgun öldüğünde cesediyle diğer canlıları besleyerek, besin zincirine bir katkıda bulunmak dışında hiçbir şey vermezdi kimseye. Şimdiyse Suelo ölüyordu ve bedenini kuzgun, çakal, yılan, sıçan ve karıncalara sunuyordu.

Gece boyunca sancıyla kıvranıp ölümüne hazırlanmıştı Suelo. Saatler geçiyordu ve ölüp ölmediğinin bile farkında değildi. Fakat henüz ölmemişti. Bir süre sonra kanyonun kenarları gri gökyüzünün önünde bir siluete dönüşürken Suelo midesinin titrediğini hissetti. Ekvator'da dizanteriye karşı mücadele edip kendini zorlu otobüs yolculuklarına hazırladığı zamandan beri, yaklaşık yirmi yıldır hiç kusmamıştı. El yordamıyla ilerleyip mağaradan çıktı ve oradaki kaldırım taşına doğru yeşil bir sıvı fışkırttı ağzından. İçindeki cin çıkmıştı.

Gözleri yaş içinde kalan Suelo önce sırıttı ve ardından gülmeye başladı. Ateşler içindeki bedeni hissettiği rahatlamayla beraber soğumaya başlamıştı. Artık ölmeyecekti. Hâlâ hayattaydı!

Suelo kaktüs yüzünden ölümün eşiğine gelişini anlatırken bir kez daha gülüyor. Fakat bunun üzerine sağlığıyla ve özellikle de yaşıyla ilgili sorular ortaya çıktı. Suelo elli yaşını geçmişti. Sağlık hizmetleri pahalı ve hatta parası olanlar için bile ulaşılması zor bir hizmettir. Yiyecek ve barınak bile sağlıkla karşılaştırıldığında daha az masrafsız kalır.

"Tehlikeli bir pozisyonda," dedi babası Suelo için. "Yaşlandığında biz yanında olamayacağız. Yaşam ve her şey giderek zorlaşacak. Hiçbir desteği kalmayacak."

Amerikanın çeyreği gibi Suelo'nun da sağlık sigortası yoktu. Devlet sigortasından faydalanamıyordu. Düzenli bir doktoru ya da diş hekimi yoktu. Bütün bu olumsuzluklara rağmen yine de akranlarına kıyasla oldukça sağlıklı bir görüntüsü vardı. Yağ oranı düşük ve kaslı bir vücut yapısına sahipti. Onunla tanıştığımdan beri ve çok daha öncesinde bile hiç hastalanmamıştı. Hiç yorulmadan günde yirmi beş kilometre yürüyebilirdi. Kanyona yiyecek getirmek ya da su taşımak gibi basit işler bile yoğun bir kas gücü gerektiriyor ve vücudu geliştiriyordu.

Bu arada Suelo'nun fazladan herhangi bir egzersiz yapmadığını da belirtmek lazım. Spor salonuna gitmiyor ya da koşu yapmıyordu. Doğa sporları için bir cennette yaşamasına rağmen ne dağ bisikletine biniyor, ne kaya tırmanışı yapıyor ne de kayak yapıyordu. Karpuz sevdalısı Melony Gilles'le tanıştıktan sonra yalnızca ücretsiz yoga derslerine katıldı. (Derslere blucin ve frak gömleğiyle katılmıştı fakat bazı pozisyonları yapabilmek için şapkasını çıkarmıştı.)

Sağlıklı vücudunun bir diğer sebebi ise oldukça besleyici bir diyet sürdürmesiydi. Paradan vazgeçmeden önce vejetaryenlik, veganlık ya da organik beslenme gibi tecrübeleri olmuş fakat bugünlerde artık ne bulursa onu yiyordu. Jelibon ve kızarmış tavuk gibi sağlıksız şeyler yese de besinlerinin çoğunluğu pirinç, buğday, meyve ve sebzeden oluşuyordu. Bir çöp toplayıcı olarak sürdürdüğü yaşamında Suelo'nun zamanımızın beslenme alışkanlıklarına sahip olmasını bekleyemezdik. Suelo buğday ve süt ürünlerine karşı az da olsa alerjisi olduğunu kabul ediyordu. Bir pizza ya da donut ziyafetinden sonra uykulu hissetmekten ve odaklanamamaktan şikâyet ediyordu.

Suelo ne keyif verici ne de şifa verici ilaçlar kullanıyordu. Alkolü de çok az tüketiyordu. Haplar yerine ev yapımı bazı ilaçlarla sağlılığını kontrol ediyordu. Doğa tutkunu arkadaşı Dr. Michael Friedman, Suelo'nun su içtiği bir akarsudan, Kuzey Amerika'da sıklıkla rastlanan ve ishal ile mide ağrısına yol açan bir parazit kaptığını düşünüyordu. Suelo doğada yaşamın ilkelerini takip edip mümkün mertebe daha çok doğal ve daha az kimyasal ile toksin içeren tedavileri tercih ediyordu. Mesela hazımsızlık sorununa bir miktar çam özsuyunun iyi geldiğini keşfetmişti bir keresinde.

Bir seferinde Dr. Friedman'la kanyonda kamp yaparken arı zehrinin medikal özellikleri üzerine konuşmaya başlamışlardı ve doktor ona arı zehrinin içerdiği ateş düşürücünün hidrokortizondan yüz kat daha güçlü olduğunu belirtti. Kimileri bu zehrin mafsal iltihabına iyi geldiği kadar multipl skleroz semptomlarına da iyi geldiğine inanıyordu. Suelo son zamanlarda eklem ağrılarından muzdaripti. Doktor arkadaşıyla beraber, bundan kurtulması için düşünüp taşındılar ve sonunda basit bir çözümde karar kıldılar. Ardından iki adam beraberce yakınlardaki bir arı kovanına gittiler ve arıların kendilerini sokmasını beklediler. "Çoktan iyi hissetmeye başladım bile," diye rapor vermişti şişliklerini inceleyen Suelo. Ilımlı ölçüde ağrılarından kurtulmuştu fakat aynı tedaviyi bir kez daha tekrarlamadı.

Gözlükleriyle ilgili de kendi internet sitesinin sık sorulanlar köşesine şunları yazmıştı:

Eski gözlüklerim birkaç kez kırıldı ve ta ki artık aptalca bir görünüme kavuşana dek defalarca erimiş plastikle tamir ettim. Birkaç yıl sonra artık parçaları bir araya gelmez oldu. Esasen bundan şikâyetçi değildim ve gözlüğüme artık ihtiyacım olmadığına karar vermiştim. Artık kendimi Monet'nin tablolarından birindeymişim gibi hissedeceğimi düşünmüştüm. Gerçekten de öyle olmuştu ve yaklaşık bir yıl kadar yaşantıma sorunsuz bir şekilde devam etmiştim. Fakat bir süre sonra utanç verici durumlara düşmeye başladım çünkü artık kendi arkadaşlarımı bile belli bir mesafeden uzakta tanıyamıyordum ve benim onları görmezden gelip kabalık ettiğimi düşünmeye başlamışlardı. Yeniden daha iyi görmek istiyordum artık ve bu meseleden bir arkadaşıma bahsetmiştim. Arkadaşımla konuştuğum sırada sohbetimizi duyan Holly isimli, ucuzcu dükkânında çalışan bir başka arkadaşım bana insanların kutular dolusu gözlük bağışladığından bahsetti ve reçeteme uyan olduğu takdirde bir gözlüğü ücretsiz alabileceğimi söyledi. Birçok gözlük denedim ve en sonunda bana en havalı gelen ve reçeteme de tam uyan gözlüğü aldım. O zamandan beri aynı gözlüğü kullanıyorum.

Fakat parasız yaşayan Suelo'nun baş belası dişçilikti. "Son yıllarda birkaç tane çürüğüm olmuştu ama hepsi de çok fazla tatlı şey yemem yüzündendi," diye yazıyordu. "Pekâlâ, diş ağrısı ve sivrisineklerin bana doğanın mükemmeliyetini sorgulatan iki şey olduğunu itiraf etmek zorundayım."

Peki, ya çaresi neydi? Çam sakızı – hazımsızlığına da deva olan aynı harika öz suyu... Suelo onun hem koruyucu hem de antiseptik olduğunu düşünüyor ve direkt olarak ağzına tıkacağına dair kendine söz veriyor. "Balıkçı teknesinde çalıştığım yaz azı dişimdeki ağrı artık dayanılmaz bir dereceye gelince yeniden aynı formülü denedim ve acı kayboldu. Fakat o zamanlar dişimdeki çürüğüm çok derindi ve dişin yarısı acı bile vermeden kendi kendine kırılmıştı. Azı dişimin yarısı hâlâ duruyor. Son zamanlarda bir başka dişimde daha çürüme başladı ve hemen aynı özü dişime yerleştirdim. Artık ağrı hissetmiyorum."

Fakat sonunda Suelo'nun sağlıksız dişlerinin parasız yaşamasıyla bir ilgisi olmadığını öğrenmiştim. Hatta çürümeyle de pek ilgisi yokmuş. İşi ve bir evi olduğu zamanlar bir go-cart kazasında iki ön dişini kırmıştı. Dişlerini yaptıramamasının sebebi, Amerika'da birçok insan gibi onun da diş sağlığı sigortası olmayışıydı. Onca zaman acısını çektikten sonra, Suelo 2010 yılında, dişlerini yaptırabilmişti. Üçüncü dünya ülkelerine gönüllü yolculuklara giden, Suelo'nun anne ve babasının kiliseden bir arkadaşları, Suelo'ya dolgu yaptırması için yardım etti. "Bir doktorun gönüllü olarak emeğini sunması halinde sağlık hizmetlerine karşı değilim," dedi Suelo. "Bu durumda neden kabul etmeyeyim? Kendine iyilik yapma görevi biçen organizasyonlardan hoşlanmıyorum. İnsanların gönüllü hizmet vermesi ilkesine aykırı hareket ediyorlar çünkü hepsine para ödeniyor."

Aslında Suelo, bir keresinde ücretsiz olarak sunulmayan bir sağlık hizmetini kabul etmek zorunda kalmıştı. 2004 yılında, kardeşi Doug'a raf yapmak için yardıma gittiğinde elini kesmişti. Ona kalsa kendi kendine kesiği dikerdi fakat kardeşinin karısı onu acil servise götürme konusunda ısrar etmişti. Doktor yarayı temizleyip diktikten sonra Daniel'a faturayı gönderdi: Bin dolarcık!

Suelo borcunu öylece yok saymak istemiyordu – esasen paradan vazgeçmesinin köklerinde borçtan uzak durma isteği de yatıyordu. Bu sebepten, gönüllü olarak çalıştığı Moab'daki kadın barınağına gidip çalışma saatlerini uzatıp uzatamayacağını sordu ve maaş çekinin direkt olarak hastane adına kesilmesini istedi. Suelo çalışıp dört yüz dolarlık bir çek gönderdikten sonra hastaneye bir kesik sarıp yedi dikiş atma işleminden bin dolar istemenin ne kadar ahlaklı bir şey olduğunu sordu. Sorusunun ardından faturalar artık gelmemeye başlamıştı.

Yiyecek, ev gibi temel ihtiyaçlar ya da araba kullanmak, uçağa binmek gibi ayrıcalıklardan vazgeçebilmesinin ötesinde, Suelo'nun daha ne kadar dayanabileceğini merak ediyordum. Sistemle uzlaşmaktansa hasta olmayı ya da ölmeyi tercih eder miydi?

Onunla geçirdiğim günler boyunca Suelo bir dönem oldukça şiddetli bir gribe yakalandı ve birkaç gün görüşemedik. Fakat bir süre sonra herhangi bir ilaç almadan iyileşmeyi başarmıştı. Evet, görünür bir şekilde yaşlanıyordu. Bir gece beraber masa oyunu oynadığımız sırada uykulu hissettiğini söyleyip izin istedi ve erken uyumak için bisikletine atlayıp kampa döndü. Yaşlandıkça, dağ aslanlarının pençesinden kurtulsa bile yaşlılığın getirdiği kırılganlıktan kaçamayacaktı.

Yine beraber Moab kütüphanesindeki konferans odasında otururken Suelo'ya hayatını kurtarma ihtimali olan beş dolarlık bir aşı ya da yüz dolarlık bir hastane faturasından ise ölmeyi tercih edip etmeyeceğini sordum.

"Evet, sanırım ölmeyi tercih ederdim," diye yanıtladı. "Doğada bacağımı kırsam kendimi doğal seleksiyonun bir parçası olarak hissederdim. Erken ya da geç sonuçta hepimiz öleceğiz. Ölümün hangi yolu birini diğerinden daha kötü yapıyor ki? Ayrıca kanyonda bacağımı kırıp ölmek, bir hastanede kablolara bağlı halde yıllarca ömrünü uzatmaya çalışarak ölmekten daha mı kötü?"

Araya girme ihtiyacı hissetmiştim. "Kanyonda uçurumdan düşüp kuzgunlara yem olmanın romantik bir yanı olduğunu kabul edelim. Peki, ya düşüp bacağını kırdığında ölmesen ve etrafta sürünerek dolaşmaktan kangren olsan? Bazı kolay ölümleri modern teknoloji sayesinde engellemek pekâlâ mümkün. Hayatta beş yıl boyunca makinelere bağlı kalma sonucunda ölmek ya da uçurumdan düşüp ani bir boyun kırığıyla ölüm dışında da seçenekler var."

Suelo bir süre sessiz kalıp söylediklerimin üzerinde düşünmüştü.

"Sanırım bu noktada insanlar batıl inançlara başvuruyor," dedi Suelo. "Eğer kendi yolumuzu takip edersek, başımıza gelme ihtimali olan şeyleri düşünmenin, bana kalırsa olacak şeylerin kendisinden daha kötü bir hastalığa dönüşeceğini görürüz. Ayrıca endişe hali bizi denge dışına doğru yöneltir. Eğer şimdiye odaklanırsak, gelecek zaten kendi işini zamanı gelince görür. Gelecekte ne yapacağımı bilmiyorum ve üzerine çok fazla düşünmüyorum. Birileri buna sorumsuzluk diyebilir. Fakat bu benim yolum ve onu izliyorum."

5

1981 yılının sonbaharında, Ronald Reagan'ın başkanlığının henüz ilk yılı yaşanırken, Daniel Shellabarger'in tam anlamıyla bir örneğini teşkil ettiği muhafazakâr geri tepme hali bütün ülkeyi sarmıştı. Daniel sinekkaydı tıraşlı, kısa saçlıydı. Yakası kolalı beyaz gömlekler ve polo yaka tişörtler giyer, kot pantolonunu göbeğine kadar çekerdi. Boulder'daki Colorado Üniversitesi'ne vardığında kampusteki Hıristiyanlık kulübünü bulması zor olmamıştı. Seçim vakti geldiğinde hayatında ilk kez kullandığı oyunu Reagan için vermişti. O dönem Sovyetler Birliği Başbakanı Brejnev'in bir kitabını okumuş ve komünist ajanların, üniversitelerden Kongre üyelerine kadar Amerika'nın her bir kurumunda aktif olarak faaliyet yürüttüğünü öğrenmişti ve bu konudaki görüşlerini kampus gazetesine yazmıştı. Arkanızı kollamanızı öğüt veriyordu. Onlar her yerdeydi.

Mistisizme kapılmak için bilim ve sofuluğun akarsularının beraber aktığı bir yer olan Boulder, Colorado'dan daha iyi bir yer bulamazdınız. Şehir tam bir yolcu girdabıydı ve Rocky Dağı Ruhsal Varoluş Ağı'ndan Jack Kerouac Sahipsiz Şiirler Okulu'na, Tibetli Budist Naropa Enstitüsü'nden realistlere kadar büyük bir birleşim noktası olma işlevi görüyordu. *New York Times*, orası için modern çağların Atinası tanımını yapmıştı. "Bir yeni çağ hazırlığı" içindeydi sakinleri. He şey o kadar yoğun ve heyecan yaratıcı nitelikteydi ki 1978 yılında, Ork gezegeninden gelen yumurta şeklindeki uzay gemisi bir futbol sahasına inse, içinden inen uzaylı, birilerini asimile edebilmek için üzerine gökkuşağı motifli pantolon askısı geçirmek zorunda kalırdı. Hatta *ABC* kanalındaki sevilen TV programı *Mork & Mindy*, Robin Williams'ın kariyerini övmek yerine Boulder'ı ülkenin geri kalanından kesinlikle açık ara farklı bir yer olarak tanımlamıştı.

Tıpkı o Ork gezegeninden gelen uzaylı gibi Boulder tarafından çekilen Suelo da ebeveynlerinin görüşlerini papağan gibi tekrarlamasına rağmen şaşırmıştı. Boulder kampusu Fildişi kaplı taş binası ve harika akademik ortamının yanı sıra, hayatın gerçeklerini de keşfetmek için doğru yerdi. Suelo çok geçmeden liberaller, idealistler, bilinmezciler ve sarhoşları da kapsayan bir çevre edinmişti bile. Daniel ve sapmış bir Hıristiyan olan oda arkadaşı, onlarla gece yarılarına kadar kalıp Tanrı'nın varlığı, yaşamın amacı ve sevginin anlamı üzerine yoğun tartışmalara girmişlerdi. Kampusteki diğer muhafazakârlar Suelo'ya kıyasla oldukça ağırbaşlı ve meraksızlardı. "İnsanların aynı anda hem Demokrat hem de Hıristiyan olabileceğini o zaman fark etmiştim," dedi Suelo. O dönem tıbba olan merakı azalmış ve onun yerine dünya dinlerine merak salıp ona daha önce pagan dinler olarak öğretilen Hinduizm, İslam, Budizm ve Taoizm üzerine okumalara başlamıştı. Yine o dönem her hafta farklı bir kiliseyi ziyaret etmeyi kendine görev edinmiş hatta sinagogları bile ziyaret etmişti.

Suelo İncil öğrenimine ve araştırmalarına devam edip daha sonradan düşüncelerini geliştirip değiştirecek şekilde, konu üzerine farklı yorumlamaları birleştirdi. Tanrı ve Mesih'in erkek olduğu algısından ötürü Daniel Hıristiyanlığı her daim erkek egemen bir din olarak görmüştü. Fakat Eski Ahit'in Atasözleri Kitabı'nı okuduğunda ve özellikle de Kral Süleyman'ın özlü sözlerini incelediğinde şaşkınlıkla fark etti ki bilgelik yalnızca soyut bir kavramdı. Hatta bilgelik, kadınlar özelinde kişileşmişti: "Bilgelik sokaklarda bağırıyor ve sesini meydanlarda duyuruyor." Daniel bunun üzerine içine düştüğü bilinmezliği çözebilmek için ahitler arasında gidip geldi ve kadınlarla ilgili bütün referansları tek tek inceledi. Ruth'dan Meryem Ana'ya, Tövbekâr Meryem'den Babil Fahişesi'ne, Yeni Kudüs'ten Hz. İsa'nın Milenyum gelinine dek bütün kaynakları kontrol etti. Otuzuncu Söz zihnini bulandırmıştı.

Bana hayret verici gelen üç şey vardır,
Dördüncüsünü anlayamam:
Bir kartalın gökteki yolu,
Bir yılanın kayalıktaki yolu,
Bir geminin dalgalı denizlerdeki yolu,
Ve bir adamın bir bakireyle birlikteki yolu...

Aniden ne demek istediğini anlamıştı: Dominant karakterin kendisine –kartal, yılan, gemi ya da erkek– odaklanmanız şart değildi. Bunun yerine çekinik karaktere bakmak gerekliydi; gökyüzü, kaya, denizler ve bakire. Asıl gerçek, dişiliğin kendisindeydi.

O güne dek inşa ettiği sınırların varlığına ters düşen bu düşünce karşısında afallayıp kalmıştı: Tanrı'nın dişi tarafı, bu yönde bir Hıristiyanlık, Taoist bir gözleme benzeşiyordu:

Otuz çomak aynı dişli göbeğini paylaşır,
Merkezi onu işe yarar yapar.
Balçık tas şeklini alır;
Fakat içindeki boşluk onu işe yarar yapar.

"Tao Te Ching der ki resesif olan gücün sahibidir," dedi Suelo. "Onu çekinik yapmazsanız gücü azalır. Tıpkı kökler gibidirler. Yer altında olunca güçlüdürler. Işığa çıkardığınızda ölürler. Bunun üzerine düşünmeye başlamıştım. Kültürler dişiliği neden perdeliyorlardı?"

Yaz tatili için eve gittiğinde Daniel Tanrı'yı üç sayan söylemde üçüncü kısmın dişilik olduğunu savunan yeni teorisini ailesiyle paylaştı. Ailesi bu teoriyi oldukça merakla karşılamıştı. Nihayetinde Brethren kilisesini bırakmalarının sebebi de kadınlara yapılan muamele ve tapınma boyunca eşarp takmalarının zorunlu tutulmasıydı. Bu teoriyi cemaatleriyle de paylaşmasını istemişlerdi Suelo'dan. "Çoğu zaman teorim sessizlikle karşılık bulurdu," diye hatırladı. "Kibar bir sessizlik... Bu teorimi önlerinde açık duran Kutsal Kitap'a bakarak gösterirdim ama onlar sanki o kitapta bir şeyler saklıyormuşum gibi bana bakarlardı. İncil okuma geleneğimize karşı çıkan bir şey koymuştum ortaya. Şimdi ne yapacaktık?"

Suelo, sabah ibadeti sonrasında, giriş salonundaki papazı yakalayıp kulağına Taoizm ve çekiniklik üzerine fikirlerini fısıldadı. Papaz onu susturup yanına doğru çekti. "Bunu pek kimseyle paylaşmam," dedi. "Fakat ben de Kutsal Ruh'un Tanrı'nın dişi yanı olduğunu düşünüyorum."

Ateşli ve cesaretlendirilmiş Daniel üniversiteyi terk edip yeniden ailesinin yanına döndü. *Hokmah: Tanrı'nın Dişi Tarafı* isimli bir kitap yazmaya başladı. Elektrikli bir daktilo alıp gürültüden kurtuldu. Hastanedeki işine geri dönüp gece vardiyasında kan alım uzmanı olarak işe başlamıştı. Tıpkı bir Dostoyevski romanı kahramanı gibi bir vampir edasıyla kan aldığı işi ile anne ve babasının evinin tavan arasında sıkışmış bir halde, Hıristiyanlığı köklerinden sarsacağını düşündüğü kitabını yazarak hayatına devam ediyordu. Önce yüz sayfa, derken iki yüz sayfa yazmıştı. Güneşi nadiren görüyordu. Düzensiz aralıklarla uyuyordu. Doğruluk yanındaydı ve gerçekleri açığa çıkarmak üzereydi.

Daniel sonraki sömestr Boulder'a döndüğünde, elinde bitmiş bir taslak vardı. Manevi arayışlar konusunda oldukça popüler bir profesör olan Brian Mahan'ın sınıfına kaydolmuştu. Mahan genç ve bekâr bir hocaydı ve öğrenciler tarafından sevilirdi. İşine karşı çok hevesli bir tutumu vardı ve bir tartışma ders sonunda bitmemişse konuyu öğrenci birliği ya da Pizza Hut'ta devam ettirecek kadar heyecan doluydu. Harvard İlahiyat Okulu ve Chicago Üniversitesi'nden mezun bir Katolikti. Mahan, özgürlük teolojisi ve papalık tarafından kınanan sosyal adalet doktrininden etkilenmiş biriydi. Mahan'ın dersleri, ego ile özgecilik arasında bir meditasyon gibiydi ve var olan müfredatın yanı sıra William James, Sigmund Freud, Ayn Rand ve Martin Luther King'den de okumalara yer veriliyordu. Seri halde sorular sorup öğrencilerinin zekâlarını kışkırtarak kendi yanıtlarını ortaya çıkarmaya çalışırdı.

Daniel derslerden sersemlemiş, muhafazakâr limitlerini ayakta tutan kirişleri biraz daha sarsılmış halde çıkardı. Mahan'ın cana yakınlığıyla cesaretlendirilmiş Daniel, hocasıyla özel olarak buluşup devam ettiği işini gösterdi. Aradan otuz yıl geçmesine rağmen Mahan hâlâ o günü hatırlıyor.

"Devasa Kutsal Kitap yorumuna devam edip Yeni Ahit üzerine reform niteliği taşıyan çalışmasını yazıyordu," dedi Mahan. "Oldukça zeki, sabırlı ve dürüst bir tavır sergiliyordu. Zekâsı ve tutkusundan etkilenmiştim. O günlerde Boulder'da Doğu Kıyısı'ndan çulsuz öğrenciler dışında böylesi kararlı, tutkulu gençlere rastlamak o kadar da mümkün değildi."

Tıpkı Daniel gibi Boulder'da yetişmiş bir Hıristiyan olan Damian Nash'de eski, dar görüşlü inancının artık patlamak üzere olduğunu hissediyordu o zamanlar. İkisi birbirinin en iyi arkadaşı olmuş ve bir daha da ayrılmamışlardı. "Her ikimiz de ergenlik yıllarımızı ateşli Hıristiyanlar olarak geçirmiştik," diye anlattı Damian. "Fakat entelektüel anlamda kendimizi artık muhafazakâr olarak tanımlayamıyorduk. Çalışma gruplarında beraber dua etmiştik. İkimiz de aynı zamanlarda inancımızla ilgili sarsılmamızı yaşamıştık ve bu durum aramızda sıkı bir bağ kurmuştu."

Yeni arkadaşının zekâsı karşısında Damian'ın ağzı açık kalmıştı. "Hayatımın dönüm noktalarından biri, Daniel'ın Kutsal Ruh'un dişi olduğunu söylemesiydi," diyordu Damian. "Benim Tao inancımla kolayca temasa geçen bu düşünce bana oldukça anlamlı gelmişti. Böylesi bir yorumun zarafeti ve güzelliği, fikrinin doğruluğunu kanıtlar gibiydi sanki."

Fakat bu etki iki yönlüydü. Damian'ın Boulder etkisinde kalmış Hıristiyanlığı, Daniel'ın muhafazakârlığından biraz farklıydı. Daniel'ı bütün hayatını, evrim teorisi ile insanoğlunun yaşamının kutsal bir amacı olduğu fikrini birleştirme girişimine adayan, Cizvit antropolog Pierre Teilhard de Chardin'in yazılarıyla tanıştırdı.

1920'li yıllarda paleontolog olarak çalışıp tarih öncesi Pekinli Adam'ın kalıntılarını kazımakla uğraşan Teilhard, Darwin'le bir dolarına iddiaya girmişti. Kozmik tozdan mikroorganizmalara, oradan primat ve ardından Homo Sapiens'e dönüşmemiştik yalnızca. Süreç tamamlanmamıştı. Sadece birkaç bin yılda kazanılan bilinçle, insanoğlu artık bambaşka bir çarpıcı ilerlemenin uçurumuna gelmişti. Teilhard'ın görüşüne göre bütün insan düşünceleri, adına Noosfer dediği bir katmanda toplanıyordu. Gezegenimizi ziyaret eden bir Marslı adına şöyle varsaymıştı: "Gezegenimizin karakteristiğini ilk tanımlayan şey denizlerin maviliği ya da ormanların yeşilliği değil, fosfor gibi ışıldayan düşüncelerimiz olacaktır." Tıpkı balığın solungaçlarına, maymunun parmaklarına kavuşması gibi ruhumuzun organizmasının da daha yüksek bir mertebeye erişeceğinden emindi. "Daha yüksek bir organizmaya ulaşabilmek için gereken bir araya gelme sürecinin ilk aşamasını yaşamıyor muyuz? Tek bir noktadan doğan milyonlarca elementin ışınları, düşünen dünya boyunca yayılmıyor mu?" diye soruyordu. Bu arayışlarının sonucunda ise nihayetinde "Omega Noktası" dediği bir aşamaya ulaşılacaktı ve bu gezegendeki yaşam sona erecek –tıpkı bütün yıldız ve gezegenlerin ölmesi gibi– fakat insanoğlunun üstün bilinci yaşamaya devam edecekti fakat bu bilinç henüz sınırları erişilemez bir formdaydı. "Noosfer dünyanın sonu geldiğinde yeniden bir noktada birleşecek." Bu evrensel göğe yükseliş, Teilhard'a göre İncil'de geri dönüşü müjdelenen Hz. İsa'nın dönüşü anlamına geliyordu.

Teilhard'ın gösterdiği uzaylı ziyaretçiler gibi örneklerin bu kadar tutmasının bir diğer sebebi de dönemin bilim-kurgu yazarları tarafından bu fikirlerin yalanıp yutularak başka formlarda geri çıkartılmasındandır. Fakat Teilhard evrim geçiren varoluşumuza dair tahmininde bulunurken, farkında olmadan muhafazakârlık ve Yeni Çağ arasında bir köprü kurmuştu. Noosfer'in yükselip Omega Noktası'na ulaşması teorisi esasında İsa'nın geri dönüp yeni milenyuma öncülük ettiği, John Darby'nin Altıncı Yazgısı'ndan farklı değildi. Aslında tuhaf bir şekilde, yıldızların dizilişinin değiştiği, vaat edilen Kova Burcu Çağı'nın iki bin yıllık bir aydınlanmaya öncülük ederek, açgözlülük, şehvet, oburluk, öfke, tembellik, kıskançlık ve gururla karakterize edilen Balık Burcu Çağı'na doğru bir geçişe de benzerlik gösteriyor.

Daniel, Damian'la evrimin Hz. İsa'nın öğretilerinin yalnızca bir inkârı değil de mantıklı bir sonucu olabileceğini tartışırken, bilim adamı olmanın inançlı biri olmaya engel olmadığını fark etmişti. Damian, Daniel'ı Boulder'da kilisenin verdiklerinin ötesini görmek isteyen arkadaş çevresiyle tanıştırdı. Hz. İsa'nın şefkat ve mazlumluğundan oldukça etkilenmiş bu gençler Boulder Alışveriş Merkezi civarındaki evsizlerle arkadaş olmuşlardı ve onlara kiliselerinde kahve ikram ediyorlardı. "Eşcinsel ve evsizler de dâhil herkesi davet etmeliyiz bence," diyordu daha sonra Güney Bronx'da Rahibe Teresa manastırına katılan Rebecca Mullen. Daniel onlara katıldığında, inançları biraz daha bilinmezciliğe doğru kaymıştı.

O zamanlar üniversitede ikinci yılını geçiren Dawn Larson: "Muhafazakârlıktan Budizm ve Sufiliğe geçiş yapmak üzereydim," diye açıklıyordu Daniel'la tanıştığı zamanki halini. "Daniel'la takılmam için oldukça uygun bir dönemdi. Bilinmezlik ve onun Kutsal Ruh teorisi üzerine saatler süren sohbetler ederdik."

Tipik bir cumartesi akşamını göl civarına geziye çıkıp şarap döndürerek geçirirlerdi. Fakat dönemin üniversite öğrencileri gibi esrar ve mantara takılmak yerine doğada sessizce oturup meditasyon yapar, doğanın güzelliğinin tadını çıkarır, genellikle Daniel'in öncülük ettiği derin tartışmalara dalarlardı. "İnsanlarla onların dilleriyle konuşup kendi silahlarını onlara doğrultarak farklı felsefi kavramları anlatmada tam bir ustaydı," diyor Larson.

"Ruhani bir kumaşı vardı ve sanki tamamen bu dünyaya ait değilmiş gibi düşünürdünüz onun hakkında," diyor Mullen. "Muhtemelen hepimiz öyleydik. Gözümüzün önündeki âdetlere alternatifler bulabilme arayışındaydık."

Daniel'ın boğuştuğu bir diğer kavram ise zamanın ta kendisiydi. Colorado Üniversitesi'nde bir profesör olarak görev yapan ve Amerikan Yerlileri üzerine uzmanlaşan Vine Deloria Jr., *Kızılderili Tanrı* isimli çalışmasında: "Hıristiyanlar yaratılışı ilahi bir planın hayata geçip yıkıcı eylemlerin bizi dünyanın sonuna götüreceği doğrusal bir zaman dizisi olarak görürler." Fakat Suelo'nun üzerine çalıştığı Amerikan Yerli dininde esas olan şey zaman değil uzaydı. Deloria, yaratılış mitinden örnek olarak bahseder: "Hiçbir Navajo'nun zihninde bu dağların her şeyin başladığı yer olduğuna dair bir şüphe yoktur. Hiçbiri bu hikâyenin ne zaman başladığını söyleyemez ama hepsi başlangıcın nerede olduğundan kesin olarak emin." Daniel'ın hayatı boyunca inandığı, pek yakında başına gelecek olan kendinden geçme hali aslında Tanrı'nın doğruluğu değil ama kültürel bir yapının sonucuydu. Doğu dinleri, sonsuz reenkarnasyonlarıyla beraber, aslında Amerikan yerlilerinin zamanı doğrusal değil de dairesel bir döngü olarak gördükleri görüşü yansıtmaktadır.

Elbette ki Daniel'ın köklerinden tamamen koptuğunu söyleyemeyiz. O ve üniversiteden arkadaşları, Daniel'ın oda kiraladığı, kampus dışında bir evde kendi İncil derslerine başladılar. Çalışma gruplarının değişmez üyelerinden biriyse çekingen bir bilgisayar mühendisi olan, Wyoming, Casper'dan bir Lüteriyen, Tim Frederick'ti. Damian, Dawn ve Rebecca'dan daha köşeli biriydi Tim fakat bununla beraber Daniel'ın araştırmalarına da meraklıydı.

"Dünyayı bilim ve teknolojiden ibaret sayan bir bilgisayar delisi olmuşumdur her zaman," dedi Frederick. "Dan beni din ve felsefe dünyasına taşımıştı." Frederick, çalışma grubunda yargılama olmayışından etkilenmişti. Kendi geleneksel kilisesinin aksine burası ister Katolik, Lüteriyen, muhafazakâr ya da ister dominant olsun, herkesin birbirine saygı gösterip dinlediği ve sağlam bir dostluk inşa ettiği bir ortamdı. Aralarındaki kimya gayet iyiydi. "Olağanüstü bir kavrama yeteneği olmasına rağmen Daniel aynı zamanda çok iyi bir dinleyiciydi," dedi Frederick. "Yorumlamaları dinleyip iletişime geçebilme yeteneğini çoktan keşfetmişti."

Aradan geçen otuz yılda, 2010 yılının Frederick'ine baktığımda sürdürdüğü yaşamın Suelo'nun felsefesinin tam tersini işaret ettiğini gördüm. Tim kolejden ayrıldığından beri aynı işi yapıyor, bir devlet kurumu için sistem düzenleyicisi olarak çalışıyordu. Ailesiyle beraber Boulder'ın banliyösünde, oldukça temiz, güzel bir evde yaşıyorlardı. Frederick hâlâ Lüteriyen kilisesine gidiyor. Tıpkı bir bilgisayar uzmanı gibi bol, kısa kollu, saçaklı gömlekler, beyaz koşu ayakkabıları giyiyor. Karşımda dünya dertleriyle uğraşan, bir işi sürdürmek, ailesine bakmak, mortgage ödemek gibi sorumluluklarla didişen bir adam vardı. Bütün bu dertler yüzünden bazen Suelo'yu özlemeye bile fırsat bulamıyordu.

PARAYI REDDEDEN ADAM

Fakat Tim Frederick, hâlâ Suelo'nun üzerine titreyen arkadaşıydı. Suelo'yu düğününde sağdıcı yapmıştı ve oğlunun ismini Daniel koymuştu. Son on yılda Suelo'nun ona yazmış olduğu ve kırk beş adet ve iki yüz sayfayı geçen mektupları görmeme izin verdi. "Bu kitap projesine arşivimle katkıda bulunmayı bir ayrıcalık sayarım," diye yazdı. Suelo ve ben Colorado'ya gittiğimizde Tim Frederick tarafından krallar gibi karşılandık. O ve karısının bize sunduğu yemeklerin ardı kesilmedi ve dostlarıyla beraber Tanrı, kilise, intihar, ahlâk üzerine konuşmaları büyük bir saygı ve dikkatle dinlediler.

Tim Frederick bana da eski bir dostuymuşum gibi içten ve cana yakın davrandı. Eski mektupları karıştırma süreci, anıların tozlu raflardan çıkıp saçılmasına sebep olmuştu. Bana Suelo'ya gönderdiği mektuplardan birinin kopyasını verdi:

Yazıların ve blogundan parasız yaşama yolculuğunu takip ederek dolaylı olsa da keyif aldım ve hayatında ne kadar çok şeyin değişip olgunlaştığını da izledim.

İncil okumalarımızın ilk gününü hatırlarım... Ne harika bir karakter olduğunu anlamıştım ve Hıristiyan kimliğinin ötesinde bazı değerleri temsil ettiğini biliyordum. Benim kim olduğumla ilgilenmek yerine, kendileri gibi yapmaya çalışan insanlar ya da kampusteki Kilise'de yaşadığım zorluklardan sonra senin gibi biriyle tanışmak oldukça ferahlatıcı gelmişti. Ekvator'da ve sonrasındaki süreçte yaşadıkların bana senin ne kadar güçlü bir karaktere sahip olduğunu göstermişti. Hiç değişmedin. Tam aksine, umudunu yitirdiğin anlarda bile geri düşmek yerine içindeki güzellikleri daha da büyüttün.

Suelo'nun Hıristiyan inancı bir yandan büyürken, aynı zamanda yaşadığı krizler ve mücadelelerle birlikte nihayetinde kırılacakmış gibi gözüküyordu. Hıristiyanlığın dişi yanını kazıdıkça, o anda karşısına çıkmasını istemediği biyolojik istekler kendini dayatıyordu. Daniel, birçok kızla çıkmıştı ama ne zaman sıra ilk öpücüğe gelse donup kalıyordu. "Kalbim korkudan küt küt atıyordu," diye anlatıyor Suelo. "Kızlar onlardan etkilendiğim için öyle olduğunu düşünürdü."

Yurttaki en yakın arkadaşı, tam bir erkek Fatma olan Robin'di. Suelo kaygan yüzü ve hassas hatları, Robin ise kısa saçları ve erkeksi giyimi sebebiyle cinsiyetsiz gibi görünürdü. İkisi ayrılamaz arkadaşlar olmuşlardı fakat birbirlerine hiç dokunmamışlardı. "İkimize de uygunsuz olurmuş gibi geliyordu," diye hatırlıyordu Suelo. Libido eksikliğini daha uygun buluyordu ve evlilik öncesi seks yasaktı. Sevgililer günü yaklaşırken, koridorda karşılaştığı iki kız onunla alay etmişlerdi, "Robin'i henüz öpmedin mi?" deyip kıkırdamışlardı. "Ona çiçek de alacak mısın?" Düşüncesi bile midesini bulandırsa da artık baskıya dayanamamıştı. Bu durumu bir çözüme kavuşturmak için en sonunda bir buket gül ve bir kutu çikolata alıp Robin'in kapısına dayandı. Robin hediyelere korku dolu gözlerle bakmıştı. "Hediyeler hoşuna gitmiş gibi davranmıştı," diye hatırlıyordu Suelo. "Bu olaydan sonra onunla arkadaş kalmak gerçekten de çok zordu, utanç vericiydi. Fakat sonunda üstesinden gelmeyi başarıp eski halimize dönmüştük."

Bir gün Daniel ve Robin, Boulder Alışveriş Merkezi'nin etrafında dolaşırken oldukça havalı, süslü bir erkek yaklaşıp Daniel'in poposuna vurarak, "Ne kadar tatlısın sen!" diye fısıldamıştı. Yirmi yıllık yaşamında hiç kimseyle ne kavga eden ne de küfreden Daniel ona oracıkta gününü göstermişti. "Benden uzak dur kahrolası!" diye bağırmış, kalbi heyecandan küt küt atmıştı. Sakinleştikten sonra onu bu kadar kızdıran şey üzerine düşünmüştü: *Neden korkuyorum ben? Belki ondan değil ama kendimden korkuyorum.*

İncil okumaları sırasında, sınıfın diğer ucundaki bir erkeğe gözünü diktiğini ve nefesinin kesildiğini fark ettiğindeki halini hatırlıyordu. "Ateş tam da oradaydı. Sürekli kampa giderdik ve güreşiyormuş gibi yaparak aslında birbirimize dokunurduk ama hiçbirimiz bunu kabul etmiyorduk. Şimdi dönüp bakınca o günlere, oldukça komik geliyor."

Daniel'ın yetiştirilme tarzı, arzularının ne kadar doğal olduğunu inanmasına engel oluyordu. Ona göre arzuları şeytan işiydi ve her an baskı altında tutması gerekiyordu. Neyse ki evlilik öncesi bekâretini koruması gerekiyordu ve Daniel evlenmediği sürece bekâreti kadınların ilgisini çekmeyecekti. Kendiyle ilgili gerçekleri, birçoğu ona âşık olan kadın arkadaşları sayesinde öğrenmişti. O zamanlar on dokuz yaşında olan ve hemen hemen hiç sevgililik tecrübesi yaşamayan Dawn Larson, gruplarında sık sık Daniel'la eşleşirken buluyordu kendini.

"Sevimli, doğal cazibesiyle oldukça seksi bir adamdı," diyor Larson bugün Daniel'la ilgili. "Duygularından korkmuyordu fakat aynı zamanda çok da güçlü bir karakterdi. Böylesi bir karışımı bulmak kolay değildi."

Onu etkileyemeyeceğini bile bile, Larson onunla daha önce kimseye karşı hissetmediği güçlü bir bağları olduğunu hissettiğini söylemişti. Daniel ise yalnızca göz kırpıp, "Hepimiz birbirimize Tanrı'nın şefkatiyle bağlıyız," diye yanıt vermiş ve bir daha bu konuyu konuşmamışlardı.

Daniel, en yoğun duygularını erkek arkadaşlarına karşı hissetmişti. "Bir keresinde Daniel oldukça etkileyici bir şey söylemişti," diye hatırladı Damian Nash. "Beraberken konuşmak zorunda hissetmediği biriyle arkadaş olmak istediğini söyledi. Her şey telepatiyle anlaşılabilirdi."

Bekâret zorunluluğu ya da teoloji ne kadar güçlü olursa olsun, Daniel'ın âşık olmasını engelleyememişti. İlk hoşlandığı kişiyse en iyi arkadaşının ta kendisiydi. "Bir Hıristiyan muhafazakâr ve bakire olarak oldukça naiftim," dedi Nash. "Eros ve muhabbet arasındaki çizgi giderek belirsizleşiyordu." Her iki adam da aralarındaki ilişkinin sıradan bir arkadaşlığın ötesinde olduğunu sezmesine rağmen, Daniel ilgisinin fiziksel olduğunu kabul edemedi ve Damien da bunu algılayamadı.

Daniel Shellabarger üniversiteden mezun olduğunda, yollarının çakıştığı birçok arkadaşının takdir ve sevgisini kazanmıştı. 1985 yazında elinde diplomasıyla hayata atıldığında oldukça endişeliydi. Tanrı'nın dişi yanı üzerine çalışmaları derslerde ve okuma gruplarında ateşli tartışmalara sebep olsa da yazdıkları tam bir karmaşadan ibaretti. Seküler okuyucular için çok fazla ezoterik din bilgisiyle dolu, dindar evanjelistler içinse tamamen dini inançlara ters bir tezdi. Aradan birkaç yıl geçtikten sonra yazdıklarını yaktı. Üniversiteden ayrılırken, inançlarını gerçek hayatta pratikleştirme düşüncesi güçlenmek yerine zayıflamış ve ailesinin Boulder'la ilgili endişeleri âdeta doğrulanmıştı.

Suelo'nun üniversitedeyken dinle ilgili yaşadığı geçişe politik bir farkındalık da eşlik etmişti. Artık seksenli yıllar gelmişti ve ulusalcı, muhafazakâr kanat yerine sınırlı, ayrıcalıklı beyaz ırktan bir gruba hizmet eden sistemi eleştiren, solcu profesörler akademi alanında egemen olmaya başlamıştı. Batının aydınlık, özgürlükleri koruyucu bir tavır sergilediğine dair görüşe olan inanç zayıflamış, aksine kolonici, sömürücü, kadın ve azınlıklara baskı uygulayan bir görüşün simgesi olarak görülmeye başlamıştı. Afro-Amerikanlar, Amerikan Yerlileri ya da kadınlar üzerine enstitüler kurulmaya ve bu değerler akademik bağlamda kabul görmeye başladı.

PARAYI REDDEDEN ADAM

Suelo, Black Elk, John Lame Deer ve Vine Deloria Jr. gibi Amerikan yerlilerinin yazdıklarından özellikle etkilenmişti. Bu düşünürlerin yazdıkları çerçevesinde, Güney Amerika üzerine düşünmeye başladı. Para üzerine kurulu sistemden, paylaşmayı en az seven kesim olan zenginler faydalanıyordu. Lame Deer, *Lame Deer[2]: Sağduyu Arayışı* isimli kitabında şöyle yazıyordu: "Beyaz Amerikalılar, şölen verdiğimiz zaman bize işaret parmaklarını sallıyorlar. Bize yoksulların şölen verecek kadar cömert olmayı karşılayamayacaklarını anlatmaya çalışıyorlar. Fakat biz birbirimize cömert olmaya devam ediyoruz çünkü bu şekilde yerli olarak kalabiliyoruz. Doğum, ölüm, acı, sevinç gibi hayatımızdaki bütün büyük olaylar, birbirimize hediyeler vermek için bir sebep olabilir. Ailelerin miras yoluyla zenginleşmesine de inanmıyoruz. Ölü kişinin varlıklarını başkalarına vermek daha iyidir. Bu yolla ölen kişi sonsuza dek hatırlanır." Bu tarzda düşünceleri özgürlük teolojisiyle birleştiren Dr. Mahan'ın fikirlerine ikna olan Suelo, kendi inanç ve düşüncelerini pratiğe geçirmek için üçüncü dünyadaki fakir insanlarla çalışması gerektiği konusunda ikna oldu.

1987 yılında Barış Topluluğu'na katılan Suelo, Ekvador'a gönderildi. Yirmi altı yaşındaydı ve kafası teolojiyle dolu, masum bir gençti. Barış Topluluğu'na özgürlükçü, idealist sanatçıların katılması sık görülen bir şeydi fakat muhafazakâr Hıristiyanların katılması oldukça nadir bir olaydı. Güney Amerika'da geçirdiği iki yıl boyunca Suelo bir günlük tutup detaylı bir içgörüyle gözlemlediği şeyleri özenli bir şekilde çizgili kâğıtlara döküp otuz sayfalık balyalar halinde anne ve babasına göndermişti. İlk mektubu Grand Junction'dan Denver'a süren uçuşu boyunca nasıl ağladığını ve ardından Miami'ye geçerken kapıldığı tezahürü anlatıyordu.

---

2 (İng.) Aksak Geyik. (ç. n.)

Bulutların üzerinde süzülürken kaderim hakkında düşünmeye başladım ve yolculuğuma başladığımdan beri ilk kez midemde kelebeklerin uçuştuğunu hissettim. "Acaba doğru şeyi mi yapıyorum?" diye düşündüm. Düşünceler kafamda dolanır ve bir cevap ararken, ne zaman ya da nerede olursam olayım, sıkıştığım anda ihtiyacım olan işareti her zaman olduğu gibi yine Tanrı vermişti: Bir gökkuşağı gördüm. Evet, bulutların üstünde bir gökkuşağı vardı. Tanrı'nın huzur işareti ve dünya ile cenneti birbirine bağlayan vaadin cisimleşmiş hali."

Suelo'nun mektuplarında eksik bıraktığı şey, onun neslini sembolize eden kavramın ta kendisiydi: İroni. Kimi mektuplarında hayal kırıklıklarından, kiminde ise yaşadığı büyük mutluluklardan söz ediyordu. ("Burada muzlar bir harika!" "Kiliseler özellikle çok güzel, karışık bir tarzda oymalı, altın kaplama heykellerle kaplı ve olanca ihtişamlarıyla göklere yükseliyor.") Fakat ara sıra heyecana kapılıp bir imparatorluğun evladı olduğunu hatırlatan gözlemlerde de bulunuyordu: "Yoğun komünist propaganda yüzünden 'Yanki'lere nasıl soğuk bir tavırla baktıklarını anlatamam. Gerçi bir yandan da bir sürü yabancı petrol şirketinin buradaki insanları çok fazla sömürdüğü de doğru."

Suelo yine de dünyeviliğin zirvesine ulaşmamıştı. Barış Topluluğu'ndan gönüllü arkadaşı Corinne Pochitaloff: "Oldukça inançlı ve maneviyatı hepimizden daha güçlü bir gençti. Amazonlardaki insanların yaşama koşullarından oldukça rahatsız olmuştu ve gelecekte onlar için bir şeyler yapacağını biliyordum. O, iyiliğin gücüydü."

Onda en güçlü bulduğum şey, inançlarıyla girdiği ağırbaşlı, ciddi mücadeleydi. Bir gün ailesine şunları yazdı: "Kuzey Amerika ve Güney Amerika yerlileriyle onların yüzyıllar boyunca nasıl soykırıma uğradıkları ve olanların Birleşik Devletler ve Latin

Amerika'da tarih kitaplarına nasıl aktarıldığı üzerine konuştuk. Bence Hz. İsa'nın şefkatinin ellerimize bulaştırdığımız bu sonsuz günahları affetmesi ve bundan böyle insanların yaptığımız şeytanlıkları değil, iyiliklerimizi tekrar etmesi için dua etmeliyiz."

Dini inançlarıyla ilgili son darbeyi Corinne ile Daniel'ın ailesini tanıyan bir misyoneri ziyaret ettiğinde almıştı Suelo. Etrafını peştamal giyinmiş yerlilerin kuşatacağını hayal ederken, Suelo, keşfettiği şey karşısında alarma geçmişti.

"Orman insanlarını uzak tutmak için dikenli tellerle çevrilmiş bir evde oturuyordu," diye hatırlıyordu Suelo. "Çoğunluğu Huaorani ve Quechua topluluğundan meydana gelen ormandaki yerlilerle neler yaptığını anlattı bize." Ekvator hükümeti tarafından desteklenen misyon, Kuzey Amerika'dan getirdiği bir sürüyle hayvancılık işine girmişti. Din değiştirenlerle bir anlaşmaya varmıştı: Yerliler sığır yetiştirdiğinde, hükümet tarafından ormanda onlar için arazi tahsis ediliyordu ve iki nesilde bir buzağıların mülkiyeti onlara geçiyordu. Diğer nesiller ise Amerikan sürülerine ekleniyordu.

"Biz buraya gelmeden önce bir yerli ailesinin tümü aynı yatakta yatıyordu ve ne radyoları ne de televizyonları vardı," diye övünmüştü o misyoner. "Oysa şimdi Hıristiyanlığa geçen yerliler, ormanın en zengin yerlileri oldu."

"Hükümetler bu sebepten dolayı misyonerleri seviyorlardı çünkü onlar yerlileri uygarlaştırıp finans sisteminin bir parçası yapıyorlardı," diye düşünüyordu Suelo dönüp o günlere bakınca. Fakat o zamanlar gördükleri karşısında âdeta dili tutulmuştu. Ya Hz. İsa'nın mülkiyetten vazgeçme konusunda takipçilerine öğrettikleri ne olacaktı? "Birden uyanmıştım: Sahte Hıristiyanlık diye bir şey varsa işte bu tam da oydu. Bu tarz bir Hıristiyanlığı destekleyip güçlendirenler bence asıl Hıristiyanlık düşmanlarıydı."

Üstelik ormanlık arazi sürülerle doldukça zemin düzleşecek ve orman zamanla yok olacak, birkaç yıl içinde ise çöle dönerek işe yaramaz hale gelecekti.

"Peki ya orman ne olacak?" diye sormuştu Daniel o misyonere.

"Orman sonsuzdur," diye yanıtlamıştı misyoner. "Uçaktan Amazon'un üzerinden geçince ormanın kilometrelerce devam ettiğini görürsün."

Daniel daha sonra orman manzaralı bir uçuş yaptığında, "Paul Bunyan elinde usturayla ormana dalmış gibiydi manzara," diye düşünmüştü.

Quito'ya döndüğünde Suelo bazı çelişkilere düşmüştü. Diğer yandan misyon bazı somut, iyi işler de yapıyordu bu insanlar için. Yerlilerin hakları için mücadele ediyor, eğitimlerine katkıda bulunuyordu. Fakat diğer yandan onları finansal sistemin bir parçası yapmak yardım sayılır mıydı? "Para üzerine kurulu sistem öncesi ormanda açlık diye bir şey yoktu fakat bu insanlar parayla tanıştırıldıktan sonra artık ormanda açlık var," diye açıkladı Suelo. "Açlığı türlü hastalıklar takip etti. Artık insanların yüzüne baktığınızda mutlu olmadıklarını görüyorsunuz. Belki ellerinde artık her şey var ama mutlu değiller."

Suelo'nun şüpheleri üç yüz kişilik El Hato köyünde çalıştığı sırada derinleşti. Sağlık elemanı yaka kartıyla oraya varan Suelo'nun görevi, insanlara ilkyardım ve beslenme kurallarını öğretmekti.

"Usted es doctor?" diyerek ona doktor olup olmadığını sormuşlardı.

"Pek sayılmaz," diye yanıtlamıştı Suelo onları bozuk İspanyolcasıyla.

Oradaki görevinin ilk ayağı bir ev kiralamaktı. Suelo, köy sakinleri gibi toprak zeminli bir kulübe hayal ederken insanlar onun terk edilmiş bir sağlık kliniğine ait beton binayı kiralaması konusunda ısrar etmişlerdi. Çünkü onu doktor olarak görüyorlardı.

Köy sakinlerini ikna etse de edemese de onu klinik binasına taşınmaya zorlamışlardı. Daniel da fazla itiraz etmeden öyle yaptı. Belki de bir komedi dizisinde görülecek kadar abartılı olaylar dizisi, daha klinik binasının perdelerini açar açmaz baş göstermişti. Uzak dağ köylerinden bile kopup gelen onlarca hasta binayı doldurmuştu ve hizmetlerinin karşılığında Suelo'ya tavuk, süt ve peynir vermeye hazırlardı. Birkaç ay boyunca beyhude bir çabayla köylüleri doktor olmadığına ikna etmeye çalışan Suelo, onlarla başa çıkamayacağını anladığında Quito'ya gidip bir ecza dolusu antibiyotik, aspirin, Benadryl ve ondan önceki gönüllünün de kullandığı *Donde No Hay Doctor* (Doktor burada değil) yazılı kâğıtlardan aldı. Orada geçirdiği dönem boyunca Suelo bir sürü hastanın tedavisine yardım etti ve birkaç ciddi vakayı en yakındaki kliniğe gönderdi. Üstüne üstlük klinikteki tek malzeme olan birkaç temiz havlu ve bir kova sıcak suyla üç sağlıklı bebeğin doğmasına da yardım etmişti.

"Eski klinikte olmak istiyorlardı," diye anlatıyordu Suelo anne adaylarını. "Ben de onları içeri aldım ve doğum sırasında yere çömelmelerini söyledim. Dediğim gibi yaptılar ve bebeklerini tam da ellerime doğurdular. Son doğumdaki bebek elimden kayar gibi olmuştu ve neredeyse yere düşecekti."

Elde ettiği medikal zaferlere rağmen Suelo ister dindar, ister laik olsun, Ekvator'da yaşam kalitesini yükseltme çabasına giren Batılıların yaptıklarıyla ilgili derin bir hayal kırıklığı yaşıyordu. Kliniğe gelen bir kadına ameliyat önerdiğinde, kadın ameliyatın iki yüz dolara mal olduğunu söylemişti. Oysa kocası günlüğü bir dolara çalışıyordu. Suelo derhal kolejden arkadaşı Tim Frederick'e yazıp Boulder kilisesinde para toplamasını ve ameliyat için göndermesini rica etmişti. Paraya derhal ihtiyacı olduğunu ve konseyin toplanıp karara bağlaması için vakitlerinin olmadığını da ekleyip: "Hıristiyanlık bunu emreder," diye eklemişti.

Umut ettiği gibi ameliyat parası fazla gecikmeden eline geçmişti ama Suelo yine de çalıştığı vakfın kusurlarının onun tamir edebileceğinin ötesinde olduğunu düşünüyordu. Arkadaşı Tim Frederick'e şöyle yazmıştı: "Daha önce hiç olmadığı kadar güçlü bir şekilde, bu insanların üzerinde yapabildiğim herhangi bir pozitif etkinin bireysel çabalarımın ötesine gidemediğini düşünüyorum. Hazırlanmış programların hiçbir etkisi olmuyor."

Aynı zamanda cinsel kafa karışıklığı da iyiden iyiye kendini göstermişti. Daniel kadınlarla yakın arkadaşlıklarını sürdürmeye devam etti. Yalnızca Bayan Doğru'yu bulmak için değil, onlarla vakit geçirmekten hoşlandığı için de böyle davranıyordu fakat içten içe o doğru kadını da bulmak istediğini inkâr edemezdi. Tim Frederick'e gönderdiği mektuplardan birinde şöyle demişti: "Arkadaşlarım arasında vaktimi en çok bir Lüteriyen olan Corinne'le geçiriyorum. Antrenmanlar esnasında bir gün *Hooky* oynadık ve ardından bütün günü Quito'da bir katedralden diğerine gezip evrenin gizemi hakkında konuşarak geçirdik. Onunla vakit geçirdikten sonra günlerce kendimi çok daha zinde hissettim."

Daha sonra Dışişleri Hizmetleri'nde kariyerine devam eden Corinne de yüksek enerjili biriydi fakat Suelo'dan farklı bir doğası vardı. Suelo'yu anımsarken onu "oldukça yakışıklı ama çapkın olmayan biriydi," diye hatırlıyordu. *"Bu adamın nesi var böyle? Beraber bunca zaman geçirdikten sonra romantizme geçiş yapmamamız çok garip. Sanırım benimle ilgilenmiyor,"* diye düşündüğünü anlatıyordu.

Daniel, Frederick'e yazdığı bir mektupta, ilgisizliğine bulduğu bahaneden bahsetmişti: "Ona bir kadın ya da erkekle ilişki yaşamamamın soylu bir yanı olmadığını söyledim. Yalnızca bir kadınla ilişkiye girmek için lazım olan içgüdüsel arzuya sahip olmadığım için teolojiye yoğunlaştım." Korkaklığına kutsal bir gurur kılıfı bulmuştu. Bir arkadaşlarının evleneceğini duyduğunda Tim'e, "Kutsal kulübümüze ve bize ihanet ediyorlar. Sıradaki hain kim? Papa mı?" diye şaka yollu takılmıştı. Fakat erkeklere yönelen ilgisine rağmen asıl meseleyi arkadaşlarına açmaya çekinmişti. "Beni içten yaralayan bazı meselelerim var ve bunları seninle paylaşmak isterim," yazmıştı Tim'e bir keresinde fakat sonraki mektuplarında sorunlarından bahsetmemişti.

En sonunda bardağın taştığı an gelmişti. Barış Topluluğu'yla ikinci yılını geçirirken Daniel kendini o dağ köyünde, yerel halkla beraber içkili bir partinin ortasında bulmuştu bir defasında. Gözlerini pistte dans eden bir erkekten ayıramıyordu. Daniel ona tutulduğunu hissetmişti. Dans pistinde giderek birbirlerine yakınlaşıyorlardı. "Ellerimi onun sırtına yerleştirdiğimi hatırlıyorum sadece," diye anlatıyor Suelo. "Onun da benimle aynı şekilde hissettiğini biliyordum. Fakat yine de kendimi kontrol edebilecek kadar ayıktım. 'Ben farklı bir kültürdenim ve benim kültürüm böyle davranmayı kabul etmiyor,' diye düşünmüştüm."

Daniel yalpalayarak da olsa eve yalnız dönmüştü. Artık hislerini inkâr edemezdi. Fakat karşısına çıkan ilk uygun adamın kollarına atılmak yerine, anne ve babasına açık bir şekilde eşcinsel olduğunu anlatan bir mektup kaleme aldı:

"Ben eşcinselim," diye yazdı. "Homoseksüel. Doğduğumdan beri böyleyim ve bunu hiçbir şey değiştiremeyecek. Havari Paul'ün kurtulmak için Tanrı'ya üç kere yalvarmasının yeterli olduğu dert gibi bu da. Oysa ben bundan kurtulabilmek için Tanrı'ya binlerce kez yakardım."

Daniel mektubu postaladıktan sonra üzerinden büyük bir yük kalkmış gibi rahatlamış ve neşelenmişti. Derhal Corinne'in yanına giti ve arkadaşlıkları bir kez daha filizlendi. "Artık eşcinsel olduğumu söyleyebilirim ve bunu saklamayacağım," diye yazdı Tim'e. "Artık kendimi sevdiğimi söyleyebilirim."

Kendini keşfettikten sonra yaşadığı sevinç, ailesine yolladığı mektuba aradan aylar geçmesine rağmen yanıt gelmemesiyle beraber azalmaya başlamıştı. "Beni reddettiklerini zannetmiştim," diye hatırlıyor Suelo. Bir süre sonra Quito'daki Barış Topluluğu Merkez Binası'ndan bir telgraf gelmişti. *Acil. Aileni ara.* El Hato'daki telefon hizmetleri pek de güvenilir olmadığından, Daniel çantasını topladığı gibi ilk otobüsle Quito'ya gitti. Birilerinin ölüm haberini alacağını bekliyordu. Oraya varınca evi aradı.

"Mektubumu aldınız mı?" diye sordu.

"Evet," diye yanıtladı babası ölü gibi bir sesle.

Annesi en sonunda dayanamayıp, "Eve dönmeni istiyorum," dedi.

Daniel yolladığı mektubun Ekvador postanesinde zarar görüp aylar süren bir gecikmeyle ailesine ulaştığını ve mektubun sağlam kalan tek yanının artık eşcinselliğini keşfettiğini açıkladığı bölüm olduğunu daha sonradan öğrenecekti. Ailesi mektubu alır almaz Barış Topluluğu Merkezi'ne oğulları Daniel'ın ruhsal hastalıkları olduğunu ve evine gönderilmesi gerektiğini bildirmişlerdi. Daniel'ın ailesi tarafından gelen telefonla panikleyen şefleri, Daniel'ın onları geri aradığından emin olduktan sonra köye dönmesine izin vermişti.

Anne ve babası tarafından ruh hastası damgası yiyen Suelo artık inandığı her şeyin –aile, din, Barış Topluluğu– hiçbir anlamı olmadığını hissetmeye başladı. Tanrı bütün bunların neresindeydi? Hayatında ilk defa ateist olabileceğini ve bir insanı ateist yapan şeyleri anladığını hissetmişti. Daha da kötüsü, klinik bir depresyona itiliyordu. Umutsuzluğun eşiğinde sendelerken beklemediği bir olay onu kurtarmıştı.

Bir gün Suelo ve arkadaşları dağlara çay üzümü toplamaya gittiler. Suelo yalnızca tatlı olanlardan değil, görünüşü normal çay üzümlerinden biraz farklı, daha ekşi olanlarından da topladı. Değişik türde çay üzümleri topladığını gören arkadaşı yanına gelip: "Onları yemesen daha iyi olur sanırım," dedi.

"Nedir bunlar?"

"*Morideros.*" İsim, "köpek ısırığı" anlamına gelen bir kelime oyunuydu aslında.

O gece Suelo bazı arkadaşlarına rastladı ve onu akşam yemeğine davet ettiler. Daveti kabul etti fakat bir anda beyninin çalışmayı durdurduğunu zannetmişti. "Doğru düzgün düşünemiyordum ve İspanyolca konuşmakta zorlanıyordum. Dudaklarımdan anlamsız kelimeler dökülüyordu." Yalnız kaldığında yoğun bir baş ağrısı ve halsizlik hissetmeye başlamıştı.

"Etrafımdaki her şeyin canlandığını hissediyordum," diye anlatıyor. "Yeryüzünün nefes aldığını zannediyordum. Her şey acı içindeydi ve ağlayacak gibi olmuştum." Direğe bağlı bir ineğe yaklaştı. "Yolunda olmayan bir şeyler vardı. İp hayvanın burnunu acıtıyordu ve kan damlıyordu. Neredeyse ineğin ipini çözecektim. Her şey gözüme korkunç gözüküyordu."

Hali daha da kötüleşti. Başı dönmeye başlamıştı. Kitap sayfalarına bakıyordu ama kelimeleri seçemiyordu. Konuşmaya çalıştıysa da ağzından tek bir hece bile dökülmemişti. Aklını kaçırdığını düşünmekten başka bir seçenek kalmamıştı önünde. O akşam yemeğe davet eden arkadaşına gidip o gün ne yediğini söylediğinde arkadaşı neler olduğunu anlamıştı. "Sanırım bunun yüzünden ölen insanlar var."

Suelo hemen eve koşup kendini içeri kilitledi ve panik içinde bir ileri bir geri volta atmaya başladı. "Her an patlayacakmışım gibi başım durmadan dönüyordu. Duygularım sanki bir lunaparkta hız treninde, oradan oraya sürükleniyor gibiydi. Öleceğimi düşünerek ağlamaya başlamıştım."

Ertesi sabah Suelo hâlâ hayattaydı. O olaydan birkaç gün sonra Suelo, Barış Topluluğu'ndan arkadaşlarının ikram ettiği esrardan içti. Aynı kâbus geri dönmüştü fakat bu defa daha da kötüydü. "Cenin gibi kıvrılıp titriyor, çırpınıyordum. Ekvador'da, o odanın içinde, bir başıma ve ailemi düşünürken öleceğimi zannetmiştim. Ölmek için ne kadar da aptalca bir yoldu." Aldığı uyarıcı yüzünden halüsinasyonlar görmeye başlamıştı. "Gözümün önüne bir haç görüntüsü gelmişti. Ekvador'daydım ama tektonik levhalar vardı ve bir araya getirilmişlerdi. Gördüğüm haçın tam merkezindeydim ve İsa çarmıha gerilmişti. Kendi kendime: 'Tanrım, neden beni terk ettin?' diyordum." Bütün evrenin tek bir varlık olduğunu fark etmişti fakat yine de mantık dışı bir şekilde hepimiz tamamen yalnızdık.

Gördüğü hayal yıllarca aklında kalmıştı. "Sonsuzluğa erişmiş gibi hissediyordum ve sürekli olarak yeniden dünyaya geliyordum sanki ve bir çıkış yok gibiydi." Ebedi olma hissini yaşamak, dumanlı kafalarda rastlanan bir şey olsa da Suelo'nun yaşadığı özellikle korkunçtu. Hayatı boyunca sonunda cennette yaşayacağına inanmıştı. Sonunda sonsuzluğa erişmişti fakat orada eğlence ve affetme yoktu. Umutsuzluk ve acı doluydu. Cennet değil âdeta cehennemdi.

Sabah olduğunda cam fanus kırılmıştı. Sürüncemedeki depresyonu artık çok şiddetliydi. İştahını kaybetmişti ve artık kronik olarak midesi ağrıyordu. Seksle ilgili filizlenen arzusu da sönmüştü. Yataktan çıkmak bile istemiyordu. İlkyardım konusunda ve Barış Topluluğu misyonuyla ilgili de tüm isteğini kaybetmişti. Artık görevinin sona ermesi için gün sayıyordu.

Zehirlenme olayından sonra mektuplarının dili rahatsız bir tona bürünmüştü: "Beynim patlayacak gibi," diye yazarken Barış Topluluğu'yla ilgili sıkıntılarını da dile getirmişti: "Gerçekte kimse ölene kadar huzur içinde yaşamaz," diye şikâyet etti. "İyi insanlar hep mahvolur, başlangıçtan beri hayatın özeti işte budur." Ruh sağlığını da sorgularken önüne açılacak yolun da ipuçlarını veriyordu. "Akıl sağlığımı yitirmiş olabilirim ama tanımlanamaz bir şekilde sonsuz bir şeye kavuştum."

Daniel 1990 yılında Colorado'ya döndüğünde depresyonu daha da kötüleşmişti. Her ne kadar eşcinselliğin kabul gördüğü bir toplum hayal etse de Denver'da bulduğu manzara oldukça ruhsuzdu. Barlarda tanıştığı adamlar fazla materyalistik ve çıkarcı tiplerdi, tek ilgilendikleri şey parti ve seksti. Üniversitede tanıştığı erkek arkadaşları gibi arzuları bakımından sıkı ve derin düşüncelere dalmış tipler değillerdi.

Damian'la ilişkisi de oldukça tuhaf bir hal almıştı. Eve vardıktan sonra iki arkadaş bir gün bir araba gezisine çıktılar ve Daniel kendi içindeki gelişmeleri anlattı. Damian sessizce dinlemişti.

"Yani bana karşı bir şeyler mi hissediyorsun?" diye sordu Daniel'a.

Daniel donup kalmış, gözünü uzakta bir noktaya dikmişti. Sonunda, "Evet," diye yanıtladı.

Damian'a anlamlı gelmiyordu. Daniel'ı tıpkı bir erkek kardeşi gibi seviyordu. Fakat ona karşı duyguları aynı yönde değildi. "Sonraki birkaç yılımı kendimde eşcinsellik işaretleri arayarak geçirdim," diye açıklıyor Damian. "Bir parçam Daniel'ı çok sevdiği için eşcinsel olmayı aslında çok istemişti. Maalesef sonuç negatifti. O yıllar boyunca karşıma çıkan bütün kadınlarla yatmak istedim."

Fakat arkadaşının durumdan duyduğu rahatsızlık, Daniel'ın anne ve babasının reaksiyonunun yanında hiç kalırdı. Eve ilk vardığında, annesi Daniel'ın yazdığı mektup hakkında konuşamamıştı bile. Babasıyla bir gün restorana gittiler —aslında babasıyla o güne kadarki ilk baş başa akşam yemekleriydi. Yemek boyunca Dick

Shellabarger sürekli olarak çocuklarını iyi bir Hıristiyan gibi nasıl koşulsuz sevdiğini tekrarladı.

"Birini öldürsen bile seni yine de seveceğim," dedi babası. "Fakat bu defa Tanrı bana ters bir vuruşla geri yolladı topu. Çünkü cinayetten daha kötü olduğunu düşündüğüm bir günah var ise o da eşcinsellikti. Yani şu an büyük sınavla karşı karşıyayım. Benim neslimin nasıl bir kültürden geldiğini biliyorsun. Eşcinselleri bulup döven kişilerdik."

Bu sözlerinden sonra Daniel kovboy babasının ilk kez kendini tutamayıp ağladığını gördü. Dick Shellabarger, kendisinin bir sapkınlığı yüzünden oğlunun bu hale geldiğini düşünüyordu. Belki de onu daha çok futbol maçlarına götürmeli ya da annesi bebekken onu daha fazla emzirmeliydi. Daniel bir anda kendini babasına yaklaşıp onu teselli eder bir halde bulmuştu.

Anne ve babasının tepkisi, Daniel'ın parçalanan dünyasının sebeplerinden biri olmuştu. Sosyal adalete dair kalan son inanç kırıntılarına tutunup Denver'a yerleşti ve bir evsiz barınağında danışman olarak çalışmaya başladı. Yaptığı iş daha başlar başlamaz nahoşlaşmıştı. Barınak sözde Hıristiyan bir işletme gibi gözüküyordu fakat barınak yöneticisi oranın sakinlerine vaaz vermek yerine, küçümseyici bir tavra sahipti. Barınağa sığınanları hor görüp onları insanların önünde aşağılayarak kirli, fakir ve yataklarını bile düzeltemeyen aptallar olarak niteliyor ve bağırıyordu. Suelo bu durumu bir iş arkadaşıyla paylaştı ve ilk personel toplantısında bu konuyu gündeme getirmeye karar verdiler.

"Burada kalanlara karşı davranışlarınız oldukça küçük düşürücü," diye fikrini bir çırpıda belirtmişti Daniel. "Eğer Hıristiyan olduğunuzu iddia ediyorsanız dininize hakaret ediyorsunuz," dedikten sonra yöneticiye davranışlarını değiştirmediği takdirde şikâyetini daha da ileri mercilere ileteceğini de ekledi. Başını çevirip masanın etrafındaki iş arkadaşlarına baktığında onlardan bir destek göremediğini fark etmişti. Hepsi başlarını eğmiş, önlerindeki not defterlerine bakıyorlardı. Yönetici ona cevap vermek yerine ateş püsküren gözlerini Daniel'a dikmekle yetinmişti.

Suelo'nun sözlerini hiç umursamamıştı. Bunun yerine Suelo'nun çalışma saatlerini azaltmış ve barınak sakinlerine karşı aşağılayıcı davranışlarını sürdürmüştü. Barınağı dağınık bulduğu zamanlar bağırıp çağırıyor, eline geçirdiği gazete ve kıyafetleri dört bir yana öfkeyle fırlatıyordu. Bütün bunları yaparken barınak çalışanların tek yapabildiği gözlerini yere indirip kadının öfkesinin geçmesini beklemekti. *Oliver Twist* kitabından fırlamış sahneler gibiydi her şey.

Öğle yemeğinden sonra barınak sakinlerinden biri fazladan bir kutu süt istemişti.

Barınak personeli mutfaktaki kilitli dolapta saklanmış, gönüllüler tarafından bağışlanan ve son kullanma tarihine yaklaşan sütler olduğunu biliyordu. Fakat yine de yönetici o barınak sakinine öfkeyle karşılık vermişti. "Bu süt," dedi öfkeden titreyen bir sesle, "bebekler içindir! O kadar bencilsin ki izin versek hepsini kendin için alacaksın! Fazladan süt alabilir misin? Tabii ki hayır! Sorduğun için bile kendinden utanmalısın."

O akşam Daniel gece vardiyasını almıştı. Yönetici ona barınak sakinleri temizliklerini bitirene kadar dışarı çıkmamaları için yemekhaneyi kilitlemesini söyledi. Daniel denileni yapmayı düşündü fakat bunu evsizlere mahpuslarmış gibi davranmak olarak görmüştü ve etik bulmuyordu. Ya yangın çıksaydı? Bu yüzden emri duymazdan gelip yemekhane kapılarını kilitlemeden bıraktı ve derhal kızgınlıkla istifa mektubunu o gece kaleme aldı. Kapı kilitleme olayından da bahsedip, "Artık senin dileklerini yerine getirmeye katlanamıyorum," dedi.

Mektubunu bitirip ne yapması gerektiğini düşündüğünde, bu mektuptan daha geniş bir kitlenin haberdar olması gerektiğine karar verdi. Suelo mektubun kopyalarını çıkardı ve kendine özgü bir manifestoya dönüştürüp barınak duvarlarına astı. Evsizler sonunda kendilerine bir savunucu bulmuştu. İçlerinden birisi o manifestoyu destekleyen elli imza topladı. Bir diğeri ise mektubu Denver'da çıkan gazetelere yolladı.

Artık av köpekleri salınmış, iz peşine düşmüştü. Barınağın üst kademe yöneticileri derhal bir soruşturma başlattı ve barınak yöneticisinin fazla sütleri karaborsada satıp parayı iç ettiğini ortaya çıkardı. Skandal ortaya çıkar çıkmaz yönetici kovuldu ve Suelo kahraman ilan edildi.

Fakat hiçbir iyilik cezasız kalmazdı. Soruşturma sonucunda eski barakaların radyasyonla dolduğu ortaya çıkmıştı. Oranın yıkılmasından başka bir çare yoktu. Yani kendilerine bir çatı bulmuş barınak sakinleri yeniden sokaklara dönmek zorunda kalacaktı. Üstelik Suelo da dâhil olmak üzere onlarca soysal görevli de işsiz kalacaktı. "Ne yaptığını gördün mü?" diye kızgınlıkla söylenmişti Daniel'ın çalışma arkadaşlarından biri barınaktaki eşyalarını toplarken.

Suelo'nun bir sonraki işi Travelers Aid isimli, geçiş dönemindeki insanlara yardımda bulunan bir vakıftaydı. Sonuçlar oldukça benzerdi. Tipik bir günde, yıkık dökük bir evsizin küçük ofisine uğrayıp Phoenix'e gidecek ilk otobüs için bilet parası istemesi olağan bir şeydi. Tıpkı o akşam olduğu gibi.

"Orada inşaat işleri var," demişti evsiz adam.

"Bu konuda yardımcı olabiliriz," dedi Suelo ve dört sayfalık bir anket çıkardı. "Yalnızca hakkınızda biraz bilgiye ihtiyacımız var."

Daniel, adamın bilgilerini kaydetti. 49 yaşında, iki defa evlenip boşanmış, ehliyetsiz araç kullanmaktan hapse girip çıktığından beri iki yıldır işsiz olan Jerry Banks, bir Vietnam gazisiydi ve daha önce inşaat işçiliği gibi değişik işlerde çalışmıştı. Ehliyeti olmadan inşaat işlerinin bulunduğu yerlere gidebilmek problemdi. Gazilik maaşını aldığında bulduğu ucuz otellerde kalıyordu fakat parası hemen bittiği için çoğunlukla evsiz barınaklarında ya da köprü altlarında kalıyordu.

"Phoenix'te nerede kalacaksın?"

"Hizmetçimden evi temizleyip hazır etmesini istedim."

Daniel başını dosyadan kaldırıp adama baktı.

"Yazdığın yer kalacağın adres mi?"

"Phoenix'te kalacak bir evim olsaydı," dedi Banks, Suelo'ya doğru eğilerek, "buraya gelip bir Greyhound bileti için dilenmezdim."

"Haklısın, pardon. Fakat başvuru kayıtları için kalacağın yeri yazmak zorundayım. Orada ailenden herhangi biri var mı?"

"Kız kardeşim Tempe de yaşıyor."

"Harika. Adı nedir?"

Banks kız kardeşinin adını söyledi ve Daniel ismi kayıt formuna geçirdi.

"Adres?"

"Kız kardeşimi on bir yıldır görmüyorum."

"Pekâlâ. Bir şeyler düşünebiliriz." Daniel adres kutucuğuna "302 Main Street, Phoenix, AZ" yazdı ve telefon numarası kısmına kendi numarasını yazıp başına Arizona'nın kodunu ekledi.

"Devam edelim," dedi Daniel. "Phoenix'te belli bir işin var mı?"

"Önce oraya gitmeliyim."

"Peki," dedi Daniel. "Forma bir şeyler yazmam lazım."

"Duvar örme işi, senin için minibüs kiralayıp kasabaya taşıyacakları türde bir iş değildir."

"En azından bir isim verir misin?" dedi Daniel. "Herhangi bir isim de olur."

Banks, Suelo'nun yüzüne bakıp cebinden çıkardığı buruşmuş bir kâğıt parçasını uzattı.

"Ortalama bir Somalili'nin günde on iki sent kazanarak hayatta kaldığını biliyor muydun?" diye sordu Jerry Banks.

"Pardon?"

"Günde on iki sent. Bazen kütüphanede bulduğum ilginç şeyleri yazarım. Aklımı gerçekten çelerler." Cüzdanını açıp içini gösterdi. Küflü deri cüzdanın içi kesilmiş kâğıtlarla doluydu. İçinden çıkardığı bir kartviziti Daniel'a verdi. "İşte, inşaat işini organize eden adamın kartı. Ne zaman işe ihtiyacım olsa ararım ve bana kasabaya gittiğimde mutlaka iş için uğramamı söyler. Her zaman yapacak bir iş olurmuş."

Daniel ismi ve numarayı not aldı. İşvereni arayıp numarayı teyit etmesi gerekiyordu. Böylece vakıf keyif için ülkeyi gezen serserilere sponsor olmayacaktı.

"Şimdi o adamı arayacağım ve işimiz bitecek," dedi Daniel. "Bekleme odasında oturup bekler misin?"

Banks gövdesini ağır ağır sürükleyip ofisten çıktı. Daniel adamın verdiği numarayı aradı ve telefonu aksi sesli bir adam açtı.

"Manny Valezquez'i aramıştım."

"Evet, benim."

"Denver'daki Travelers Aid'den arıyorum. İsmim Daniel Shellabarger. Gerald Banks isimli bir çalışanınız için yapacağımız yardımı onaylamak istiyoruz."

"Kim?"

Daniel Shellabarger ismini heceleyerek tekrar etti.

"Yani iş mi istiyorsun?"

"Bir danışanım adına arıyorum. Gerald Banks. Sizin için çalışacağını söylüyor."

"Beni sürekli birileri arar."

"Jerry Banks isimli birini hatırlıyor musunuz?"

"Tanıdık geliyor. Danışanım demekle neyi kastediyorsun?"

"Travelers Aid'in Denver bürosunda çalışıyorum."

"Ne yani, bu adam bir serseri mi?"

"Şey, hayır," diye kekeledi Suelo. "Toplumun sınırlı ve yetersiz hizmet alan kesiminden..."

"Hank'in numaramı beleşçilere vermekten vazgeçtiğini sanıyordum."

Suelo kaleminin ucunu kırana dek başvuru formuna bastırdı. "Bu yıl ekim ayında Gerald Banks isimli bir işçi için onay verebilir misiniz?"

"O tarz kişilere iş vermem," dedi Manny Valezquez. "Daha önce denedim ama işe yaramadı. Bu insanlarla bir sorunum yok ama onları ekibimde istemiyorum. Diğer hatta birileri arıyor. Kapatmam lazım."

Telefon yüzüne kapandı. Daniel ahizenin başında kalmıştı. Telefonu yerine koydu. Gömleği terden sırtına yapışmıştı. Su bardağına uzandı ama içi boştu. Önündeki forma baktı. Daha önceleri ödeme sürecini hızlandırmak için bazı numara ve diğer detayları uydurduğu olmuştu. Fakat bugün formun üzerinde tamamen oynamak zorunda kalacaktı. Birilerinin fark etmesi halinde kovulabilirdi. Zaten bütün bu formlar saçmalık değil miydi? Jerry Banks yaşadığı yerde iş bulsaydı onlara gelmezdi zaten. Bütün bu bürokrasi işleri esasen insanların ihtiyacını karşılamaktan ziyade çalışanların kendi kıçlarını kurtarmaları üzerine kurulmuştu. Suelo hepsinden nefret ediyordu. Kendini bir sahtekâr gibi hissediyordu. İyi birisi olmak için günde sekiz saat çalıştığı ofiste evsizlerden de nefret etmeye başlamıştı. İşe giderken mahallede karşısına çıktıklarında artık yolunu değiştiriyordu. Aslında yaptığı iş abartılıp parlatılmış bir çeşit fahişelikten başka bir şey değildi. İnsanlara yardım etmesi için ona para ödeniyordu. Aslında kalpten yapılan bir iş değildi.

Yalnızca para için çalışıyordu. Üstelik şimdi bir insana yardım edebilmek için yalan söyleyip sahtecilik yaparak kovulma riskini de göze alması gerekiyordu. Fakat bütün iyi niyetine rağmen tek yapabildiği Jerry Banks'in iş bulabilme ihtimalini de mahvetmek olmuştu.

Önündeki başvuru formunu yırtıp buruşturarak top haline getirdi ve çöpe fırlattı. Ardından cüzdanını çıkarıp cebindeki parayı saydı. İki yirmilik ve üç birlik vardı. Bay Banks'i ofise geri çağırdı.

"Haberler iyi Jerry," dedi Daniel. "Her şey onaylandı. Artık gitmeye hazırsın. İşte Arizona'ya yolculuğun için yetecek olan kırk üç doların."

Parayı alan Jerry'nin gözleri sevinçle parlamıştı. "Bir şeyleri imzalamam filan gerekiyor mu?"

"Hayır, her şey tamam. İyi yolculuklar."

Suelo, profesyonel vakıf girişimciliğinin kusurlarını gitgide fark ediyordu. İnsanları canavarlaştıran bu sistem yerine direkt olarak komşularımıza yardım etmek daha iyi olmaz mıydı?

Barış Topluluğu'ndan döndükten sonra aradan geçen bir yıldan fazla zamanda iyiliğe hizmet için bütün girişimleri ters tepmişti. 1991 yılında arkadaşlarının ısrarı üzerine bir terapistle görüşmeye başlayan Suelo, terapistinin çok genç ve tecrübesiz olduğunu fark ettiğinde entelektüel birikimini kullanıp doktorunun gururunu kırmadan onu hiçbir şeyi olmadığına ikna etmişti. Bunun üzerine ruh sağlığının yerinde olduğuna dair terapistinden temiz bir rapor aldı. Bir gece oda arkadaşı onu İncil okumasına götürdü. O akşam konu Merhametli Samaritan kıssası üzerineydi. Ne zaman ki katılımcılar Mormonlar hakkında küçümseyici ve bağnaz yorumlara başladılar, Suelo onların burunlarını sürtmek için eline geçen bu fırsatı kaçırmadı ve Luke'u alıp kızgın bir şekilde yüksek sesle okumaya başladı.

"Bir Protestan aynı yola düştü ve onu gördüğünde yolun diğer tarafına geçip gitti. Fakat aynı yoldan geçen bir Mormon yerde yatan adamın yanına geldi ve ona merhamet etti."

İşler giderek sarpa sarıyordu. Suelo geceleri yalnızca bir-iki saat uyuyor, nefes almakta güçlük çekerek yatağında uzanıyor, ümitsiz günlerinin muhasebesini yapıyordu. Bir mayıs akşamı aniden ayağa kalkıp takvimin yanına gitti. Elindeki kalemle günleri ve haftaları hesapladı. Koca üç ay boyunca tamı tamına beş dakika mutlu olmuştu sadece. Çay üzümüyle zehirlendiğinden beri hayatındaki sonsuz ümitsizliği keşfetmişti.

Çözümü bir anda bulmuştu. Çocukken babası aileyi korkunç yollarla dolu Mount Evans'a araba yolculuklarına götürürdü. Colorado'dan yaklaşık dört bin metre yüksekteydi ve tepesine kadar arabayla çıkmak mümkündü. Daniel yüzlerce metre yükseklikte, iki dar geçit arasındaki keskin virajlı, bol zikzaklı yolu hatırlıyordu. Acılarına son vermesinin bir yolu vardı.

Sabaha karşı saat üçte giyinip evde çıkan Suelo arabanın motorunu çalıştırdı. Rocky dağlarına giden yola saptı ve babasının at yakaladığı, annesine kur yaptığı yerlerden geçti. Mount Evans yolundan saptı ve sislere doğru yol aldı. İlkbahar olmasına rağmen yol kenarlarında hâlâ kirli kar birikintileri vardı ve asfalt ıslaktı. Nereye gideceğini biliyordu. Resmini bile çizebilirdi.

Yol giderek daralıp dikleşiyordu. Gecenin karanlığı daha aydınlık bir griye dönerken uzaktan gördüğü, aşağıdaki buzlanmış göl, çamurlu suya benziyordu. Yoldaki tek araba Suelo'nunkiydi. *Ne çeşit bir divane bu saatte Mount Evans'a tırmanır ki?* diye düşünüp o zamanki haline gülüyordu. Direksiyonu dik yamaçlara doğru kırıyordu. Hızlı bir manevrayla kaygan çimenlerin arasına dalıp yüksek uçurumdan serbest bir düşüşle, yüzlerce metre yukarıdan göle uçabilirdi.

O noktayı not aldı. Hızla belirlediği noktaya yaklaşıp döndü ve son bir hamle için hazırlandı. Kalbi yerinden fırlayacakmış gibi atıyordu.

Arabayı uçuruma sürmeden önce sislerin arasından bir şeyin belirdiğini gördü. Bir değil iki, üç ve daha fazla hayvan görünüyordu. Yeniden halisünasyon mu görmeye başlamıştı? Hayır, gördüğü şey bir dağ keçisi sürüsünden başkası değildi. Keçi sürüsü karşı uçurumdan inmiş ve yola doğru ilerliyorlardı. Bir tanesi arabaya yaklaştı. Daniel camı açtı. İnsanoğlu ve keçi birbirine bakıyordu. Keçinin simsiyah, merhametli gözleri vardı. Daniel birdenbire tuhaf bir şekilde kendini rahatlamış hissetti. Sanki karşısındaki o hayvan, yapacağı şeye izin vermişti.

Gaza yüklendi. Araba uçuruma doğru atıldı. Daniel: *"Tanrının benimle ilgili bir amacı varsa buna ben bile direnemem,"* diye düşündü.

Gaza yüklenir yüklenmez tekerleklerin altındaki kayalık zemin gıcırdadı. Ardından her yer karardı.

Bölüm 2

6

"Dünyevi şeylere bağımlı bir insan olmamı beklemeyin".
Milarepa, on birinci yüz yıl Tibetli Budist azizi.

30 Mayıs 1991. Daniel Shellabarger arabasını onu kesin bir ölüme götürecek, Colorado'daki bir uçuruma doğru sürdü. Sıkıntılı bir yaşamda yalnızca herhangi bir olay gibi gözükse de yine de dramatik bir andı. Ardından olacak şeylerle birlikte düşünüldüğünde bu kazanın neredeyse doğaüstü bir önemi olduğu düşünülebilir. Birbiriyle bağlantısız ve amacı belirsiz bölümler yerine, Suelo'nun hayatı, her bir sahnenin geri dönülmez bir şekilde ve belli bir amaç için diğerine bağlandığı sıralı masallara benziyordu.

Kahramanının kaderiyle yüzleşip ejderhayla savaşacağı böylesi bir öykü, yalnızca bir efsane olabilirdi. Suelo'nun paradan kurtulmak için girdiği arayış, modern zamanların ölçüt birimleri olan politika, ekonomi ve psikolojiyle bir anlam ifade etmiyor. Gerçek dünyada insanlar bu şekilde davranmazdı. İnsanların dünyevi şeylerden vazgeçip yıllarca gezeceği, mağaralarda yaşayıp ölümün kıyısından döneceği ciddi olaylarla sınanması ancak mitolojide olurdu.

"Bir kahraman olağan dünyadan çıkıp doğaüstü tuhaflıklar bölgesine doğru ilerler," diye yazmıştı Joseph Campbell 1949 yılında, Luke Skywalker'ın ve daha birçok şeyin kahramanlık yolculuğuna ilham veren *Bin Yüzlü Kahraman* isimli kitabında. "Burada kahraman masalsı güçlerle karşılaşır ve kesin bir zafer kazanılır; bu gizemli maceradan benzerleri üzerinde üstünlük sağlayan bir güçle geri döner."

Yolculuğun üç aşamasını ayrılış, başlangıç ve geri dönüş olarak tanımlayan Campbell, "Bir kahramanın vizyonu, fikirleri ve ilham gücü, insan hayatının ilkbaharından bu yana bozulmadan gelir… yaşanan zamandan, çözülen toplum ve akıldan olmasa da toplumun yeniden doğacağı o sönmez kaynaktan beslenir."

Suelo uzun bir süre sıradan dünyayla mücadele etti. Küçük bir çocukken Hz. İsa'ya olan inancı sayesinde cennette sonsuz bir yaşama kavuşacağını düşünüyordu fakat yetişkinliğe adım attıkça Tanrı'ya olan inancını yitirdi ve sonsuz mutluluktan şüphe duymaya başladı. Gençliğinde Hz. İsa, Aziz John, Peygamber Daniel da başta olmak üzere bütün kahramanlarının çamura battığı bir dünyaya adım atmıştı ve her seferinde aynı cevapla karşılaşıyordu: *"Artık farklı zamanlarda yaşıyoruz."* Fakat Suelo'nun bu yanıtı kabul etmeye niyeti yoktu. Birincil kaynaklardan yayılan bir hayat istiyordu.

Derken bir gün macera onu çağırdı. Masum bir şekilde topladığı zehirli çay üzümlerini yemişti Suelo. "Bir hata," diye yazıyordu Campbell. "Görünüşe bakılırsa şans eseri – daha önce hiç tahmin edilmeyen bir dünyanın kapıları aralanıyor ve insan anlaşılamayan güçlerle etkileşime giriyor."

"Köpek ısırığı" denilen sihirli yemişlerle zehirlenen Suelo, hayatında ilk kez sonsuzluğa dair bir hayal görmüştü. Gördüğü şey meleklerin sakince arp çaldığı bir yer değildi doğrusu. Aksine İsa'nın çarmıha gerilip sonu gelmez acılar çektiği bir yerdi. Cehennemin tam ortasındaydı ve ne İncil okumaları ne de yaptığı iyilikler onu cennete götürmeyecekti.

Bir kaza eseri zehirlenme olayına fazla tepki vermiyor muydu? Daniel yalnızca periler ve tek boynuzlu atlar da göremez miydi?

Fakat Campbell'a göre hatalar rastgele yapılmaz. "Hatalar bastırılmış arzu ve çelişkilerin yansımasıdır," diye yazıyordu. "Onlar yaşamın yüzeyindeki dalgacıklardır ve beklenmedik pınarlar tarafından oluşturulurlar." Yani Suelo'nun cehennemi zaten içindeydi ve zehirli *morideroslar* sayesinde kendini göstermişti.

Böylece Suelo misyonunu reddederek kendi arayışına tepki verdi. Tıpkı halkını özgürleştirmesi görevi verildiğinde, "Yüce Tanrım lütfen bunu yapması için başkasını gönder," diye yalvaran Hz. Musa gibi davranmıştı. Suelo ona gelen çağrıyı arabasını uçuruma sürerek cevap verdi.

O zaman, Campbell'ın "Doğaüstü Yardım" diye nitelendirdiği şeyi ilk kez tecrübe etmişti. Araba cehennem gibi derin bir boşluğa doğru süzüldü fakat dibe ulaşmadı. Helikopterle Denver'da bir hastaneye kaldırılan Daniel'ın görünür bir yarası yoktu ve hatta neredeyse burnu bile kanamamıştı. Ona gelen macera çağrısını reddetmesine kaderi izin vermedi. Artık arayışının amacı belli olmaya başlamıştı; hayatını cehennemden cennete taşımak.

1991 yılıydı. Ekonomi oldukça durgundu ve intihar girişiminde bulunmuş otuz bir yaşında bir sosyal hizmet görevlisi olan kahramanımız sistemin içinde sıkışıp kalmıştı. Aradan bir yıl geçti. Nereden bakarsa baksın dünya gözüne çirkin gözüküyordu. Yaşamın maddeselliğinin verdiği baş ağrılarından ve sahtekârlıktan kaçıp kurtulmak istiyordu. Modernizmin kurallarıyla düzenlenmemiş, insanoğlunun divaneliğinin önemsiz bir rahatlama aracı olarak görüldüğü, yaşanılan zamanın, antik kahramanların yaşadığı zamanlardan farklı olduğu fikrinin benimsenmediği bir yerde yeni, taze bir başlangıç yapmak istiyordu.

Ondan önceki arayış içinde insanlar gibi haritadaki en küçük noktayı işaretlemedi. O nokta Suelo'yu seçti. Utah'a taşınan arkadaşı Damian Nash, Daniel'ı harabe bir uranyum karakolunda ona katılması için davet etti. Çölün orta yerinde, etrafı altın rengi uçurumlarla çevrili kasaba ismini Hz. Musa'nın halkını ortasından geçirerek kurtardığı ve Yahya Peygamber'in İsa'nın ruhunu temizlediği, Ürdün Nehri'nin hemen devamındaki topraklardan alıyordu.

1993 yılını karşılamak üzere olan Suelo arkadaşları için şu notu kaleme aldı:

"Daniel Shellabarger kendi ilkel uygarlığını boykot ediyor ve disiplin içinde, ona gelen çağrıyı yanıtlayacak bir yaşam için Anasazi'nin ilkel topraklarına çekiliyor."

Ardından küçük puntolarla devam ediyor:

"Ve/veya da güneşte eğlenip sefahat için."

Bu notla beraber Daniel çöllere doğru yola çıktı ve Moab'ın dalgalı sularını aşıp yolculuğuna başladı.

7

"Doğru davranışlar sebebin olsun, meyveleri değil."
Bhagavad Gita

Bir itirafım var: Yıllık Sosyal Sigorta raporumu almayı seviyorum. Her yıl elime geçtiğinde zarfı hevesle açıp yıl boyu neler yaptığıma bakarım. O yılki kazancımı ve ölmem halinde geride kalanlara ne bırakacağımı gösteren rakamlar, aslında hayatımın başka bir açıdan özetini oluşturur. Genelde karşıma çıkan hikâye pozitiftir. O güne dek vergiye tabi tutulmuş, henüz on altı yaşındayken kazandığım ilk para olan altmış dolar, öğrencilik yıllarımda yaptığım bulaşıkçılık, sezonluk nehir rehberliği işim ve sonunda hayatımın son birkaç yılında yaptığım yazma ve öğretme işlerinden oluşan kazançlarımın meydana getirdiği tablo, giderek yükselen bir grafik sergiliyordu. Açlık sınırından, saygın bir kazanç limitine doğru çıkan bir grafikti.

Daniel Suelo da her yıl anne ve babasının evine gönderilen yıllık Sosyal Sigorta raporunu alıyordu. Bana gösterdiği raporda, 2001 ile 2010 yılları arasındaki sütunlardaki sıfır bolluğunu görünce ürpermiştim. Numaraların ifade ettiği biçimiyle hiçbir şeyi olmayan Suelo'nun kırılganlığı, onun tamamen unutulmuş olduğunu ortaya koyuyordu. Fakat bir yandan da gurur duyduğum bir şeyler hissediyordum. Vergi toplayan adamın tanımına göre bu numaralar aynı zamanda Suelo'nun özgürlüğünün de öyküsüydü. Kendini özgürleştirmişti.

Fakat bir yandan da Sosyal Sigorta raporları, iş yaşamımızın yalnızca bir kısmını yansıtıyordu. Amerikalıların işleriyle ilgili bitmez sızlanmalarına rağmen çalışmanın başka hiçbir şey yapılarak edinilemeyecek şeyler verdiği de kesindi: Kendi kendine yetme, başarı ve bunu alkışlayıp gurur duyan bir toplum tarafından kabul görmenin yarattığı tatmin duygusu... Dahası birçoğu çalışmanın tam anlamıyla parasal tanımını kabul etmiyorlar çünkü böyle bir tanım ebeveynlik, gönüllülük, şiir yazmak gibi karşılığında para ödenmeyen işleri, çalışma tanımının dışında tutuyor.

Bazıları ise Amerikan tarzı birlikte çalışma kavramını reddediyordu. "Bir ofis ya da fabrikada sabit bir iş istemem," diye yazıyordu bir Sioux büyücü doktoru olan Lame Deer. "Bu işten daha iyisini hak ettiğimi düşünüyorum. Kendime hayran olduğumdan değil çünkü insanoğlu böylesi bir hayattan daha iyisini hak ediyor; beyaz adam bile. Kendimi mümkün mertebe en az şeye ihtiyaç duyacak şekilde yetiştirdim. Böylece gerçekten ihtiyaç duymadığım zamanlarda çalışmak zorunda kalmayacaktım. Bu sayede düşünmek, sormak, dinlemek, öğrenmek ve kızlarla vakit geçirmek için daha fazla boş zamanım oluyor."

Bir de Thoreau vardı tabii. "Kendimi yıllardır kar ve yağmur fırtınalarına adadım," diyordu, "ve işimi sadık bir şekilde yaptım." O ve onun izini takip edenler için çalışmak, para kazanmanın ötesinde, hayata anlam kazandıran görev ve işleri yapmaktı.

Kazanç karşılığında çalışmanın karşıtı bir felsefe benimseyen Suelo hâlâ bu anlamlı uğraşının ödüllerini arıyor ve onları farklı biçimlerde buluyordu. Yaptığı şeyler kesinlikle Lame Deer ve Thoreau'nun onaylayacağı türden şeylerdi. "Bir çayırsineğinin yuvasından güneşe çıkmasını izledim," diye yazmıştı taze bir şubat sabahında, "ve onu takip etmeye karar verdim." Suelo bir örümceğin yemek ya da herhangi bir şeyi olmadan ve nereye gittiğini umursamadan nasıl gezebildiğini merak etmişti. "Dört saat boyunca onu izlemek zorunda kalmıştım."

Suelo kendi uğraşlarından bahsederken soyut bir dil kullanma eğilimindeydi:

"Bana işimi evren verdi. Evrenin içinde olduğum sürece gittiğim her yerde, her zaman güvendeyim. Yaşam milyarlarca yıl boyunca böyle akıp geçti. Paradan vazgeçtiğimden beri kendimi hiç bu kadar güvende hissetmemiştim. Zenginlik, bence güven içinde hissetmeye duyduğumuz bağlılıktır. Bu yüzden servetim beni hiç bırakıp gitmiyor. Bill Gates'in benden daha güvende olduğunu söyleyebilir misiniz?"

İşin doğrusu Suelo klasik anlamda iş olarak tanımlanacak birçok şey yapıyordu fakat karşılığında ödeme almıyordu.

Damian Nash, 2009 yılında, Suelo'yu bir beleşçi olarak tanımlayan ve saldıran bir gazetede çıkan makalenin ardından, Suelo'nun onu ziyaretleri sırasında yaptığı işleri sıralamıştı. Suelo'nun katkıları arasında –taze karpuz kaynağı bulmasının yanı sıra– evcil hayvanlara bakma, ağaç budama, araba tamir etme ve ruhsal danışmanlık gibi işler sayılabilirdi. "Bir muhasebeci bulup yukarıda belirttiğim insani değerler içeren bütün bu işlere bir fiyat etiketi koymasını isteyeceğim," diye yazmıştı Nash. "Benim tahminimce aldığının en az iki katını geri vermiştir Suelo."

Hayat denkleminden parayı çıkaran Suelo zamanını sadece macera ya da yaratıcı gözlemcilik için değil, aynı zamanda karşılığında ödeme almadığı iş gücünü harcamaya değer gördüğü işlere vakfediyordu. Oregon sahilinde, ağaç tepesinde ağaçların kesilmesini engellemek için çabalayarak üç ay geçirmişti. Moab Gençlik Bahçesi Projesi'nin duvar boyamaları da bir hizmetti. Kadın ve çocuk barınağında gönüllü olduğunda, bir zamanlar karşılığında para aldığı işini bu defa para almadan tekrar etmişti.

Diğer zamanlar Suelo çoğumuzun "gerçek bir iş" diye tanımlayabileceği işler yaptı. Moab'dan bir arkadaşının Bering Denizi'nde bir somon teknesi vardı ve ilkbahar ayları, yaz sezonu için işe alımların yapıldığı zamanlardı. "Çocukluğumdan beri hep Aleutian diyarına gitmek istemişimdir," diye yazıyordu Suelo. "Beni geride tutan şey, parasız yaşama girişimimi mahvetmek istemememdi." 2007 yazında Suelo tek bir şartla teknede işe girdi: Ona para ödenmeyecekti. Kaptan Rayburn Pride, Suelo'nun gidiş dönüş uçak biletini aldı ve yola çıktılar. Üç kişilik ekip Alaska'nın meşhur, tehlikeli koşullarında trol teknesiyle işe koyuldular. İzin günlerinde diğerleri barlara giderken Suelo ormanda uyuyup ayı ve tilkileri aramayı tercih etti.

Port Moller limanındaki şu kır saçlı, tuhaf görünümlü adamın parasız çalıştığı duyulunca, liman boyunca ona karşı öfke benzeri bir tavır sergilendi. Hayatlarını ve gururlarını somon sürülerine bağlamış gençler ona "Beleşçi Kuş" lakabı takmıştı.

Sürekli bir işi olmayan bir adama dair edinilen tecrübe oldukça şaşırtıcı oluyordu. "Geçen yedi yılda patronsuz ya da kazançsız bir hayata atıldığımdan beri yaşadığım en zor şey, bağlayıcı bir hayat yaşamak olmuştu," diye yazıyordu Suelo. "Yaşamın, teknenin selameti için 7 gün 24 saat kaptanın emrindeydi. Özellikle de ilk birkaç hafta benim için oldukça zor geçmişti. Öyle ki çocukluk ve ergenlik yıllarıma geri dönmüştüm sanki."

Suelo ve tekne ekibi somon kotalarına birkaç hafta erken ulaşınca, diğerleri iş biter bitmez doğruca eve dönmeye karar vermişti. Fakat Suelo onlarla dönmek yerine otostop çekip ülkeyi gezmeyi tercih etti. Kaptan Ray, dönüş yolculuğu için ona beş yüz dolar vermek konusunda ısrar etti (diğer çalışanlar aynı sezon için ortalama on bin dolar kazanıyordu) fakat Suelo parayı reddetmişti. Ray'in pes etmeyeceğini anlayınca parayı kabul edip sonradan gizlice tekneye saklayarak problemi çözdü. Ekip Anchorage'a uçtu ve havaalanında yolları ayrılırken Suelo yaptığı şeyi itiraf etti. Kaptan belli ki biraz sinirlenmişti. Ayrılacakları sırada Suelo'nun cebine zorla iki yüz dolar tıkıştırdı. Suelo kapılara kadar adamlarla gidip orada onlara sarılarak vedalaştı. Ardından cebinde iki yüz dolarla dışarı çıkıp bir süre otobüs durağında bekledikten sonra tren raylarını takip ederek yola koyuldu ve sonraki birkaç hafta boyunca türlü baklagiller, böğürtlen, hindiba bitkisi, vahşi mantar ve çıplak elle yakaladığı akarsu somonlarını yiyerek yaşadı.

Suelo'nun gönüllülük temelinde yaptığı çeşitli işlerin, esas amacı olan bir tür serbest filozof olma uğraşını tam anlamıyla yansıtmadığı söylenebilirdi. Günlerini arkadaşları ya da yabancılarla politika, ekonomi, sevgi ve Tanrı hakkında konuşarak geçiriyordu. Gerçekten de sabırlı bir dinleyiciydi ve başka koşullarda dinlenme olanağı bulamayan insanlar onun bu özelliğinden sonuna dek yararlanıyordu. Bazen onunla Free Meal'da yemek yerken alnına bakıp acaba "LÜTFEN KOMPLO TEORİNİZİ BANA ANLATIN" yazıyor mu diye kontrol etmekten kendimi alamıyordum.

Suelo'nun ününü duyan bazı hayalperestlerin aydınlanmak için Moab'a gelip onu aradıkları da olurdu ara sıra. Suelo yiyeceklerini bu modern zaman hacılarıyla paylaşıp onlarla gezer, en iyi çöplükleri bulabilmeleri için rehberlik yapıp günlerini onlarla geçirirdi. New Orleans'dan otobüsle gelen ve hayatında ne dışarıda uyumuş ne de kar görmüş bir kadın, uzun mesafeler yürümekten hoşlanmıyor ve bisiklete binmekten korkuyordu. Ondan daha fazla şey vaat eden bir öğrenci olan Roy Ramirez ise yirmi dört yaşında, profesyonel bir poker oyuncusuydu. Los Angeles'ın doğusundan olan Ramirez, ailesinin sonu hapis olan uyuşturucu işinden uzak durmayı başarmış birkaç üyesinden biriydi. Orduda kısa süre görev yapıp daha sonraları eski kız arkadaşıyla yaptıkları bir kavga sonucunda karakola düşünce, Roy, manevi yönü daha ağır basan, maddiyattan daha uzak bir hayat arayışına girmişti. Bir gün Google'da "parasız yaşam" diye yazıp arama tuşuna bastığında, karşısına Suelo'nun internet sitesi çıkmıştı.

Roy bir sırt çantası ve doğaya uygun kıyafetler aldı ve ailesi onu bir yıl boyunca parasız yaşayacağına dair taahhüt verdiği Moab'a gönderdi. Roy, kanyonun sessizliğinden hoşlanmadığı için Suelo'nun rehberliğinde terk edilmiş bir eve yerleşti. Oldukça yakışıklı, çekici, kendini rahatlıkla ifade edebilen ve tam da Amerikan Rüyası'nı gerçekleştirmiş birini canlandıran reklamların yüzü olacak nitelikte bir gençti. Free Meal'ın düzenli ziyaretçilerinden biri olan Roy, üzerindeki kolsuz tişörtüyle tıpkı lise yıllarında olduğu gibi tek dizi üstünde, bir savunma oyuncusunu andırıyordu. Parasız bir macera için hazırdı. New York ve Washington'a otostopla gidip kamyonet kasalarında uyumuş, çöplüklerden bulduklarını yemiş ve çektiği fotoğrafları gururla kişisel bloguna koymuştu.

Roy: "İncil, Nuh'un gemisine dinozorları da aldığıyla ilgili hiçbir şey söylemiyor."

Daniel: "Ah, tabii! Okuduğum şeylere kelimesi kelimesine bakmama huyum vardır."

Suelo konuşmadığı zamanlarda yazıyordu. Yirmili yaşlarındayken amacını: "Mümkünse bir yere yerleşip yazdıklarım üzerine yoğunlaşmayı asıl kariyerim olarak göz önünde bulunduruyorum," diye anlatırdı. Dolaylı da olsa bunu başardı. Bütün yetişkinlik dönemini kronolojik olarak Proust tarzında kaydetti. On beş yıl boyunca birikmiş el yazısı mektuplar –binlerce sayfa– ve bir diğer on beş yıl boyunca gönderilmiş devasa elektronik posta ve online gazete kayıtlarıyla büyük bir birikim vardı ortada. Birkaç kitap yazma girişiminde de bulundu fakat taslaklarını her defasında yayınlamadan yaktı. Bazı yazıları kelimenin tam anlamıyla harikaydı. Smithsonian Müzesi'nde *Americana: Zor Zamanlar, Şiirsel*, başlıklı bir koleksiyon varsa bu mektubu da ona dâhil ederdim:

Rayları takip ettim ve günler önce tanıştığım altmış küsur yaşlarındaki dişsiz berduşa katıldım. Elindeki birayla yer altı geçidinde kamp kurmuştu. "Geçen gün yanıma gelip benimle konuştuğunda şaşırdım. İnsanlar genelde benimle konuşmazlar," dedi, ben de ona bu konudaki dertlerimi anlattım. Bana İncil'im olup olmadığını sordu. "Evet, çöpte bir tane bulmuştum," dedim. "İncil okumayı severim," dedi. "Yalnız olduğumu unutturuyor." Bana Bakersfield'a kadar trenle gidebileceğimi söyledi.

Suelo son günlerde Moab Halk Kütüphanesi'nin âdeta demirbaşlarından biri haline gelmişti. Oradan, dünyanın dört bir yanından gelen yüzlerce elektronik postayı yanıtlayıp blogunu ve internet sitesini işletiyordu. Yıllar boyunca düşünce ve seyahatlerini büyük elektronik posta gruplarına iletirken artık bunun yerine hepsini kişisel bloguna yazıyordu. İnternet sitesi, farklı felsefe ve düşüncelerin değiş-tokuş odası gibi bir yer. Sitenin içeriği Lame Deer'dan, Abraham Lincoln ve Havari Paul'den alıntılar içermekle birlikte, Sık Sorulan Sorular ("Giyimin oldukça iyi ve iyi beslenmiş görünüyorsun. Yoksa bir vakıf tarafından mı destekleniyorsun?"), Suelo'nun kendi yazdığı makaleler, "Yedi Başlı Ejderha: Dünya Ticareti" ya da "Doğu Dinleri ve Hıristiyanlık Arasındaki Çelişkiler" gibi ilginç başlıklar da içeriyor. Ayrıca halk kütüphanesi, Gmail, Blogspot ve Google Sites gibi ücretsiz veri sağlayıcıları sayesinde tek bir sent bile ödemeden kendi yayın endüstrisini de kurmuş durumdaydı Suelo.

Suelo'nun yazdıkları bazı pek bilinmeyen yayınlarda yer bulsa da karşılığında ödeme almadı. Üstelik bazı sözde yazarların tersine, Suelo okuyucu kitlesiyle övünse yeridir. Her ay okuyucu kitlesine birkaç bin kişi daha ekliyor ve kişisel blogundaki yorumlar kısmı her gün düzinelerce yeni yorum alıyordu. Kolay kolay beğenmeyen ulusal dergilere, sıkı araştırmalar sonucunda yazdığım makalelerin çıktığı yayınların gazete bayiinde yer aldığını gördüğüm takdirde ancak rahatlayabilen ben, Suelo'nun sabrını kıskanmaktan kendimi alamıyordum.

Tartışmaktan asla kaçınmayan Suelo, sohbet odalarında yorumları cevaplayıp sorulardan kaçmazken, yeri geldiğinde münakaşalara girmekten de geri durmuyordu. MatadorChange isimli bir internet sitesinde Suelo'nun "bir sosyal asi ya da düpedüz bir beleşçi" olup olmadığı tartışılmıştı. "Eğer bir şey istersen, diğerlerinin de aynı şeye sahip olabilmesi için üzerine düşen görevi yapmalısın," diye yazmıştı, onun bir beleşçi olduğunu düşünen Jane. "Eğer bir elma yersen yerine bir tohum ekmeli ya da ağacı sulamalısın. Bir kaynak tükettiğinde yerine koymalı ya da başka birinin de eşit bir şekilde faydalanacağı ortamı yaratmalısın."

Suelo hemen cevabı yapıştırmıştı: "Jane, Kalaharili Kung Bushmenlerin 'uygarlaşmadan' önce ve sonraki halini incelemelisin. Ayrıca daha önce hiç tanışmadığın biri olan şahsımla ilgili daha fazla yargılamada bulunmadan önce sitemdeki Sık Sorulan Sorular kısmını da incelemek isteyebilirsin."

"Seninle ilgili bir yargılama yapmadım," diye cevaplamıştı Jane. "Başkalarının verdiklerini alıyorsun (evet, çöpe attıklarını aldığını biliyorum) fakat karşılığında hiçbir şey vermiyorsun."

Suelo onun dersini karşısındakini küçümseyen Sokrates gibi bir tavırla vermişti: "Senin ifadenin doğru olup olmadığını ben biliyorum, sen de senin ifadenin doğru olup olmadığını bildiğimi biliyorsun çünkü bu ifade benim hakkımda. Ancak sen kendi ifadenin doğruluğundan emin misin? Yargılamada bulunmak derken kastettiğim buydu."

Suelo "karşılığında bir şey vermek" olarak da adlandırılabilecek şekilde eylemlerini detaylarıyla anlatsaydı belki de tartışma uzamayacaktı. Fakat Suelo kendini bu şekilde savunmak yerine yüzü mosmor kesilene dek tartışmayı tercih ederdi. Bir yıl boyunca devam eden röportajlarımda, Suelo'nun gönüllülük temelinde yaptığı işlerle alakalı bilgileri hep farklı kaynaklardan elde ettim. Kendisi bunlar hakkında hiç konuşmadı. Yaptığı şeyleri sorduğumda beni onaylamıştı fakat kendiyle gurur duyar bir ifadeyle detaylarından bahsetmemişti. Onun yerine şöyle söylemeyi tercih ediyordu: "Çalışmadığımı farz edenler; haklısınız ya da haksızsınız. Fakat asıl mesele, neden böyle düşündüğünüz. Birilerinin yaptığı işi duyurmak için bitiş borusunu mu çalması gerek ya da bununla ilgili sözleşme mi yapması gerek ille de?"

İlk başta ağzının sıkılığını düpedüz inatçılığına bağlamıştım. Motivasyonunu anlayabilmek için Dağ üzerine Vaaz'ı incelemem gerekmişti. Suelo'yla yaptığımız birçok teolojik tartışma bu Vaaz'a dayanıyordu ve Hz. İsa vaazda şu şekilde sesleniyordu:

> *Doğru ve dürüst eylemlerini insanlardan önce, onlar görmeden önce yapmaya dikkat et. Aksi takdirde Babamız tarafından Cennet'teki ödülüne kavuşamayacaksın. Yani ihtiyacı olana yardım ettiğinde bunu insanlar övsün diye sinagoglarda, caddelerde davullarla ilan edenler gibi yapma. İhtiyacı olana sol elinle verdiğinde sağ elinin bile görmesine izin verme, senin sırrın da bu olsun.*

Aynı mesaj Tao Te Ching'de de vardı:

> *İstek gelmeden üretmek,*
> *Övgü almadan yapmak,*
> *Karışmadan yol göstermek,*
> *İşte En Büyük Erdem budur.*

Rüzgârlı bir ilkbahar gününde Suelo'yu gönüllü olarak çalıştığı Sol Food Farms çiftliğinde yakaladım. Normalde yaz aylarında daha serin yerlere gitmek için Moab'dan ayrılsa da o yaz çiftlikte çalışmak için kalmıştı. İnandığı bir şeyden ötürü oradaydı. Çalışma saatlerini kendi belirleyip karşılığında ödeme almamasına rağmen bu yaptığı iş, üç yıl önceki somon balıkçılığından beri düzenli bir işe en yakın işti.

Sol Food'un arazisi yeni, geniş evlerin sıralandığı bir site ile Suelo'nun önceki sonbahar dibinde karpuz topladığı su yatağı arasında uzanıyordu. Çiftliğin sahibi Chris Conrad işletmeyi 2008 yılında, gelecek nesiller için iyi ve kaliteli yiyecek üretebilecek kapasiteye ulaştırmak amacıyla kiralamıştı. Dalgalı saçlarının taştığı kasketiyle gülümseyen arkadaş canlısı, içten bir çiftlik sahibi olan Chris, kendine biçtiği misyonu domates yetiştirmenin ötesinde bir amaç olarak görüyordu. Aynı zamanda eski tarım kültürünü yeniden yaşatmak da istiyordu. Yaptığı işi "Sürdürülebilir, Organik, Yerel" olarak isimlendiriyor. "Fakat yasal olarak organik denemez," dedi kuru bir sesle. "Bu kelimeyi kullanma hakkı hükümete ait."

Chris ve Suelo beni çiftlikte gezdirip etrafı gösterdiler. Sonbahar sonunda ekilmiş, üzeri çalılarla kaplı havuçlar kışın zarara uğramamıştı. Chris birkaç tanesini çekip çıkardı ve bir musluğun altında yıkadıktan sonra sarımsı köklerini kesti. Bana ahşap pencereli, kirişleri çelikten, şeffaf serasını gösterdi. Yapının zemini soğuk kış koşullarından etkilenmeyecek şekilde inşa edilmişti fakat bir kış mevsiminde, aşırı kar yüzünden yıkılınca pahalı bir tamir sürecinden geçmişti. Chris orada başardığı işle gurur duyuyordu. Ispanak, asya yeşillikleri ve turplarını gösterirken duyduğu gurur belli oluyordu. "Şu turpları elma niyetine yiyebilirsin," dedi Suelo. Yaklaşık iki metre uzunluğunda bir çit, kıymetli sebzelerin etrafını çevreleyip orayı geyiklerden koruyordu.

Birçok Moab sakini gibi Chris Conrad da oraya mevsimlik işçi olarak gelmiş ve daha sonra yerleşmeye karar vermişti. Memleketi Pennsylvania'da doğal kaynaklar yönetimi ve felsefe üzerine okuyup mezun olduktan sonra bir yaz mevsiminde Dead Horse Point State Park'ta daha sonra ücretli işe dönüşecek, gönüllü mevsimlik işçiliğe başlamıştı. İleriki yıllarda rehberlik, ambulans şoförlüğü gibi işlerde çalıştıktan sonra, kendisinin "gerçek bir iş bulması için üzerine çöken toplumsal baskı," diye adlandırdığı his sebebiyle, yerel acil sağlık hizmetlerinde yönetici olarak dört yıl çalıştı. Sonunda artık çağrı cihazı taşımaktan bıktığına karar verdi. "Felsefe ve finansal özgürlük üzerine yeterince kitap okumuştum ve artık yaşamam gereken bir hayatım olduğunu biliyordum." 2008 yılında, otuz dört yaşındayken Grand County Konseyi'nde bir koltuk edinebilmek için istifa etti ve kazandı. Bir yıl sonra çiftliği kurdu.

İlk yılı oldukça zor geçmişti. Ondan daha tecrübeli çiftçileri işe aldı fakat işbirliklerinin sonu çatışmayla bitti. "Belki de liderlik yeteneneklerim zayıftı," diye açıklıyordu. "Yaptırmak istediğim şeyleri onlara dikte edemiyordum." İkinci yılında Chris artık ücretli işgücü seçeneğini eleyip çiftliği gönüllülerle beraber yürütmeye karar verdi.

O günkü çalışanlar Suelo, Brer Erschadi –Moab Free Meal'ın kurucusu– ve Rutgers'de felsefe bölümünden henüz mezun olmuş bir gençti. Bana Moab'a "bir ofiste oturup borca girmek" gibi bir yaşamın tersini sürdürmek için geldiğini söylemişti.

Çiftliği çalışma amacıyla ziyaret etmemiştim fakat Brer'e konuşmak için bir dakikası var mı diye sorduğumda elime bir tırmık tutuşturmuştu. "Tabii ki. Öncelikle bize biraz yardım eder misin?"

Meyve bahçesinde oldukça güzel bir gün geçirdik. Suelo ve Brer ellerindeki çapaları toprağa savurup su oluklarını tıkayan yaprak ve çimleri çıkarıyor, geri kalanımız ise tıkayan yaprak ve dal yığınlarını tarlanın karşısındaki alanda yakıyorduk. Meyve bahçesi oldukça eskiydi fakat Conrad'ın bildiği kadarıyla ürünleri hiç pazara götürülmemiş. Şimdi bunu hedefliyordu.

Yaprakları plastik muşambaların üzerine doldurup bahçenin kenarlarına doğru sürükledik. Yaşadığım yer olan Montana'da uzun bir kış geride kalmıştı ve çölde parıldayan güneş bal rengiydi. Ağaçlardan filizler sarkıyordu. El ve ayaklarımı kullanmak, kaslarımı harekete geçirmek iyi gelmişti. Dahası bizler orada sadece çalışmamıştık, aynı zamanda bu cennet gibi yeri yeniden parlak günlerine döndürüyorduk. Bu ağaçları diken kişiler hayallerinden vazgeçmişti ve bizler onların kaldığı yerden devam ediyorduk. Güneş, bulutların arasında erirken, tatlı bir nisan rüzgârı hepimizi harika hissettirmişti. Yoğun bir şekilde çalıştığımız için mutluyduk. Patrona içerlememiştik ya da saatleri, dakikaları saymamıştık. Orada olmak bizim kendi kararımızdı. Sohbetlerimiz küresel su kıtlığından, Vipassana meditasyonuna hatta Federal Rezerv Komisyonu'na kadar genişlemişti. Sanki aramızda anlaşmışız gibi aynı anda, aynı amaç için tırmıklarımızı sallıyorduk.

Bir çift deri işçi botu, şort ve siyah bir tişört giyen Suelo, elindeki çapayı sallıyordu. Kafasında biriken ter damlaları şapkasından alnına düşüyordu. Meyve bahçesi boyunca eski oluk ağının izini takip ederek düz, upuzun bir hendek açmıştı. Çapasının ahşap sapına dayanıp yaptığı işi inceledi. "Taocular şeytanın düz bir hatta yürüdüğüne inanırlar," dedi. "Bu yüzden sebzelerini zikzak biçiminde ekerler."

Sulama kanalları temizlendikten sonra beklenen an geldi. Chris Conrad bir manivela kolu aldı ve plastik bir borudan, erimiş kar sularından gelen akarsu kalıntıları baloncuklar çıkarmaya başladı. Taze açılmış oluklara doğru akıp eğimi takip etti ve bandı takip ederek meyve ağaçlarını, nemli toprağı, sulamaya başladı. Botlarımız çamur içinde kalmıştı. Çöle yeniden hayat verirken oldukça iyi bir iş yapıyorduk.

8

"Dışarıdaki dünyadan Grand County'e ulaşmak kolay bir görev değildi."

Richard Firmage, *Grand County'nin Tarihi*

1974 ilkbaharında, Conrad Sorenson Volkswagen Beetle'ını doldurup Salt Lake City'deki evinden Santa Fe'ye doğru yola çıktı. Çölde birkaç dönüm arazi alabilmek için yanında beş yüz dolar nakit taşıyordu. O yıllarda birçok kişinin yaptığı gibi şehir hayatından kaçıp toprağa gidenler kervanına katılmıştı.

Uzun saçları ve rastasıyla Conrad tipik bir hippiye benziyordu. Bir sağlıklı yiyecek dükkânında ve Doğu mistisizmi, kadın meseleleri ve Amerikan şamanlarıyla ilgili, büyük kitap dükkânlarında bulunamayan kitapları sağlayan bir kitap envanterinde denetçi olarak çalışmıştı. 1968 yılında motosikletiyle San Fransisco'ya gitmiş, vejetaryen olup sonraki birkaç yıl boyunca deri pantolonlarını otla doldurarak Salt Lake City ile San Fransisco arasında gidip gelmişti.

Fakat birçok ana akım takipçisinden farklı biriydi Conrad. 34 yaşındaydı ve Ogden'den Mormon bir işçi sınıfı aileden geliyordu. Annesi onu klasik piyano derslerine göndermişti ve bugün hâlâ Schubert ve Chopin'in eserlerini annesinin dilediği gibi kısa kuyruklu piyanosunda çalabiliyordu.

Brigham Young Üniversitesi'nde iki huzursuz yıldan sonra Conrad, Latter Day Saints adına Almanya'ya gönderilmişti. 1960 yılıydı ve sistem karşıtlığının heyecanı hâlâ sönüktü. Fakat yine de Conrad kendini koyu takım elbisesiyle İncil dağıtacak biri olarak görmediğini hissediyordu. "Bu göreve ailemin isteği üzerine gitmiştim," diye açıklıyor Conrad aradan geçen elli yıl sonra. "Aslında öğretilerinin tek kelimesine bile inanmadığımı onlar da biliyordu."

Artık yetmişli yaşlarında olan Conrad Sorenson, Moab uçurumuna bakan bir stüdyo dairede yaşıyordu. Kızıl duvarlar, dökme demirden bir soba ve parıldayan pirinç çanıyla evi, Orta Dünya'dan bir evmiş izlenimi uyandırıyordu. O da zayıf gövdesi, narin elleri, kırlaşmış atkuyruğu saçı ve dağınık bıyığıyla inzivaya çekilmiş bir cüce izlenimi uyandırıyordu. Hobbit yuvası gibi evinde ne televizyon ne de telefon vardı. Elektrikli ocakta yemeklerini pişiriyordu. Piyanosu evin içini şişe içindeki gemi gibi dolduruyordu.

"Suelo tıpkı Yahya peygambere benziyor, Esseniler gibi tarihimizden gelen bir geleneği devam ettiriyor ve kültürel bir soyu sürdürüyor," dedi eski Yahudi mitlerinden örnek veren Sorenson. "Tıpkı eski Japon gezgin ve keşiş Başo gibi yaşıyor. Hiçbir şey talep etmeyip yalnızca evrene güveniyor ve ona sunulan şeyleri kabul ediyor."

Conrad'ı özellikle görmek istedim çünkü Suelo'yu neredeyse yirmi yıldır tanıyor ve kanyondan geçen seyyahların büyükbabası sayılan Conrad, yaptıklarıyla bir anlamda Suelo'nun seçtiği yolu döşeyip yol gösterenlerden birisiydi. Kaynakların minimum seviyede kullanılması gerektiğini düşünen birçok insan yıllar boyunca, ülkenin her tarafında ortaya çıksa da bunların çoğu Portland, San Francisco, Buffalo gibi yerlerden, hoşgörülü, şehirli topluluklardı ve arkalarında toplanacak bir sürü atık bırakıyorlardı. Fakat aradan geçen yirmi yıl sonunda Suelo ülkedeki en sağcı düşüncelere her zaman geri dönmüştü. "Moab'ın hep anormalliği yargılamayan bir yer olduğunu düşünmüşümdür," diyordu Suelo. "Buradaki muhafazakârlar bile eşcinsel ya da evsiz olmamı takmıyor. Ara sıra sataşanlar olsa da oldukça azınlıktalar."

Suelo'nun dolambaçlı yolculuğunun sonunda Moab'a gelişi, Conrad'ın hikâyesine benziyordu. Almanya'daki misyonda geçirdiği bir yıl sonunda üstleri Sorenson'un sıvışmak için hazır olduğunu hissettiklerinden, ona kıyak bir görev verdiler: Internationals isimli bir dans grubunda piyano çalacaktı. Bu grupla birlikte caz melodileri çalıp genç kalabalıkların ilgisini çekmeye çalışacaklardı. "Müziğin ardından kravat ve gömlekli adamlar Mormon kitapları dağıtabileceklerdi."

Ülkesine geri dönen Conrad üniversiteden ayrıldı ve mecburi askerî hizmetini ertelemek için Utah Üniversitesi'ne kaydoldu. Ana kampüsteki koroya katıldı ve orada bir altoya âşık oldu. Onun Wasatch Range'deki mağaralara ve kanyondaki dolambaçlı taş labirentlere duyduğu tutkuyu paylaşıyordu. Fakat kız aşırı derecede tutucu bir Mormon'du ve o iş fazla ileri gitmedi. Santa Fe'ye doğru yola çıkarken, yetiştirilme tarzının ondan beklentilerini artık tamamen umursamaz olmuş ve terk etmişti. Kadınlarla da erkeklerle de ilişkisi olmuştu ve ondan yaklaşık yirmi yaş büyük, Almanya'daki Mormon buluşmasında tanıştıkları bir kadınla birlikte bir arsa satın aldı. Kendi cennetlerini satın almak için cebine koyduğu beş yüz dolar aslında Gerda'nın parasıydı.

1974 yılında, güneşli bir günde Santa Fe yolunda ilerlerken, Moab'a gelince durdu. Canyonland Ulusal Parkı'na yaptığı ziyaretler sırasında hep buradan geçip yoluna devam ederdi. Conrad gerçek bir kâşifti, öyle sırtlarında dev gibi çantaları ve ellerinde harita ve tren biletleriyle koşuşturan tipik, terlikli gezginlerden değildi. Güzelliği en üst değer sayan birisiydi. Bir yerlere ulaşmayı başarmış olmayı, ay ışığında yolculuktan, ayak seslerini duymaktan, tırmanmaktan, rotadan çıkıp gizli yuvaları keşfedip bir çıkış bulmaya çalışmaktan daha az değerli görürdü. Bir böcek, kertenkele ya da bir kum tanesi gibi doğanın bir elementi olmaya çalışırdı. Dünya'da tıpkı Güney Utah gibi zihin değiştirici turizme olanak tanıyan çok az yer vardı ve Conrad orada her seferinde hiç kimsenin ayak basmadığı bir kuytu köşe bulmayı başarabiliyordu. Yaşadığı heyecan, müzikte birbirlerini geçmek için rekabet eden melodilere benziyordu. Conrad bu tezahüre erişebilmek için geleneklere uymayan bir doğa sporları tutkununun tekniklerini kullanmıştı. İhtiyacı olan ilk şey, Batı Kıyısı karakterine özgü, sağlam ciğerlerdi. İkinci ihtiyacı olan şey ise kıyafetlerinden kurtulmaktı.

Yaptığı yolculuklar ona harikalar diyarına minik kaçış yolları sunan kasabaları kutlama sebebi vermişti. Moab'ı özellikle cüruf briketi ağırlıklı evleriyle dominant mimarisi, oluklu metal levhalarla perçinlenmiş Quonset kulübeleri yüzünden Tanrı'nın bile terk ettiği bir yer olarak değerlendirmişti. "Oradan hızla geçip gitmekten kendimi alamıyordum."

Fakat bu sefer farklı bir arayış içindeydi. Gestalt terapisi üzerine kült kitaplar yazan bir yazarın kitapları yalnızca Real People Press isimli, küçük bir yayınevinde mevcuttu ve kitaplar yalnızca Moab isimli bir kasabada bulunabiliyordu. Gestalt terapisi asrın ortasında ortaya çıkmış, Nazi dönemi sonrası varoluşçuluk, Zen Budizmi, psikoanaliz, deneysel tiyatro gibi türlü disiplinlerin elementlerini içeren entelektüel bir fenomendi. Kitapların yazarı, Barry Stevens isimli geçimsiz, aksi bir İngiliz kadındı ve hippilik öncesi sanrı uyandırıcı Aldous Huxley gibi yazarlarla ilişkilendiriliyordu. Ayrıca *Nehri İtmeyin (Kendi Gider), Kişiden Kişiye İnsan Olma Problemi* gibi iddialı başlıklar atarak yazdığı bir seri kitap sayesinde, yetmişli yılların başında gönülsüz bir insan potansiyeli gurusuna dönüşmüştü. Dedikodulara göre artık doğaya dönmüş ve çölde gizli bir yere yerleşmişti.

Conrad adresi bulup yazarı sorduğunda Bayan Stevens'ın inzivaya çekildiğini ve ziyaretçi kabul etmediğini söylediler.

"Arkadaş canlısı biri değildir," diye uyarmışlardı onu. "Cehennem olup gitmeni söyleyebilir."

Fakat Conrad'ın ısrarı üzerine ona dolambaçlı bir yön tarifi verdiler. Colorado Nehri'ne doğru yarısı kaldırımlı bir yolda ilerleyip rüzgârın taşıdığı yamalı, kumtaşından bir yoldan devam etti. Fazla ilerlemeden karşısına beş dönüm kaldığını işaret eden bir tabela çıktı. Çamurlu, engebeli bir yolu tırmandıktan sonra karşısına görkemli bir cennet parçası çıkmıştı: Göz alıcı karlı dağlara doğru ilerleyen yeşil bir vadiden dimdik, kızıl kayadan abideler yükseliyordu. Yumuşak bir rüzgâr, meyve filizlerinin tatlı kokusunu burnuna getirmişti. Tembel inekler yemyeşil otların keyfini çıkarıyordu. Burası çölün ortasında İsviçre'yi bulmak gibiydi.

Yaklaşık elli kilometre boyunca nehir yolunda yürüyüp on kilometre kadar engebeli bir yolu tırmandıktan sonra kırık bir köprüden geçip çiftlik evine ulaştı ve aradığı av en tatlı haliyle karşısına çıktı. "Nedense yanımda mango getirmiştim," diye anlatıyordu. "Ne tesadüf ki tam bir mangosevermiş meğer." İkisi eski arkadaşlar gibi sohbet ettiler ve kadın ona geceleyin kamp yapması için yer verdi. Conrad bir tepsi brownyi silip süpürdü ve yıldızların altında uzanıp türlü canavarların ulumalarını dinlerken hayal gördüğünü zannetmişti ama sabah olduğunda Bayan Stevens o bölgede etrafta çakalların dolaştığını söyledi.

Conrad, Santa Fe'ye hiçbir zaman gidemedi. Onun yerine beş yüz doları bir çiftlik evine harcadılar ve Gerda'yla oraya yerleştiler. Gerda harap kulübeye, Conrad ise çim kaplı çatısıyla, ek binaya yerleşti ve o zamandan beri aynı çiftlikte yaşadılar.

Mağara araştırmalarını seven, akıcı bir Almancaya sahip, ilgileri arasında korolar, motosikletler, çıplak yürüyüşler, feminist literatür ve klasik piyano olan uyuşturucu müptelası bir biseksüel olarak basit bir Utah taşrası, maden kasabasında elbette sapkın biri olarak görülebilirdi. Fakat Moab'da kimse bunu umursamıyordu. Hatta yerel halka mağarada yaşayan bir adam hakkında bir kitap yazdığımı söylediğimde bana "hangisi" diye sormuşlardı.

Şimdi geriye dönelim. Amerikan öncülerinin mitleri bize der ki Batı, Doğu'nun halsiz, yumuşak oğlan çocuklarını çelik gibi sert erkeklere çevirmiştir. O zamandan bu yana, en azından Lewis ve Clark'ın Pasifik'e açıldığı ve ısmarlama paltolarıyla gelip geyik derisi kıyafetlere sarılı ormancılara döndükleri 1804'ten beri bu böyleydi. Bazı dağ adamları oldukça meşhurdu. Mesela, Ciğer Yiyen Johnson, Kit Carson, Jim Bridger, Jedediah Smith bunların arasında sayılabilir. Theodore Roosevelt'i Harvardlı gözlüklü bir inekten kibirli bir Batılı kovboya çeviren şey de aynıydı. Üstelik bakir orman birçok yaratıcılığa ilham kaynağı oldu – erkekleri kütükleri kesip dolap, kulübe, köprü, saban ve ailelerini koruyacakları kalıcı barınaklar üretmeye itti. 1800'lü yıllarda kütük yığınlarını devirip Denver, Seattle ve Portland gibi hareketli şehirleri inşa ettiler.

Fakat dağ adamıyla ilgili efsane, Batı'yla ilgili yalnızca tek bir önemli gerçekten meydana gelmiyor: Batı'nın çoğunluk kısmı dağlardan ibaret değildir. Çöldür. California'nın büyük kısmı, Utah, Colorado, Nevada, Arizona ve New Mexico yıl içinde çok az yağmur alır. Çam ormanları ve titrek kavakların yerinde eğri büğrü bodur çamlar ve ardıçlar, diz boyuna gelen çalılıklar olur. Güneye inen öncüler buradaki kereste kıtlığını görünce kıymetli su kaynaklarının yönünü çevirip bulabildikleri verimli topraklarda havuç yetiştirmeye çalıştılar. Bugün bile güneydoğu hattı boyunca ilerlerseniz saatler boyunca bir tek büyük ağaç göremezsiniz.

On dokuzuncu yüzyıl boyunca geniş çöller, demiryolu döşeyip maden kazmak dışında beyaz Amerikalıların pek de ilgisini çekmemişti. Yirminci yüzyılda federal hükümetin abartı ve teşvikleri sonucunda yaptığı geniş otoyollar, barajlar, elektrik hatları (çoğunlukla iklimleme amacıyla) sayesinde Los Angeles, Phoenix ve Las Vegas gibi Amerikan çölleri, gerçek yerleşim birimlerine dönüştü.

Kısacası çöller, dağlardan daha farklı karakterler yaratıyordu. Vahşi ormanı uygarlaştırmak için biçen endüstriyel yerleşimcilerin kaderini gerçekleştirme hikâyesine uymadıkları için Amerikan efsanelerinde büyük ölçüde yok sayılmışlardı.

Yirmi iki yaşında çöle ilk gelişim tasarlanmış bir şeyden ziyade aslında kazayla olmuştu. Rocky dağlarına taşınma girişimim başarısızlıkla sonuçlanmıştı ve ikinci seçeneğime doğru ilerlerken yolun kapalı olduğunu gördüğümde, karşılaştığım otostopçular bana Moab'ı önermişlerdi. Kulağa hoş geliyordu. Amerika'yı ya da kendimi aramak için yollara düşmemiştim, aslında ikisinden de kaçmaya çalışıyordum. Reklam panoları ve restoranlardan gördüğüm kadarıyla 1993'ten beri Moab'ın ana arterleri pek de genişlememişti. Çok geçmeden oranın büyüklüğünü daha açık bir şekilde görecektim. Grand County yaklaşık olarak Delaware'le aynı yüzölçümüne sahip olsa da on binden daha az bir nüfusa sahipti. Oraya taşındığım zamanlarda bir çift ayakkabı alabilmek ya da sinemada bir film izleyebilmek için bir saat direksiyon sallamanız gerekirdi. Sonuç olarak orada kaldım ve profesyonel hırslarımı terk edip güzelliğine duyduğum hayranlık sebebiyle oraya sürüklenirken, dış dünyadan kaçıp sığınma olanağı sağlayan bu yerde daha önce bulundukları yerlerde tatmin olamamış ben ve Suelo'ya benzeyen insanlara rastladım.

O insanlar benim dostlarıma dönüştü.

Dağlar kendi olgun, mantıklı ve ahlâkçı Lewis, Clark ve Theodore Roosevelt gibi ikon karakterlere sahipken çöllerin ikonları biraz daha farklılar: Bir grup hayalci, hacı ve dışlanmış gezginden ibaretler. Brigham Young, sürüsünü orada tutunacak bir yer edinmek için değil, onlara zulmeden ülkenin dışında bir krallık kurmak için götürmüştü. "Çöl ve kavrulmuş toprak mutlu olacak," diye kehanette bulunmuştu Peygamber Yeşaya. "Tabiat bayram edecek ve yeniden filizlenecek." (Gerçi o zamanlar kimse Mormonların Great Salt Lake City'deki koca imparatorluğundan geriye yalnızca ileri karakolların kalacağını bilemezdi.) O toprakların gerçek çocukları Coshise, Geronimo ve Mormon kovboyu Butch Cassidy, modern çağların kuşatmasından, vahşi labirentlerin meydana getirdiği kaleler sayesinde korunmuşlardı. Georgia O'Keefe ve Frank Lloyd Wright ise bölgenin uhrevi geometrisi ve izolasyonu tarafından çekilmişlerdi. Eski orman korucusu Ed Abbey'nin *Desert Solitaire* gibi ilahileri bile oranın çorak bir arazi ve ıslah edilemez topraklar olduğuna dair algıyı değiştirmeye yetmişti. Bir de Californialı, çölün belki de en ebedi azizi, genç Everett Ruess var elbette. Ruess 1930'lu yıllarda çölü tek başına dolaşıp ilham kaynağını ararken günlüğüne şunları kaydetmişti: "Başa çıkabileceğimden çok daha fazla güzellikle karşılaştım," dedikten sonra Glen Kanyonu'na gömüldü ve bir daha onu gören olmadı.

Kanyon bölgesinde kimsenin başarılı olmadığını söylemediğimi belirtmem gerekir. Padres Dominguez ve Escalante 1776'da yola koyulup Santa Fe'den Californa'ya doğru bir yol buldular. Maden arayıcısı Charlie Steen uranyum bulup Amerika'nın atomik gücüne öncülük ettikten sonra uçurum kenarında adını Mi Vida koyduğu bir malikâne inşa etti. Fakat nihayetinde bütün keşiflerine rağmen Dominguez'in yolculuğu hüsranla noktalandı ve New Mexico'ya geri döndü. Steen parasını yaptığı kötü yatırımlar ve sürdürdüğü zengin yaşamı sonucunda kaybetti; malikânesi adı Sunset Grill olan bir biftek restoranına dönüştü. Her baharda Moab gibi yerlerde çeşitli dükkân ve restoranlar kapılarını açar ve her kış aynı sayıda dükkân iş yapamadığından ötürü iflas bayrağını çekip kapanır.

Çöle çeneleri köşeli korucuları ya da öncüleri hatırlatan paslı, eski kulübeleri görmek için gelmedik. Çöle geliyoruz çünkü çöl sanki henüz yerleşilmemiş, başka bir ülkeye ya da gezegene benziyor. Getirisi olmayan kulübeleri ve dorseleri, bir resmin üzerindeki fiyat etiketi kadar ehemmiyetsiz. Bilincine varması çok zor. Bizi iyice benzetiyor. Üzerine kalıcı bir iz bırakmak için ilham almak yerine, toprakların kendisinin kalıcılığını hissediyoruz ve insan doğası kısacık bir sürede yitip gidiyor burada. Dağlar, insanlık için yuva sağlarken, çöller ise ruhlar için barınak sağlıyor.

Buna şaşırmıyoruz gerçekten de. Tarihi olarak da bakıldığında dinler, çöllerde doğmuştur. "Sana bir haberci yollayacağım ve yolunu hazırlayacak," diyor Peygamber Yeşaya. "Çölden bir ses çağırıyor." O sesin çölde yalnız yaşayan ve akasya ile bal yiyerek beslenen Yahya Peygamber olduğu anlaşılıyor. Hz. İsa, çölde kırkıncı gününde iblisle karşılaşıyor ve insanoğlunun zaafları ve şeytanın ayartmalarına direniyor. Mekke, Kudüs ve Beytüllahim gibi kutsal şehirlerin hepsi de bir zamanlar çöldü. Hz. İsa, Buda ve Hz. Muhammed'in çölde doğmuş olmasının tesadüf olduğu düşünülebilir ve "Ya Hz. İsa Oregon kıyısında doğsaydı?" diye sorulabilir. "Belki de ağaç kesip kulübeler inşa ederdi ve tarih tamamen farklı olurdu," diye cevaplayabilirsiniz bu soruyu.

Moab'ın kaybolmak isteyenleri cezbeden üç özelliği vardır. Birinci özelliği coğrafi anlamda izolasyon sağlaması ve doğallığıdır. "Kırsal kesim o kadar geniş ki ulaşılmaz bir yer ve şerifin bir kaçağın peşinden sürüklenmesi cesaret ister," diye yazmıştı tarihçi John Riis. "Yani Moab gangster ve soyguncuların buluşma yeri olmuştu." Butch Cassidy'nin *Soyguncular Tüneği* dediği yer yakınlardaydı ve adı kötüye çıkmış Wild Bunch isimli mekânı, kanyonun dış kesimlerinde büyümüştü. Hatta içlerinden biri şerifi bile öldürdü. (Bu tarz olaylar hâlâ devam ediyor. 19 Kasım 2010 tarihinde bir adam, kasabanın dışında bir korucuyu vurdu ve yaklaşık yüz otuz kişilik güvenlik ekibinden kurtulmayı başardı. Moablılar, Amerikan güçlerinin Usame Bin Ladin'in peşine düştükleri zamanlarda, Afganistan topografyasını incelediklerinde başlarını iki yana sallayıp sonuca varmışlardı: Onu asla bulamayacaklar.) Orada izole olmuş sakinler de bunu tercih ediyorlardı. Eiffel Kulesi'nin temellerinin atıldığı 1897 yılında Moab'da hâlâ ne yol ne de demiryolu vardı. Colorado Nehri'ni geçmenin tek yolu ise nehri feribotla geçmekti. Politikacılar demiryolu deposuna yaklaşık altmış kilometrelik bir yol yapılması için on bin dolar harcamayı oyladılar. Fakat oy kullananlar 74'e 6 gibi bir sonuçla bu planı reddetti. Oraya kademeli bir yol ve nehir köprüsünün varışı ancak 1912'de mümkün olmuştu.

İkincisi, Moab'ın her zaman otorite karşıtı bir eğilimi olmuştur. İnsanlar buraya her ne halt etmek isterlerse yapabilmek için geliyorlardı. 1878 yılında Arthur Barney isimli bir göçmen Colorado'yu geçip bugün Moab'ın bulunduğu yerden geçerken, o ve adamlarının karşısına KAMP YAPMAK YASAKTIR diye bir tabela çıkmıştı. Tam da Moab'a yakışır biçimde tabelayı yakaladıkları gibi nehre attılar. Bir süre yürüdükten sonra karşılarına çıkan arazi sahibi bir kadına kamp yasağının aslını sordular. "Burası özgür bir ülke ve istediğiniz yerde kamp yapabilirsiniz," diye yanıtladı kadın. Barney tabeladan bahsettiğinde ise kadın derhal araya girdi ve: "Tabelayı hemen nehre atsaydınız ya," dedi.

Üçüncü ve Moab'ı tanımlayan son özelliği ise "miskinlik" olmasa da oradaki insanların biraz farklı olduğu gerçeğiydi. Hayatta kalmalarına yetecek kadar çalışırlardı fakat bunun biraz fazlasını elde etmek için bile çabalamazlardı. Öncülerini üne kavuşturacak hırsları hiç olmamıştı. 1900'lü yıllarda yerel bir doktor Moab Ateşi hastalığının teşhisini koydu. "Baş belirtisi tembelliktir, bölgesel olarak görülen bir şey olmasının sebebi ise Moab'da ne hayatta kalmanın zor olmaması ne de zengin olmanın kolay bir şey olmamasındandır," diye bildiriyor tarihçi Richard Firmage. Modern zamanlarda ise bu hastalık Moab Eddy olarak ad değiştirdi. Bu hastalık yüzünden birçok genç kadın ve adam, üniversite eğitimlerine rağmen potansiyellerini garsonluk, kamp bekçiliği ya da tekne kaptanlığı gibi daha düşük seviyeli, az stresli ve düşük maaşlı işlerde heba ettiler.

Bu sebepten Moab inzivaya çekilmiş birçok insanı kendine çeker ve Suelo'yu da bu kategoride saymak yanlış olmaz. Fakat inzivaya çekilen bir kişi genelde insanlığa güveni kalmadığı için o yolu seçer ve yiyecekleri için değiş tokuş yapar. Sürecin zayıf halkası ise tam bağımsız olma kısmında yatar. Suelo'nun paradan vazgeçmek için önerdiği mantıklı açıklama ise bunun tam tersidir. "Amerika'da herkes bireylerin kendine yetmesi ve kendi bacağından asılması fikrini benimser," diyordu Suelo. "Birçok insan da benim tam olarak böyle davrandığımı düşünüyor. Fakat evrende bunu yapabilen tek bir canlı hatta bir tanecik bile yoktur. Hepimiz birbirimize bağlıyız. Ben nasıl çalışkan insanların emeğine bağlıysam onlar da benimkine bağlılar. Fakat hepimizin para üzerine kurulu sisteme bağlı olduğumuzu söylemek bu gerçekten tamamen farklı bir şeydir."

Paradan vazgeçmek, Suelo'nun topluma karışmasına engel olmamıştı. Suelo aksine tam bir sosyal kelebeğe dönüştü. Budist keşiş arkadaşıyla Marin County'de kamp yaptıklarında şehirdeki konserleri inceleyip Goldan Gate'e doğru pedal çevirerek yollarına devam ettiler. Ravi Shankar Show'un yapılacağı yerin yanına bisikletlerini bıraktıktan sonra (tabii ki kilitlemeden) keşiş arkadaşı gişeye gidip ikisinin parasız yaşamayı seçtiklerini ve şovu izlemek istediklerini açıkladı. Görevli onları hızla dışarı çıkarmıştı. Suelo, Portland'dayken Food not Bombs isimli bedava yemek hizmeti için aşçılık yapıp gönüllü katılımcılarından biri olmuştu. Florida Üniversitesi kampüsünde hazırladığı yemekler tam bir kültürel açık büfe niteliği taşıyordu. "Bedava filmlere, söyleşilere, Quaker hizmetlerine, Krishna yemek ve hizmetlerine, Yahudi etkinliklerine ve Müslüman etkinliklerine gittim," diye yazmıştı Suelo. "Soykırımdan kurtulan Nobelli yazar Elie Wiesel'la konuşma şansı bile yakaladım. Aynı zamanda ücretsiz konserlere de gittim ve burada birçok arkadaş edindim."

Evinde olduğu zamanlarda bile sosyal ajandası tıka basa doluydu. Poker oyunculuğuyla bilinir ve Melony Gilles onun "harika bir dansçı" olduğunu iddia eder. Barda iyi bir müzik grubu çaldığında giriş parasını ödemeyi mutlaka teklif eder. Conrad Sorenson'un ağılındaki müzik akşamlarına katıldım. Chris Conrad ve Brer Erschadi didgeridoolarını çalarken Suelo çan sesi çıkarır ve piyanosunun arkasına yaslanan Sorenson tellerin uğultularını yansıtır. Suelo'nun ellinci yaş gününde Damian Nash'in evinde, Facebook üzerinden bir parti organize edildi ve tabii ki herkes kendi içkisini kendi getirdi.

Suelo'yu kucaklayan Moab topluluğu bir gecede oluşmamıştı. Conrad Sorenson'a yeniden dönmemin sebebi, Suelo'nun daha sonradan kendine adapte edeceği parasız yaşamın işaretlerini veren, yaklaşık yirmi yıl boyunca işlettiği ve kasabanın bohem kültürünün merkezi konumundaki sağlıklı yiyecek dükkânıydı.

Sorenson'ın geldiği 1974 yılında sessiz bir çiftlik kasabası olan bu yer, dünyanın uranyum başkenti olmaya başlamıştı. İçinde yirmi ya da otuz milyoner barındıran Moab, McCall dergisinin raporuna göre 1956 yılında dünyada en fazla milyonerin yaşadığı yerdi. En ünlüsü Charlie Steen'in dünyadan fazla izole bu kasabada, antenler iyi çekmediği için kiraladığı uçakla vadi etrafında tur atıp televizyon seyrettiği rivayet edilirdi. Kasabadaki genç ve çocuklar, saatte yirmi dolar kazanıp ilk evlerini satın alabilmek için okulu terk ediyorlardı. 1964 ve 1971 yılında kurulan Canyonlands ve Arches ulusal parklarıyla birlikte kasaba tam bir dönemsel ziyaretçi mıknatısına dönüşmüştü. Bu kadar turist, madenci ve korucu topluluğun karışımı sonunda, kasabada çeşitlilikle birlikte tolerans da artmıştı.

Conrad ve Gerda Moab'daki ilk sağlıklı yiyecek dükkânını açtılar ve orada kızıl buğday ve kinoanın yanı sıra kendi seçici literatürlerinden örnekler içeren pastalar da satmaya başladılar. Dükkân dört yıl sonra kapandı fakat o zamandan beri hippiler kritik yoğunluğu aştılar ve bir kooperatif kurup şişmiş yulaf ile mısır irmiklerini haftada üç gün üyelerine küçük bir dükkânda satışa sunmayı başardılar. Conrad zemini düzeltmek için kooperatife gönüllü oldu ve yöneticilerle yaşadığı bazı anlaşmazlıklardan sonra liderliği aldı. Her ne kadar çekleri imzalayıp banka hesabına ulaşma hakkına sahip olsa da hiçbir zaman imtiyaz sahibi olmadı. "Sahibi olmayan bir işti," diye açıklıyor yaptıklarını. Moab Kooperatifi yaklaşık yirmi yıl boyunca, yüce gönüllü diktatörleri Conrad öncülüğünde ütopik bir anarşinin ön izlemesi gibi var oldu. Conrad da dâhil olmak üzere kimse maaş almadı. Gönüllülerin çalışma saatleri muhasebe defterine işlendi ve herkesin saat başı yaklaşık dört dolar değerinde yiyecek almasına izin verildi. Sistem oldukça gevşekti. "Kitaba asla bakmazdım," diye hatırlıyor Conrad. "Düzenli bir şekilde yoluyorduk orayı ama yine de çalışan bir şeyler vardı."

"Amacım maliyet fiyatında organik yiyecek üretmekti," diye açıklıyor. Elde edilen herhangi bir kâr ya işe yeniden yatırılacak ya da dışarıya verilecekti. Çimle kaplı kulübesinde kira ödemeden yaşayan Conrad, başkalarına yüzlerce kitap ve bir dolu yiyecek verme lüksüne sahipti. Özellikle bir yabancıyı birkaç dakikalığına alıkoyup sonrasında ona uygun bir kitap hediye etmekle gurur duyardı. İlk dükkânını inceleyenlerin arasında yazar ve zampara Ed Abbey de vardı. "Göğüsler hakkında muhabbet etmek için gelmişti." Conrad ona feminizmle ilgili bir kitap hediye etti.

"Kâr amacı gütmeden bazı şeyleri sağa sola dağıtarak Salt Lake City'den ve Colorado'dan sadık bir müşteri kitlesi edinmiştik," diye anlatıyor. "Yiyeceklerden o kadar çok kâra geçiyorlardı ki buraya geliş için yakıt masraflarını da çıkarıyorlardı ve hatta gelmişken küçük bir tatil yapanlar da oluyordu içlerinde. Kütüphaneye binlerce dolar yatırdım. Buna rağmen her yıl yüzde yirmi büyümeyi başardık."

Kooperatif sonunda bütün bir binayı kiralamıştı fakat binanın yarıdan fazlası topluluk için sosyalleşme alanı olarak ayrıldı. İçerisinde bedava kitap ödünç alınabilen binlerce kitaplık bir kütüphane, bir sanat ve dans stüdyosu, bir ksilefon galerisi vardı. Arka taraftaki kanepelerde bazen bir anneyi bebeğine bakarken, bir çifti sevişirken ya da geceden kalma birilerini uyurken bulabilirdiniz. Conrad daima etrafta oyalanırdı –ki haftada seksen saat çalıştığını söylerdi– ve ihtiyacı olanlara şifalı bitkiler ve aşk meseleleriyle ilgili tavsiyelerde bulunurdu. Moab'ın Mormon çiftliğinin kalan kısımlarında, kooperatif sayesinde bir karşı kültür yaratıldı ve bina bu yeni kültürün yuvası, Conrad ise çetenin lideri olmuştu.

Daniel Suelo 1992 kışında o binanın kapısından ilk kez içeri girdi. Depresyon tedavisi gören Damian Nash, arkadaşını gelip onunla kalması için davet etmişti. Suelo'nun vardığı akşam, Nash arka odada bir film gösterimi yapıyordu. Suelo eski binayı buldu. Tahta kapıyı gıcırdatıp beton zeminden geçerken odanın lavanta ve soya sosu karışımı kokusunu hissetmişti. Koridorlarda parmak arası terlik ve mini şortlu adamlar, rafları granola ve kurumuş mango poşetleriyle doldurmuşlardı. Tezgâhın arkasında rastalı, etekli, kucağında bebeğiyle genç bir kız tahılları çelik bir tartıda tartıp üzerlerine numaralar yapıştırıyordu.

"Bu tarz bir yaşam sürenler kooperatifin sonunu getirdi," diyor Suelo. "Elbette ki kafamdaki fikirlere dair tohumlar orada atıldı ve orası bana alternatif yaşama biçimlerinin mümkün olabileceğini gösterdi." Moab, Daniel'a aradığı topluluğu sunmuştu. Yemek karşılığında orada çalışmaya başladı ve gelecekte paradan vazgeçeceği hayatının ilk adımlarını atmış oldu.

Daniel, Moab'daki kooperatifin haricinde, para sistemine o kadar da değer verilmediği başka sektörler de bulmuştu. Bir sağlıklı yiyecek kafesinde aşçı olarak iş buldu. "Düşünmeden iş yapmak insanı harika hissettiriyor," diye yazmıştı bir arkadaşına. "Ayrıca müthiş insanlarla çalışıyorum. Moablıların çoğu oldukça aklı başında insanlar. Çok tazeleyici bir deneyim." Honest Ozzie's kafenin mutfağında ıspanak doğramak ya da fasulye kaynatmayı işe gitmekten çok bir aile mutfağında yemek pişirmek gibi zevk duyarak yapıyordu. "Konsantrasyonumu kariyer ya da yaşamsal kaygılardan uzaklaştıracak bir hayata vermek çok güzel," diye yazmıştı. Hiyerarşinin olmadığı ve herkesin insanlığın eşit bir üyesi olduğu bir yerdeydi, "Komşularımızı, kendimizi sever gibi seviyoruz! Hayat da bundan ibaret değil midir?"

1993 yazında kariyer yerine farklı bir yaşam arayışına girdiğim bir dönemde, Daniel'la orada tanışmıştım. Honest Ozzie's buna uygun bir yerdi doğrusu. Mekân, elden geçirilmiş eski bir kulübeydi ve dışarıda birçok masası vardı. Yerel fasulyeden pişirilmiş yemekler, kepek unundan yapılmış krepler ve soya türevi birçok yiyecek müşterilere sunuluyordu. Kahvaltı aşçısı olarak işe alınmıştım ve yerine geçtiğim adam Grand Canyon'a gitmişti. (Kimse bana İngiliz Edebiyatı diplomamla ilgili bir şey sormamıştı). Çalışmaktan çok yaşamın kendisiyle ilgili garson ve aşçılarla dolu bu kafede bazen garsonun gelip siparişinizi alması kırk beş dakikayı bulabiliyordu ve o arada kalkıp baktığınızda garsonu bir golden retrieverla oynarken bulabilirdiniz.

Yiyecekler harika olduktan sonra müşteriler kimin umurundaydı zaten, değil mi? Moab'da aylaklık yapmak güzel şeydi. O sıralar Atlas uranyum çiftliği kapanmıştı ve uranyum ile dağ bisikletlerinin gümbürtüsü arasında yaşamak güzeldi. İş olanakları çoktu ve kafelerde, bisikletçilerde ya da sal kıyafetleri satan dükkânlarda iş bulabilmek mümkündü. Maaşlar asgari seviyedeydi fakat kira fiyatları pazarlığa açıktı. Yalnızca nehir kılavuzları, kasabayı terk eden madencilerin cürüf betonu evlerini krediyle satın alıyorlardı.

Üstelik havalar sıcak olduğunda kimin eve ihtiyacı olur ki? Ben ve birkaç yeni tanıştığım arkadaşım station wagon araçlarımızı çember şeklinde park edip bütün yazı çadırlarımızda geçirmiştik. Nehirde banyo yaptık. Yiyecek bulması da zor değildi. Kılavuzluk ve restoran işleri bizi beslemeye yetiyordu. Bir de aşırı derecede ucuz olan kooperatif vardı tabii, üstelik gönüllü çalıştığınızda yiyecek bedavaydı. Her gece Rio Bar ve Grill'de mutlu saatler bölümünde bir dolara bira içip yarı fiyatına nacho ve kızarmış tavuk yiyip beş dolardan az fiyata karnımızı doyurduk.

Suelo mağarada yaşama kararını bir günde vermemişti. Paradan vazgeçme yolculuğu esnasında, önce bir evden vazgeçme gibi bazı aşamalardan geçmişti. Fahişelere aşırı ilgi duyan adamların ahlâk polisi olması gibi Suelo'nun da evsizlere duyduğu hayranlık onu barınaklarda çalışmaya yönlendirmişti ve Denver'da çalıştığı sırada başına gelen bir olay, barınak ve vakıflara olan bakış açısını değiştirmişti. Bir gün Colorado Üniversitesi'nde sosyoloji bölümünün düzenlediği evsizlik konulu panele davet edilmişti. Öğrenciler bir grup sosyal hizmet görevlisi ve bir grup barınak sakinini davet etti. Tartışmaları alevlendirmek için Boulder alışveriş merkezinde turlayıp etrafta takılan punkçılar ve evsizleri de çağırdılar. Üç grup da sahnede beraber oturtulmuştu.

Söze ilk başlayan Daniel ve meslektaşları kötümser bir tablo çizmişlerdi. Reagan destekçilerini, yasal güvenceye alınmamış talimatları ve insanoğlunun açgözlülüğü ve duyarsızlığını suçladılar. "Dünya acı içinde," diye söylediğini hatırlıyor Suelo. Çözüm olarak ise bizim gibi insanların artmasını, daha fazla fon ayrılmasını ve daha fazla enstitünün kurulmasını önermişti. Kısacası fakirlere yardım etmemiz lazımdı. Belki o zaman fakirler de sesini yükseltebilirdi. Yetersiz ve adil olmayan ekonomi pratiklerine itilmişlerdi fakat oysa Daniel gibi özverili ve iyi niyetli sosyal hizmet görevlileri yalnızca onların yardımına koşmaktan başka bir şey yapamıyordu. Fikir birliğine varılmış gibiydi.

Fakat sokaklarda yaşayan insanlar söz almak istiyordu:

"Sokakta yaşamanın nesi bu kadar kötüymüş anlayamıyorum," dedi içlerinden birisi. "Sokakta yaşam büyük bir parti gibidir bana sorarsanız."

"Evet, kahrolsun barınaklar," dedi bir başkası. "Hayat bedavadır."

Suelo, Moab'da bunun üzerine kafa yordu. Neden evsiz olma fikri ona bu kadar korkunç geliyordu? Fiziksel zorluğundan mıydı? Hayır. Kendisi de dışarıda olmayı ve kamp yapmayı severdi. Fırtınalı bir günde çadırıyla nasıl kuru kalacağını bulmaya çalışmaktan hoşlanırdı. Hayır, evsiz olmakla ilgili asıl korkusu, diğer insanların nasıl düşüneceğiyle ilgiliydi. Ardından şöyle düşünmüştü: *İnsanların hakkımda neler düşündüğüyle ilgilenmezsem şu hayatta her şeyin üstesinden gelebilirim.*

Moab'da evsiz olmak yalnızca kabul edilebilir bir şey değildi, aynı zamanda romantik bir yanı da vardı. Herkes bunu yapıyordu; gezici kaya tırmanıcıları, nehir kılavuzları ve kokteyl garsonları da buna dâhildi. Kusur ya da leke değil, aksine evsiz olmak prestijli bir şeydi. Suelo en sonunda paranın kirli bir şey olarak görüldüğü ve evsizliğin ise havalı bir şey olarak algılandığı bir yere gelmişti.

1994 yılında, çölde geçirdiği ikinci ilkbahar geldiğinde, Suelo o yokken bakması için bir arkadaşının bıraktığı evinde yaşıyordu. Fakat sonraki aylarda mevsimlik işçilerin de gelişiyle emlak piyasasında sıkışıklık oluşmuştu ve artık bir evi yoktu. Sonunda cesaretini toplayıp çantasını kaptığı gibi yollara düşmüştü ve nehir yakınlarında bulduğu bir kırma köpekle kanyonda dolaşıp durmuştu. Sonunda kafasını küflü bir mağaradan içeri sokutu ve gözleri karanlığa alışana kadar bekledi. Mat ve uyku tulumunu yere serdi. Duyduğu keyif ve neşeden titriyordu. Henüz kısa bir süre geçmiş olsa da evsizler sınıfına dâhil olmuştu.

Aynı ay içinde kadınlar barınağında "evsizler koordinatörü" olarak işe başladı ve "Evsiz Evsizler Koordinatörü" olarak o ikonik lakabını edindi.

"Danışanlarımızla aramda bir bağ kurmamı sağlamıştı," diye anlatıyor Suelo.

Yaz geldiğinde barınak kadınlar için tahsis edilmesine rağmen, bazı serseri adamlar otel parası vermemek için oraya damlardı. Suelo onlara barınağın kısıtlı bir bütçesi olduğunu açıklardı ve bu bütçeyi kışa saklamak zorundaydılar. "Etrafımızda bir sürü boş arazi var," diye yol gösteriyordu onlara. "Üstelik havalar da harika."

"Senin için söylemesi kolay tabii," diye homurdanmıştı adamın biri.

"Evet, öyle," diye yanıtladı Suelo. "Ben de dışarıda kalıyorum."

Suelo işini seviyordu. Colorado'da evsizler için çalışırken hissettiği hiyerarşi ve ikiyüzlülük yoktu. Moab'da bir şeylere sahip olmak ile olmamak arasındaki sınır büyük değildi. Suelo aradığı yeri bulmuştu; ahlâkından ödün vermek zorunda kalmayacağı bir iş ve evsiz oluşunu yadırgamadan onu kabul eden insanlar.

"Çöller bana varoluşun akılcılığını anımsatıyor," diye yazmıştı bir arkadaşına. "Burası çok güzel bir yer. Henüz sabah ve kanyonun ardından doğan güneş, üzerimdeki kavak dallarının arasından ışıldıyor. Rüzgâr serin ve köpeğim yanımda. Ah, yaşamak güzel şey."

9

"Sevgilim elini kapı sürgüsüne sıkıştırıyor; kalbim onun için atmaya başlıyor.
Sevgilim için açıyorum ve ellerimden mürrüsafi akıyor,
Mürrüsafi akan parmaklarım kilidin kolunu tutuyor.
Sevgilim için kapıyı açtım ama sevgilim yok olmuş, gitmişti."
Şarkıların Şarkısı

Suelo, Moab'a vardığında hâlâ Bekârlar Kulübü'nün bir üyesiydi. Romantik hayatı o güne kadar kendine acıma dalgalarına çarpıp durmuştu. Orta yaş krizi olarak adlandırdığı bir dönemde, otuzuncu yaş gününde şöyle yazmıştı: "Herhangi bir ilişkim olmadı ve kendimi solmuş, umutsuz ve kronik bir yalnız olarak hissediyordum."

Kooperatifin arka kısmında film izledikleri gece Daniel, Rocky isimli, kısa bir süre önce Mormon Kilisesi'nden aforoz edilmiş, yürüyüş ve edebiyat teorisi meraklısı biriyle tanıştırılmıştı. Güçlü, formda bir adamdı ve çilliydi. At yelesi gibi saçları vardı. Damian, Rocky'yle bir Quaker toplantısında tanışmıştı ve ikisinin iyi anlaşacağını düşünmüştü. Tıpkı Daniel gibi Rocky de yetiştirilme tarzına karşı bir reddediş sürecindeydi. Bir Mormon olarak geçirdiği çocukluğu, Daniel'ın muhafazakâr kökleriyle rekabet edecek nitelikteydi. İkilinin derhal birbirlerine kanı kaynamıştı ve tıpkı Damian'ın da düşündüğü gibi Daniel'ın ilk aşk hikâyesi filizlenmişti. "Rocky ve ben el ele gezebiliyorduk ve kimse bizi umursamıyordu," diye anlattı Suelo o günleri.

Moab'da yakaladığı kabullenilme duygusu, ailesi için geçerli değildi. İtirafta bulunduğu günden bu yana geçen dört yılda Suelo, anne ve babasına eşcinsel olmanın doğal bir şey olduğu konusunda ısrar edip durmuştu. Shellabarger ailesi, cinselliği İncil perspektifinden ele alabilmek için ellerinden geleni yapmıştı. Tıpkı kâhin Daniel gibi, oğullarının hadım olduğu sonucuna varmışlardı en sonunda. Daniel'ın kadınlara karşı ilgisizliğini, üniversite yıllarında kaybettiği tek testisine bağlayıp bu fikre tutundular. Gerçi bu fikrin bilimsel bir dayanağı yoktu. Ailesi, oğullarının diğer adamlara ilgi duymasını günah olarak görüyorlardı fakat eyleme geçmediği sürece sonsuz bir günah olmayacaktı.

"Ailemle ilişkimi devam ettirmeye çalışıyordum ve bir dinim yoktu artık," diyordu Suelo. "Kendimi ateist olarak tanımlayabilirim. Ailemle aramda yeni bir köprü kurmam gerektiğine inanmıştım. Fakat bir ateist olarak bunu yapabilmem mümkün değildi."

Daniel'ın kendini açıklaması, ailenin yüzleştiği bir dizi sınavdan biriydi. Daniel'ın üniversiteye başladığı dönemde, Dick Shellabarger galerideki işinden ayrılıp bir Protestan kilisesinde vaiz olarak işe başlamıştı. Artık beş çocuğunu da büyütmüş olan anne ve baba, papaz evine yerleşip kendileri için durağan, huzurlu bir gelecek hayal ediyordu. Fakat zor zamanların eli kulağındaydı. 1987 yılında, Daniel Barış Topluluğu'yla çalışırken, kız kardeşi Pennie kocasını terk edip sekiz çocuğuyla beraber papaz konutuna gelmişti. Aynı yıl Dick babasını kaybetmiş, Daniel kendini keşfettiğini anlatan mektubunu Ekvator'dan yollamış, papazlık işi yürümemiş ve aile yeniden taşınmak zorunda kalmıştı. Altmışlı yaşlarına gelmiş Dick ve Laura'nın bırak sekiz torunu, kendilerini bile geçindirecek güvenilir bir geliri yoktu. Shellabargerler, Motel 6 için destek müdürlüğü işi yapmaya başlamıştı ve ihtiyaç duyulan yerlere yardıma gitmek için, kısa süreliğine eyaletten eyalete iş seyahatleri yapıyorlardı. Sırasıyla Wyoming, New Mexico, Montana, Nevada ve son olarak kalıcı bir pozisyon alabildikleri Salt Lake City'de yaşadılar. Oraya yerleştiklerinde Daniel'ın intihar girişimi haberini almışlardı. Aradan on sekiz ay geçtikten sonra –Daniel'ın Moab'a yerleşmeye başladığı sıralarda– erkek kardeşi Rick'in beyninde tümör olduğu tespit edildi ve bir yıl içinde hayatını kaybetti. Shellabarger ailesi, Daniel arkadaşı Rocky'yi Salt Lake City'ye, Motel 6'ya getirdiğinde, oğullarının "arkadaşını" sıcak karşılamışlardı ve en küçük oğulları belki istedikleri gibi biri olmasa da en azından hayatta olduğu için kendilerini şanslı sayıyorlardı.

Daniel için aşk hayatını özgürleştirme heyecanından gerçek bir ilişkinin dağınıklığına giden zor bir yol olmuştu yaşadıkları. Ondaki ışığı gören Rocky sevgili olmalarını istemişti fakat Daniel o kadar da emin değildi. Belki de sadece yalnız olmayı seviyor ve kendine ait bir alan istiyordu. Daniel kendisi için bir daire kiraladı. "Rocky'yle aramızdaki ilişki giderek daha gerçekçi bir hal alıyor ve ta en başta olması gerektiği gibi, aramızda bir arkadaşlık ilişkisi gelişiyor," diye yazmıştı Daniel, Tim Frederick'e. Fakat takipçisi ısrarcıydı. "Rocky'den bana yer kalmıyor," diye şikâyet etmişti Daniel. "Onu en iyi arkadaşlarımdan biri olarak görüyordum (sevgilim olarak değil)."

Öyle ya da böyle, Rocky ile Daniel'ın ilişkisi bir sonraki yıla dek sürmüştü. Aralarındaki romantizm, Rocky'nin Daniel'ı mantıksız davranmakla suçlamasıyla beraber sona erdi. "Gitmesini isteseydim gitmezdi ve bu yüzden onu dışarı atıp kapıyı kapamak zorunda kaldım," diye yazdı Daniel aralarındaki kavgadan henüz dakikalar sonra. "Hayatımda kimseye böyle bir şey yapmamıştım daha önce. Kadın sığınma evinde gördüğüm kötü ve sömürücü vakalar bana ihtiyacım olan yeni bir güç verdi ve kendimi iyi hissediyordum."

Hayal kırıklığı eğilimli biri olarak, felsefi yönünü parlatmıştı: "Geç filizlenip açılmayı bir nevi ayrıcalık olarak görüyorum. Kiraz ağacı olmayı bir lale olmaya tercih ederim. Ayrıca hâlâ gerçek bir ilişkim olmadı."

Bir nevi depresyonda olmasına rağmen, Daniel hayatının son on yılındaki ilk stabil dönemine giriyordu. Yarı zamanlı barınak işinin yanı sıra espresso pişirme, yedek öğretmenlik, Japon öğrencilere posta yoluyla İngilizce öğreten bir şirket için sınav kâğıdı kontrolörlüğü gibi bir dizi tuhaf işte de çalışmıştı. Daniel ve Damian Nash, kısıtlı bütçelerini, Nash'in annesinden aldıkları bir miktar nakitle beraber bir havuzda toplayıp beş bin dolar karşılığında yıkık dökük bir taşınabilir ev aldılar. Köhne viraneyi kanyonun ağzına taşıdılar ve evi restore etmeye başladılar. Daniel, ayda yüz dolar sembolik bir ücret ödedi ve Damian bu parayı Daniel'in ortaklık hissesi olarak bankaya yatırdı.

Bu esnada, Daniel gerçek aşkını bulabilmek için arayışlarına devam etse de tek bulabildiği bir ibadet arkadaşı olmuştu. Takip eden yaz mevsiminde kasabaya otostop çekip durdu.

Bir gün Daniel taşınır evlerinden dışarıyı izlerken, kanyonda genç bir adamın yürüdüğünü gördü. Topallar gibi yürüyordu ve ne bir sırt çantası ne de bir uyku tulumu vardı – yalnızca bir Meksikalı battaniyesi ve omzundan sarkan bir conga davulu vardı. Kıvırcık, siyah saçlıydı ve teni zeytin rengiydi. Hali ve tavırlarından farkındalığı yüksek, olgun bir ruha sahip olduğu belli oluyordu. Çakallar tarafından yetiştirilmiş yabani bir varlığa benziyordu. Daniel o genç adamın yalnızca güzelliği karşısında değil, hiçbir şeye sahip olmamasından da etkilenmişti. Bir insan bu şekilde nasıl yaşayabilirdi? Daniel o anda o yabancı genç adamla tanışacaklarını sezmişti.

Bu sezgisi birkaç hafta sonra gerçeğe dönüştü. Daniel, bir kafede, açık mikrofon etkinliğinde şiir okuyordu – oldukça küçük bir kesime hitap eden bir şiirdi, kronik keyifsizliğinin, yaşam boyu onu çeken kutsal kitabın büyüsüyle birleşimi gibiydi.

Yedi Başlar,
Tepesinde Kadının Oturduğu Yedi Dağlardır
Babil Kulesi,
Cennete Uzanmıştır

Bitirdikten sonra yanına bir yabancı yaklaştı ve şiiri sevdiğini söyledi. Çocukluğunun bir kısmını Yeni Zelanda'da geçirmesinden kaynaklı, Doğu Londra aksanıyla konuşmuştu. Konuştukça sanki bir Robert Louis Stevenson romanından fırlamış gibi giderek daha egzotik, daha çekici bir hal alıyordu. Dünyayı babasıyla beraber gemiyle gezmişti. Topallığının sebebi geçirdiği çocuk felciydi. Yalnızca on dokuz yaşında olmasına rağmen çok daha uzun bir ömür geçirmiş gibiydi. Değişik bir havası vardı. Oradaki herkesin ilgisini çekmişti, özellikle de Daniel'ın.

Daniel onu evlerine davet etti. Orada birkaç mum yakıp açtıkları şarap eşliğinde geç saatlere kadar sohbet ettiler. Daniel daha önce böylesi bir bağ hiç hissetmemişti. Mathew kanepede uyudu. Daniel ise kalbi heyecanla çarparken kendi yatağında uyudu.

İkisi artık ayrılmaz olmuşlardı. Mathew geceleri onlarda kalıyor, Daniel'la beraber kanyona gidip mağaraları keşfediyor, bazen de yalnızca yıldızların altında uzanıyorlardı. Daniel sonunda eşcinsel olduğunu açıkladı fakat Mathew öyle değildi. Daniel buna inanamıyordu. Oysa aralarındaki enerji çok güçlüydü.

Ardından bir gece Daniel, Mathew'un elinin omzunda gezip göğsüne doğru kaydığını hissetti. Tüyleri ürpermişti. Nefesini güçlükle kontrol ederek elini Mathew'unkine değene kadar indirdi ve el ele tutuştular.

Aynı şey geceler boyu tekrar etti. Daniel giderek çılgına dönüyordu. Sonunda duygularını kooperatiften Conrad Sorenson'a açıkladı. "Sabırlı olmalısın," diye öğütlemişti Conrad. "İkiniz birbirinize aitsiniz." Oyunları bir süre daha aynı şekilde devam etti. Bazı geceler Mathew, Daniel'a birkaç dakika sarıldıktan sonra yataktan çıkıyor, ardından bir süre sonra geri dönüp uykuya dalıyordu.

Sonunda Daniel'ın istikrarı meyvesini vermişti. Bir gece duvarlar yıkıldı. Birbirlerinin kollarındayken aşklarını itiraf ettiler. Tam bir saadetti. Kış yaklaşırken Mathew, Daniel'a taşındı.

"Mathew sahte ahşap panelleri sıvayacak ve cumbanın köşelerini yuvarlayacak," diye yazmıştı Suelo. "Ardından duvarları yağmur ormanı gibi boyayacağız. Burası taşınabilir bir eve gün geçtikçe daha az benziyor."

Her yeni çifte kumru gibi onlar da birbirlerine karşı inanılmaz derecede nazik ve sevecen iken, başkalarına karşı bencillerdi. "Bazen kâğıt kadar ince duvarların ardında, küvette cilveleşip oynaşan Mathew ve Daniel'ın seslerini duyabiliyordum," diye hatırlıyor Damian Nash. "Ara sıra dışarı çıkıp bir yürüyüş yapmak zorunda hissediyordum. İkisi de inanılmaz derecede pasaklılardı. Dışarı çıkarmadıkları çöp yığınlarının arasında yürümek zorunda kalırdım."

Beraberce alışılmamış bir hane halkı meydana getiriyorlardı. Damian, uluslararası yarışmalara katılmış bir satranç oyuncusuydu ve aynı zamanda bir psikoloji öğretmeniydi. Grand County Lisesi satranç takımını eyalet şampiyonasına hazırlıyordu. (Sonraları bir Colorado takımını şampiyon yapmış, 2010 yılında ise Utah Eyalet şampiyonu olmuştu.) Nöroloji ve Kavramsal Bilim alanında yüksek lisans yapmıştı. Quaker tarikatına üye olsa da kendini bir mistisizm hayranı olarak tanımlıyor, Mevlana Celalettin Rumi ve Sufi'nin şiirlerinden etkilenmiş bir felsefeyi benimsiyordu. New Englandlı kız arkadaşı Linda Whitham yüksek lisans derecesi mezunu, çalışkan bir Protestandı. Çevreci bir grup için haftada en az kırk saat çalışırdı; bundan sebep Moab'ın boş gezer havası ona hiç tesir etmemişti.

Böylesi farklılıklar Powerhouse Lane Karavan Alanı'nda istisna değil kuraldı. Bir şeftali bahçesinin ve temiz bir akarsunun arkasında, kanyon ağzında uzanan bu çöküк, çamurlu yol, karavan benzeri yapılar, hiç bitmeyen hava akımı, yorgun Detroitlilerden oluşan tükenmiş topluluğu ve de özellikle oradan oraya çılgınca koşarken gelip geçenlere havlayan, ihtiyaç olmadığı halde oranın kısa bacaklı yavru köpek ihtiyacını zamanı geldiğinde fazlasıyla karşılayan köpekleri sayesinde "Üçüncü Dünya Karavan Parkı" takma adını hak etmişti orası. 1984 yılında, uranyum atölyesi kapandıktan sonra yalnızca karadut ağaçlarının altındaki birkaç yaşam alanı kalmıştı geriye. Fakat bölge sakini bir hippi orayı satın alıp elma ve şeftali ağaçları dikerek araziyi ayda altmış sekiz dolara kiraya vermeye başlayınca, etraf bir anda şaşaalı günlerini çoktan geride bırakmış, konteynır tarzı, taşınabilir evlerle dolmuştu. Bölgenin yeni sahibi Andrew Riley'nin yalnızca iki kuralı vardı: Esrar ve pit bull giremez. "Kira ve depozitolarını ödeyecek paraları varsa kalmalarına izin veriyorum," diyor Andrew. Artık altmışlı yaşlardaki kır saçlı adamın yüzü, meyve bahçelerinde geçirdiği yıllar boyunca yanık bir pembe renge bürünmüştü. "Genellikle bir bekleme listem olur."

Peki, ne tür insanlar buraya yerleşmeyi seçer? "Mülkiyetin getirdiği sorumluluğu istemeyen insanlar," şeklinde karakterize ediyor böyle insanları Riley. Fakat Üçüncü Dünya Karavan Parkı'nda iki defa yaşamaya girişmiş biri olarak, komşularımın tarif edilemez kişiler olduğunu düşünüyorum. Size kerpiçten ek yapabilmek için ince bir duvarı ucuna maket bıçağı tarzı bir bıçak takılı matkap benzeri bir aletle altüst eden, söğüt filizlerinden çitler yapmaya çalışan, kapı önlerine odun ateşiyle ısınan küvetler koyan insanlardan bahsediyorum. Yaklaşık kırkı bulan sakinleri arasında bir donanma gazisi, bir Broadway dansçısı, New Yorklu bir manken, kanyon tırmanışlarıyla ilgili kılavuz kitaplar yazan bir yazar, *Dream Network* isimli yayını basan ruhani bir yayıncı, sezonluk garsonlar, Kızılderililer, çevreci aktivistler ve sarhoşlar vardı. Yoldaki tekerleksiz tek yapı, Outward Bound kılavuzlarının geçici olarak kullandıkları eski bir kulübeydi. Oranın sakinleri soyadlarını nadiren kullanırdı ve birbirlerine daha çok Hippi Bruce, Vahşi Jimmy, Çıngıraklı Kate ya da Kasırga Norman gibi takma adlarla seslenirlerdi. Pit bull cinsi köpekler ve esrar satıcıların olmadığı klasiğin dışında bir taşınabilir ev parkında, onların yerini aşk üçgenleri (hatta dörtgen ve beşgenleri), saçma sebepler üzerine çıkan sert kavgalar ya da yatakta sigara içmek gibi aptal sebeplerden çıkan yangınlar alıyordu.

"Bu yerin tuhaf bir enerjisi var," diyordu Riley. "Burada kötü şeyler olmuş, belki de Kızılderililerle ilgilidir." Gerçekten de orası, Anasazi Kızılderililerinin kayalara yaptıkları kasvetli çizimlere pek de uzak değildi. Aradan geçen yıllarda Wiley gelenek dışı metotlarla o toprakların kara büyüsünü çözmeye, dans ve davulları da içeren törenlerle cadıları uzaklaştırmaya çalışmıştı. (Ona cadıları nasıl görebildiğini sorduğumda bana doğru yere bakarsam bulabileceğimi mırıldanmıştı.)

Powerhouse Lane'in şanlı gecelerinden birinde, Damian, Rus satranç ustası Igor Ivanov'u misafir etmişti. Ivanov, Damian'ın organize ettiği satranç turnuvasına katılmak için kasabaya gelmişti ve otel masrafından tasarruf etmek istiyordu. Daniel, Mathew, Damian ve Igor bir şişe votka açıp bütün gece siyaset konuşmuşlardı. (Linda büyük ihtimalle o gece şehir dışına çıkmıştı, böyle gecelerin kokusunu önceden almakta iyiydi.) Rus satranç ustası iki metreden uzundu ve yüz otuz kilodan fazlaydı. Aşırı muhafazakâr halleri yüzünden Sovyet Rusya'dan kovulmuştu. Her bir votkadan sonra komünizmin dünyanın başına gelmiş en büyük felaket olduğunu ve yaratıcılığı, bireyciliği yok ettiğini daha yüksek bir sesle haykırmaya başlamıştı. Bizim solcu cücemiz Tiny Mathew ondan geri kalmamış, votkaları onunla birlikte devirirken faşizmin ve kapitalist şirketlerin kötülüğünden bahsetmişti.

Sabah olduğunda, Damian dev Rusu turnuvaya götürdüğü sırada, Igor istemeyerek de olsa Mathew'un hakkını teslim etmiş ve: "Öğrenecek çok şeyi olan bir genç ama en azından fikirlerini nasıl savunacağını biliyor," demişti. O kadar sarhoş olmuştu ki müsabakayı kaybetmişti.

Daniel ve Mathew'un kışla birlikte ilerleyen ilişkileri, Damian ve Linda arasında gerginliklere sebep olmaya başlamıştı. Bir gece, Daniel ve Mathew'un söndürmeyi unuttuğu bir mum, Damian'ın annesinin Linda'ya hediye ettiği kıymetli kilimini yakıp bir delik açmıştı. Kilimin yanan kısmını bir eşyanın altına koyup gizlemeye çalıştılar fakat bir süre sonra foyaları ortaya çıktı. Daniel, Linda'dan özür dilemedi ve Linda bunun üzerine hayatını kronik depresif, beleşçi bir adam ve şeytan âşığıyla birlikte geçirmekten sıkıldığını söyledi ve Damian'a kesin uyarı verdi: "Ya o, ya ben!"

Üç gün sonra Linda taşınmıştı.

Çok geçmeden iyice negatif elektrikle yüklenen taşınabilir ev, mutlu çift için fazla sorumluluk getirmeye başlamıştı ve bahar geldiğinde Daniel beş yüz dolar karşılığında eski bir Chevy minibüs satın aldı. Yazı minübüs ve kanyonda geçirmeye karar vermişlerdi. Fakat Daniel, Mathew'un gözü kara özgürlüğüne kapıldığı zamanlarda bile sevgilisinin tahmin edilemez doğasından şikâyetçi de oluyordu: "Bazen Mathew'un yaşının çok daha ötesinde olgun bir ruha sahip olduğunu düşünürken, bazen de onun yirmi yaş bedenine sıkışmış, yedi yaşında bir çocuk olduğunu düşünüyorum. Böyle zamanlarda otuz beş yaşıma yaklaştığım için mutlu hissediyorum."

Daniel, Mathew'un arkadaşlık ettiği ve Daniel'a sık sık Mathew'un yaşlı ve zengin sevgilisi olduğu yönünde şakalar yapan kadını kıskanıyordu. Şüphelerini belli ettiğinde Mathew derhal karşı çıkmıştı. Aralarında gergin bir üçgen meydana geldi. Mathew o kadınla daha fazla vakit geçirmeye başlamıştı. "Mathew hayatının keşfetme aşamasındayken, Daniel giderek yerleşikleşiyordu," diye tanımlıyordu durumu Damian. Daniel'ın sabrı sonunda tükenmişti.

"Ona âşık mısın?" diye sordu Daniel.

Mathew gülmeye başladı. "Bunu da nereden çıkarıyorsun?"

"Âşık olmadığın biriyle mi vaktinin çoğunu geçiriyorsun?"

Mathew yanıt vermedi.

Bunun üzerine evden fırlayan Daniel soluğu o kadının evinde almıştı. Aynı soruyu ona da sorduğunda kadın da güldü. Çok küçük düşürücüydü fakat Daniel bir cevap almakta kararlıydı.

Ertesi gün Mathew şövalye gibi davranmıştı.

"Söylediklerini düşündüm," dedi Daniel'a. "Sanırım ona âşığım. Gözlerimi açan kişi sen oldun."

Mathew ve komşuları o kadın, toplandıkları gibi oradan bilinmeze doğru yola çıktılar. Aşk kasabaya geldiği gibi gitmişti.

"İnanılmaz derecede yıkıcı bir şeydi," diye yazmıştı Daniel, Barış Topluluğu'ndaki en yakın arkadaşı Tim Wojtusik'e. "Tam da tadılabilecek bütün acıları tattığımı düşünürken, dayanılması çok daha zor, yeni, yoğun bir acıyı daha tattım. Kendimi feci bir şekilde aldatılmış hissediyorum. Kalbim paramparça oldu. İşin tuhaf yanı onu bu kadar sevdiğimi fark etmemiş olmam; öyle ki acısı da sevgim kadar büyük."

İşyerinde Japonya'dan gelen sınavlar olduğu gibi masasında yığılıp kalmıştı. Dört gün sonra oradan istifa etti. Minibüsünde uyuyup çok az arkadaşıyla görüştü. Acısı keskinleştiğinde bile tuhaf bir şey hissetmişti; acısı gerçekti. Yaklaşık beş yıldır yakasını bırakmayan o metaforik depresyondan farklı bir şeydi. Daha bir derin, daha bir insancıldı. "Aslında başıma böyle bir şey geleceğini ve bazı saçma sebepler yüzünden bunun sıkıntısını çekeceğimi içten içe biliyordum."

O an çektiği acı, daha önce yalnızlığı ve varoluşuyla ilgili hissettiği umutsuzluk ve kalp kırıklıklarından daha tercih edilebilir bir şeydi. Acısına batmıştı âdeta. İki ayını kanyonda, aşkının filizlenip büyüdüğü yerlerde gezinerek geçirdi. "Acı, beni bazı şeylerle yüzleşmeye zorlamıştı," diye yazmıştı. "Her şey sanki bir anda su yüzüne çıktı ve gülerek eğlendiğim anlar kadar çokça zaman ağladım."

Suelo, bu ilişkiden sadece kesilip çıkarılmadığına inanmaya başlamıştı. "Yalnız başıma çok daha rahat olacağıma kendimi inandırmıştım. Bazı zamanlar, uçup gideceği belli bir ilişkiye haddinden fazla önem verdiğimi düşünüp aptal gibi hissettim. Aşkla ilgili çok az tecrübem vardı ve başıma geldiğinde ise tıpkı bir ergen gibi nasıl tepki vermem gerektiğini bilemiyordum."

Suelo'nun kendi yolculuğuna bakıldığında, Mathew'la ilişkisinin kaybını bir anlamda dünyevi bir şeyden daha kopuşun sembolü olarak görebiliriz.

"Bir daha asla ilişkim olmazsa bundan çok memnun olurdum," diyor Suelo bugün. "Aslında birileri karşıma çıksa da sevinirim. En azından bir arayışta olmadığımı söyleyebilirim."

Kalp kırıklığının ardından geçen on beş yılda Suelo birkaç ilişki daha yaşamış elbette fakat hiçbirinin ömrü birkaç aydan fazla sürmemiş. Hatta içlerinden biri bittiğinde mutlu bile olmuştu. "Yaşam tarzım ona fazla gelmişti."

Yakın arkadaşları, Suelo'nun aşk hayatını problemli olarak görüyor. "Bence çektiği en büyük acı, ilişkileri sonrasında hissettiği değildi," diyor Damian Nash. "Moab'a ilk geldiği zamanlar en mutlu zamanlarıydı çünkü gençti ve vaat edilen aşk çok gerçekçi geliyordu ona. O günlerde buraya âşık olup hayatındaki en güzel cinsel ilişkiyi yaşamıştı. Şimdi artık bundan vazgeçti ve yalnız bir keşiş gibi geçireceği hayata boyun eğdi."

"O zamanlar kendine bir âşık bulmakla çok meşguldü," diyor Conrad Sorenson. "Artık daha çok bir keşiş gibi yaşıyor."

Ayrıca aşktan tamamen de vazgeçmiş değil. Suelo'yla röportaj yapmak için Moab'a geldiğimde, kasabaya oldukça yakışıklı, genç bir otostopçu uğramıştı. Sırım gibi ve çift cinsiyetli bir hali vardı. Sarı saçlarını rasta yapmıştı ve burnunda bir boğa küpesi vardı ve açık yakasından vücudundaki dövmeler gözüküyordu. Yirmili yaşlarının henüz başındaydı ve Suelo'nun internet sitesini keşfettikten sonra onu görmeye gelmişti. İkisi beraber kamp yapıp gece geç saatlere dek Tanrı, aşk ve evren hakkında konuştular. Cody sürekli olarak eski partneri Jesse'den bahsedip durdu. Sahne tam da trajikomik bir yanlış anlama üzerine kurulmuş gibiydi. Bütün olup bitenler, Suelo'nun acımasız açık sözlülüğüyle blogunda yer buldu.

"Cody'ye, tanıdığı herkese bunca yolu tepip Moab'a gelerek beni kendine âşık ettiğini söylemesini tembihledim. Tam da böyle şeylere bağışıklık kazandığımı düşündüğüm bir zamanda olmuştu. Ama cevabını hiç beklemiyordum... Jesse isimli çok güzel bir kız arkadaşı vardı ve hâlâ ona deliler gibi sadık ve âşıktı. Ayrıca oğlum olacak kadar da gençti Cody. Bir başka deyişle, kalbimin bu beklenmedik romantizm ve aşk karşısında kırılan parçalarını toplamaya çalışıyorum."

Kabul etmeliyim ki elli yaşında, mağarada yaşayan bu adamın özellikle de aşk hayatıyla ilgili fikirlerinde bu kadar gerçekçi olacağını beklemiyordum. Bir gece benim karavanımda beraber akşam yemeği yedikten sonra ona şunu sordum: "Ne çeşit bir adam, eşcinsel bile olsa, bir mağaraya taşınıp parasız yaşamaya karar verir? Yalnızca sevgi ve aşk için mi?"

"Kendimi zorluklarla yüzleşmeye ittim," diye itiraf etti. "Doğal seleksiyonun kollarına bıraktım kendimi. Üstesinden gelebilirseler, istedikleri kişinin ben olduğunu anlayacaktım. Bizim peri masalımızın mitolojik kısmı da burada yatıyor zaten. Kadınsı ve erkeksi taraflarımız... Kadınsı taraflarımız engelleri hazırlar, erkeksi taraflarımız ise her bir engeli aşar ve ejderhayla yüzleşir. Tıpkı biyoloji gibi. Yumurta olduğu yerde durur ve sperm bütün bu toksik sıvı içinde ona ulaşmak zorundadır."

Ona neden eşcinsellerin daha yoğunlukta olduğu bir şehirde yaşamadığını sordum.

"Denver'daki eşcinsel topluluk tarafından dışlandım," diye yanıtladı beni. "İnsanlar seviyeli değildi."

Seviyeli mi? Şaşırmıştım. Bana kalırsa seviyeli derken piyano çalabilen, hangi çatalın hangi salata için kullanılacağını bilen kızlar ya da erkekler kastedilebilirdi. "Mağarada yaşıyorsun," dedim. "Diğer insanların seviyeli olmayışlarından nasıl şikâyet edebilirsin?"

"Benim seviye kavramım, kendi kendine yetip bütün bu gereksiz konforlardan uzak yaşayabilmeyi gerektirir. Saflığa gelince ise fazlalık şeylerin yakılmasıyla ulaşılabilir bence. Tıpkı altın gibi..."

Bu söylediği oldukça şanlı –imkânsız olduğunu söyleyebilirsiniz– ve romantik bir fikirdi. Fakat söylediği şey hakkında düşününce Suelo'nun gerçekten birini bulmayı isteyip istemediğini sorguladım. Yoksa yapmaya çalıştığı şey, insanları kendinden uzak tutmak için koyduğu zorlu kıstaslardan mı ibaretti? Belki de o da tıpkı Pamuk Prenses ya da Kül Kedisi gibiydi ve bir gün Yakışıklı Prens'in gelip onu öpmesini umut ederek kendini zor işlere adamıştı.

"Yaşamının ne kadarlık bir kısmı âşık olmamaya karşı verdiğin tepkinin bir ürünü sence?" diye sordum. "Seni yalnızlığa iten şey kırık bir kalp mi?"

"Sanırım öyle. Kırık kalbimin yalnızlığıma etkisi büyük olmuştu," dedi. "Mathew... Onunla yaşadığım ilişkinin aydınlatıcı bir tecrübe olduğunu düşünmüştüm. Fakat sonsuza dek sürmeyecek, geçici şeylere böylesi büyük bir duygusal yatırım yapmamın doğru olup olmadığını sorgulamam, bu anlamda bir dönüm noktası oldu. Yine de birçok insan bana bunun yalnızca bir bahane olup olmadığını sordu. Yoksa doyurucu bir ilişkiye girmemek için bu fikrin arkasına mı sığınıyordum? Belki de öyledir. Şu hayatta yaptığımız her şeyin başka bir şeyi telafi etmek üzere yapıldığını düşünüyorum. Benimkisi böyle bir yol ve seçtiğim yoldan sonuna dek tatmin oluyorum. Elbette ki bir ilişki yaşamak isterim fakat bunu, yürüdüğüm yolu benimle birlikte yürümek isteyen biriyle yapmak isterim. Bu sebeple şansımı epeyce zora sokuyorum doğrusu. Bütün bunlar yürüttüğüm ilişkiden korktuğum anlamına mı geliyor? Belki de öyle."

10

"Cesaretini topla evlat! Dünya dönmeye devam ediyor."
Black Elk

Paradan vazgeçmeden yaklaşık üç yıl önce, 1997 yılının bir nisan gününde Suelo bir hayvanı canlı olarak yemeye kalkıştı. "Açtım ve bir çöl kertenkelesi yakalamıştım," diye yazmıştı. Kendini hemen bana bıraktı. Kertenkelenin bedenini ağzıma yerleştirdim ve ısırıp kafasını kopardım."

Yazdıkları arasında en sevdiğim anlardan biriydi. Çünkü bu, Suelo'nun doğanın ortasında yalnızca hayatta kalmaya çalışan bir adam olduğuna dair içimdeki şüpheleri dağıtan bir anıydı. Oysa karşımdaki adam hayatın gizlerini çözmeye çalışıyordu. Önceki aylarda yiyeceklerle ilgili bir teoriyle çıkmıştı ortaya. Özellikle de yenen ve yenilen arasındaki kutsal bağa vurgu yapıyordu: "Dünyanın her yerinde, kültürlerin içinde Tanrı'nın var olduğunu düşünürler: Cheyenneler için Bufalo, Hopiler için Mısır, Massailer için Sığır, Hıristiyanlar için Buğday. Avcı ve toplayıcılar, komünyonu gerçekten kabul edip kavrayan insanlardı. Bütün yaşam formlarının kurban ettiği şeyler hep yiyecekler olmuştur."

Herhangi bir iyi bilim adamı gibi Suelo da kendi hipotezini panik yaratan sonuçlarla test etti. "Onu yutmaya çalıştım fakat son anda tiksinip tükürdüm," diye yazmıştı. "Tüm hayatın kökeni ama benim midem bulanmıştı!"

Daniel'ın bu tecrübesinin Yahudilerin Hamursuz Bayramı'na denk gelmesi –ki Hz. İsa'nın son yemeğine denk düştüğü de düşünülür– tesadüf değildi. Çarmıha gerilmeden önce havarilerine ekmeğin vücudu, şarabın ise kanı olduğunu söyleyip onu hatırlamak için kendinden birer parça almalarını salık vermişti. Sizin anlayacağınız, Suelo yalnızca protein ihtiyacını karşılamak için o kertenkeleyi yememişti. Asıl amacı o olsaydı, kertenkeleyi pişirebilirdi. Fakat Suelo bunun yerine başka bir hayatı tüketmenin ruhsal anlamda nasıl bir şey olduğunu anlamak istemişti. Bir başkasının ölümüyle gelen yaşamı hissetmek istemişti.

Daniel'ın seremonisi şu şekilde sona ermişti: "İşte bu benim vücudum, diye düşünmüştüm ve yeniden denedim. Yuttum ve ağzıma acı kan tadı geldi. Ondan sonra kanyondaki her şeyin tadı kertenkele kanı gibi gelmişti hatta kendi terim bile."

Son kertenkele tecrübesi, Suelo'nun parasız yaşama dair felsefi yaklaşımını şekillendirip kararına götüren yolda önemli bir anı olarak yer tutmuştu. Daha geniş bir anlamda, iyi bir yaşamla ilgili iki teoriyi test ediyordu. Birincisi, Henry David Thoreau'nun teveccühüyle gelmişti. "Ormana gittim çünkü kasıtlı olarak hayatın temelleriyle yüzleşmek ve bana öğretilenleri anlayamazsam, öldüğüm zaman aslında hiç yaşamamış olduğum gerçeğiyle bile bile karşılaşmak istiyordum."

Fakat basit bir yaşamın etkilerini keşfedip yapay sınırlardan sıyrılarak doğanın ritmine yaklaşmadan önce, Suelo kendini böylesi bir deneyim için hazırlamak zorunda hissetmişti. Moab'a geldiğinde Amerikalıların yüzde onu gibi kafası beton gibiydi. Prozac, Zoloft ve Wellbutrin kokteylleri yapmıştı. Bir antidepresan etkisini kaybettiğinde ona bir başkasını verdiler ve birkaç sefer aynı şeyi tekrar ettikten sonra yeniden başa dönüyorlardı. Zoloft, Suelo'nun ağzını kurutup beynini donuklaştırıyordu. Bir keresinde İnsanlık İçin Habitat programı için onunla röportaj yapıldığında ağzı o kadar kurumuştu ki kameranın önünde kekelemeye başlamıştı. Sanki kameranın üstündeki ışık sönükleşiyordu. Başını kaldırıp baktığında aslında kameranın üstünde bir ışık filan yoktu. Asıl cızırtı kafasının içindeydi. "Neyse ki o kanalı pek de izleyen yoktu zaten," diye anlatıyor Suelo.

Güneşli bir günde postaneden çıkarken eski oda arkadaşı Linda Whitham'a rastlamıştı. Linda ona nasıl olduğunu sordu ve Suelo ona numara yapmadı.

"Bok gibiyim," diye yanıtladı Suelo. "İşim yok. Kaygı atakları yaşıyorum. Hayat berbat."

Linda, Suelo'ya sevecen gözlerle baktı.

"Hiçbir şey için endişelenme," dedi Linda. "Para ya da iş hakkında... Sağlığını geri kazanana dek başka bir şey düşünme. En önemli şey sağlığın ve yalnızca ona odaklan."

O anda kafasında bir ampul yanmıştı Suelo'nun. Depresyonunu iyileştirecek şeyin ilaçlar olmadığını anlamıştı. Önce ilaçlarını kırarak yarım almaya, ardından çeyrek, bir süre sonra çeyreğin de yarısı şeklinde almaya başladı. En sonunda ise bütün ilaçları klozete atıp üzerlerine sifonu çekti. Doğal ürünler hayranı arkadaşı Michael Friedman ona Aziz John şırası önerdi ve Suelo onu çay yaparak günde üç kere içmeye başladı.

"Düşüncelerimi gözümün önünde canlandırmaya başladım," diyor Suelo. "Zihnimin insanlar, şeyler ve kendimle ilgili negatif şeylerle dolu bir yabani bahçe gibi olduğunu düşündüm. "Seksen yaşıma kadar da sürse bu bahçeden zararlı otları ayıklayacağım," dedim kendi kendime. Burası bana ait. Böyle negatif düşüncelerin zihnimde büyümesini seyretmiştim önceleri. Neden işe yaramaz şeyleri orada tutacaktım ki? En iyisi onlardan kurtulmaktı."

1997 yılında ruhsal sağlığında yavaş da olsa gelişmeler meydana gelmeye başlamıştı. Depresyonu giderek buharlaşıyordu ve zihnindeki gelişmeye paralel olarak bedenine de özen göstermeye başlamıştı Suelo.

Duygusal açıdan iyi bir gününde bile fiziksel olarak kötü hissettiği oluyordu. Yediği her şey midesinde gaz ve hazımsızlık yarattığı için Barış Topluluğu'na katıldıktan sonra bir parazit kapmış olabileceğini bile düşünmüştü. Sarhoş gibiydi ve başı ağrıyordu. Ayrıca çoğu zaman kendini aşırı derecede yorgun hissedip sabahları yataktan kalkmak bile istemiyordu.

Doktor Friedman ona kronik yorgunluk sendromu teşhisi koymuştu ve mantar önleyici ilaçlar ile hazım kolaylaştırıcı enzim içeren ilaçlar yazmıştı. İlaçlar faydalı olmuşa benziyordu çünkü yaklaşık on yıldır kendini çelimsiz ve güçsüz hisseden Suelo, uzun bir süre sonra kendini güçlü ve zinde hissetmeye başlamıştı. Geniş bir ailenin en küçük ferdi olan Suelo, kendini bildi bileli evde en zayıf, ezilen, oradan oraya itilen kişi olmuştu. Fakat artık öyle hissetmiyordu. O güne dek erkeksi norm ve eğilimlerden farklı olabilmeyi hep kendi iradesiyle seçmiş olsa da anlamıştı ki yalnızca birini seçmek zorunda değildi. Her iki şekilde de davranabilirdi. Fakat bu defa tam bir erkek olmayı istedi!

Bunun üzerine fiziğini test etmeye başladı ve kadın barınağındaki dört saatlik işinden sonra haftanın kalanını yalnız başına, kanyonun derinliklerine giderek geçirdi. Her seferinde daha da derine gidip kasabaya iki saat yürüme mesafesinde kamp yaptı. Etrafta kimsecikler yoktu. Baldırları kan, akciğerleri temiz havayla dolmuştu. Bütün kışı kuzey yönünde, güneşin neredeyse hiç uğramadığı, buz gibi bir oyukta geçirdi. İkinci bir uyku tulumu edinip kamp ateşi yakmadı. Sıkı bir organik, vegan ve çiğ yiyecek diyeti uyguladı. Vücudu, kötü kış koşullarına protein kaynağı olan yemişlerle direndi. "Kendimi en iyi dönemimdeymişim gibi hissediyorum," diye yazmıştı.

Suelo'nun keşfetmek üzere olduğu ikinci teori, şans ve kaderle ilgiliydi. Doğal yaşamı inceleyerek şu sonuca varmıştı; özgür irade denilen şey yalnızca insanoğlunun uydurduğu bir efsaneydi ve planlar yapıp gelecek hakkında endişelenerek geçirdiğimiz zamanlar, aptallıktan ibaretti. Ayılar ve sincaplar hariç doğada plan yaparak yaşayan bir başka hayvan da yoktu. Doğa onlara ne verirse onu alırlardı. Öldüklerinde ise bedenlerini doğaya geri verirlerdi.

Suelo, bu teoriyle ilgili aradığı desteği İsa Mesih'in kendisinde bulmuştu. Kendini ailesinin dininden uzaklaştırdıktan sonra farklı bir bakış açısı arayışındaydı. Hz. İsa, Hıristiyanlığın temel prensiplerini şu şekilde belirtmişti: Düşmanını sev, diğer yanağını dön, yargılanmak istemiyorsan yargılama, dünyaya alçakgönüllülük miras bırak. Üstelik Hz. İsa daima doğadan bahsederdi.

"Havadaki kuşlara bir bakın; ne bir şey ekerler ne de hasat biçerler ya da mahsul depolarlar. Babamız ne verirse onunla yetinirler. Sen onlardan daha mı güçsüzsün?" Diğer bir deyişle, Tanrı kuşları bile besleyebiliyorsa insanlara da besleyecek kadar yiyecek sağlayabilir anlamına mı geliyordu sözleri? "Yaşamınız, yiyip içecekleriniz, vücudunuz ya da giyecekleriniz için endişelenmeyin. Hayat, yemekten ya da vücudunuz, kıyafetlerden daha önemli değil midir? Endişelenmek kimin ömrüne bir saat daha eklemiştir ki?"

Tam bir kırılmaydı. Suelo'nun kaygıları birçok kez umutsuzluğa sürüklemişti onu. Her zaman neler olacağından, nerede yaşayacağından, öğrenci kredisi borcunu nasıl ödeyeceğinden ya da anne ve babasının onun hakkında ne düşüneceğinden endişelenmişti. Fakat Hz. İsa'nın kendisi bile endişelenmenin bize hiçbir şey katmayacağını ya da ömrünü uzatmayacağını söylememiş miydi?

İşte Suelo'nun hipotezi: "Şans, Tanrı'dır. Şansı kavramak için bütün planlarından vazgeçip şansla birlikte hareket etmek gerekir.

İnanç, şansını denemekle aynı şeydir." Geleceği kontrol etmekten vazgeçmenin sonucu, her ne olursa olsun bir sebepten ötürü olduğunu farz etmekten geçiyordu.

Assissili Francesco'yu ele alalım. Belki de Hz. İsa'dan sonra Hıristiyanlığın en önemli ikinci figürü olan Francesco, İtalya'da on üçüncü yüzyılda kurduğu tarikatta açlık yemini eden keşişlerle nam salmış ve takdir toplamıştı. Il Poverello, Küçük Adam, Hıristiyanlığın en büyük el çekmelerinden biriydi ve Hz. İsa'nın meşhur öğretisinden ilham almıştı. "Eğer mükemmel olmayı diliyorsan git ve sahip olduğun her şeyi satıp bedelini fakirlere ver, sonra gel ve yolumu izle." Kıyafetleri o kadar eski püsküydü ki biyografisinde ondan şu şekilde bahsediliyordu: "Assisili'nin yanında dolaşırken o kadar aşağılık ve mahcup görünüyordu ki insanlar onu yarım akıllı sanıp arkasından gülüyor, akrabaları ve yabancılar tarafından kuş beyinli zannedilip alay ederek taşlanıyordu."

Francesco, Kutsal Şans'a samimi bir şekilde inanıyordu. Bir gün o ve keşiş yoldaşı Birader Masseo, Siena, Floransa ve Arezzo'ya çıkan bir kavşakta rastlaşmışlardı. Nereye gideceklerini bilmiyorlardı. "Tanrı'nın gitmemizi istediği yola gideceğiz," dedi Francesco. Masseo, Tanrı'nın hangi yoldan gitmelerini istediğini nasıl anlayacaklarını merak ediyordu. Francesco ne yapacağını çok iyi biliyordu. "Şimdi, kutsal itaatin erdemini izle," dedi makamlı bir sesle. "Bu kavşakta etrafında dönmeni istiyorum. Olduğun yerde dön ve tıpkı çocuklar gibi sana dur diyene kadar dönmeye devam et."

Masseo denileni yaptı ve başı dönüp dengesi kaybolana dek döndü. Yere düşünce yeniden kalkıp dönmeye devam etti. Sonunda Francesco ona seslendi: "Dur! Kıpırdama! Hangi yöne bakıyorsun?"

"Siena," dedi nefes nefese kalmış Masseo.

"İşte Tanrı'nın gitmemizi istediği yol," dedi Francesco. O yolu takip ettiler.

İki teorisi arasında bir denge kuran Suelo, Thoreau'nun doğada yaşamanın insanı daha güçlü yapacağı ve Aziz Francesco'nun, şansını izlemenin kişiyi Tanrı'ya yaklaştıracağı teorilerinin her ikisini de test etmişti.

1997 baharında yaşadığı yalnız dönemden sonra mevsim yaza dönmüştü. Suelo o yaz yerel bir galeride iki sanatçıyla tanıştı. San Francisco asıllı Leslie Howes otuz bir yaşındaydı ve Moab'da son beş yıldır tuhaf işlerde çalışmıştı. Exeter ve Berkeley'den mezun Leslie'nin asıl yeteneği yazarlık, ressamlık ve aktörlüktü. Moab çevresinin parlatılmış, değerli bir örneğiydi. Ayrıca bir nehir kılavuzu ve garson olarak da çalışmış, Larry isimli motorbot sürücülüğüyle para kazanan adamla çıkmıştı. Daniel'a onu sevdiren özellikleri arasında kızdığı zamanlar hızlıca kırpıştırdığı kirpikleri ve güldüğü zaman burnundan gelen horultular sayılabilirdi.

Diğer yeni arkadaşı ise yirmi yedi yaşındaki, Michiganlı ressam Mel Scully'di. Mel, Ed Abbey'nin birkaç kitabını okuduktan sonra kooperatifi ziyaret etmiş, ardından otostopla kanyona gelip orayı evi bellemişti. "Hiçbir yerin tam ortasındaki bu yerde olmak harika bir şey," diye anlatmıştı bir arkadaşına. "Yaşanılacak en güzel yer." Bir süreliğine gençlik hostelinin dışındaki bir karavanda yaşamış, içeri uzatma kablosuyla çekilen bir ampulle idare etmişti. Kaldığı yerde su yoktu fakat yaptığı temizlik gibi işler karşılığında hostelin tuvalet ve banyosunu kullanmasına izin veriliyordu. Çok geçmeden ilkesel olarak et pişirmeye karşı çıkan dört veganın yanına taşınmıştı. "Et yiyiciler yaşamın kaynağını öldürüyor," diye açıklamıştı tencere ve tavaların sahibi olan kadın. "Nihayetinde bir ton balığı konservesi açmaktan bile utanır oldum ve böylece vejetaryen oldum," diye açıklıyor Scully, "fakat korku ya da utançtan ziyade içimden bir sesin et yemememi söylediği için bunu yaptım."

İki kadın, Suelo'yla tanıştıklarında aralarında hemen sihirli bir bağ oluştu. Suelo Bhagavad Gita'yı, Scully Star Hawk'u ve Leslie ise Virginia Woolf okuyordu. Leslie onlara önceki yaz Alaska'da bir konakta masaları bekleyerek geçirdiği yazı anlattı. Heybetli dağların, yeşil nehirlerin ve yükseklerde uçan kartalların fotoğraflarını gösterdi. İki hafta içinde geri dönecekti. "Bir adet siyah pantolonun ve bir çift siyah ayakkabın varsa Denali'de iş bulabilirsin," dedi Leslie. "Gömleği onlar verirler."

Suelo'ya onlarla beraber gitmesi için âdeta yalvardılar.

Suelo, kanyondaki yaşamının keyfini çıkarıyor, bir yandan da sıkı çalışıp öğrenci kredisi borcunu ödüyordu. Fakat o anda şöyle düşünmüştü: Alaska! Doğa anaya karşı gerçek hırsını test edeceği yer orası değil miydi? Peki, ya Kutsal Şans meselesi? Bu iki kadınla tanışmasının bir sebebi olamaz mıydı? Neden onlarla gitsin diye bu kadar ısrar etmişlerdi?

Ertesi gün sığınma evine ayrılacağını söyleyip istifa etti ve hep beraber yola çıktılar.

"Bir çift çok iyi hanımla yollara düştüm," diye rapor vermişti yolladığı bir kartpostalda Suelo. Fakat işler ileride başlangıçtakinden daha farklı, komplike bir hal alacaktı.

Leslie'nin Princess Konağı'ndaki işine geri dönmek istediği doğruydu. Fakat orada ilk kez 1913'te sahnelenen Mount McKinley'yi yeniden sahneleyen tiyatrodan bir aktöre âşık olduğu da doğruydu. Sivri çeneli, sağlam yapılı bir liderdi Harry Karstens. Leslie'nin bu aktörle birleşmesinde arada birçok engel vardı fakat o zamanlar aradaki en büyük engel, kanyon ile Denali arasındaki yaklaşık beş bin kilometrelik yoldu. Leslie, o güne dek birkaç araba parçalamış, oldukça kötü bir şofördü. "Daniel'i Alaska'ya davet etme sebeplerimden birisi de onun iyi bir şoför olduğunu düşünmemdi," diye itiraf ediyor Leslie aradan geçen on beş yıl sonra. "Çok yararlı biriydi."

Mel Scully de âşık olmuştu fakat onun arzusunun objesi, ünlü aktör ve dansçı Harry Karstens'ten bile daha zor elde edilebilir biriydi. Scully, ilk görüşte, kendini eşcinsel olduğuna çoktan ikna etmiş olan Daniel Shellabarger'a âşık olmuştu. Fakat aradan henüz yirmi dört saat geçmemişti ki Golden Egg süpermarketin otoparkında mola verdikleri sırada Daniel eski erkek arkadaşından bahsetti ve o anda Scully büyük bir hata yaptığını fark etti. "Kıpkırmızı olmuştum," diye hatırlıyor o anı. Utancını belli etmemek için yüzünü saklamak zorunda kalmıştı. Fakat bir kez ateş düşmüştü içine. Geri dönüş yoktu.

"Fikrini değiştirebileceğini hiç düşündün mü?" diye sordum ona.

"Sanırım düşündüm," diye cevapladı Scully. "Genç ve saftım."

Fakat Suelo ve Scully arasındaki platonik bağ, ortak aşklarını gemlememişti. "Minik bir yavru kedi gibi horluyorsun," demişti kamp yaptıkları ilk gece Suelo. Leslie üst ranzada tek başına yatarken, Suelo ve Scully alt ranzayı paylaşmışlardı. British Columbia'nın sıcak bir yazında iffetli çifte kumrumuz yan yana uzanıp bir sigarayı paylaşırken, Leslie gördüğü manzara karşısında hissettiği şeyin kıskançlık mı yoksa mide bulantısı mı olduğuna karar verememişti.

"Hangi yöne gitmeliyim?" diye sormuştu Leslie bir kavşağa vardıklarında.

"Star Hawk der ki Doğu yönü Hava'yı, Güney yönü Ateş'i, Batı yönü Su'yu ve Kuzey yönü ise Toprak'ı temsil eder," diye yanıtladı Scully.

"Tanrı, şansımızdır," diye ekledi Suelo.

Anlaştıkları en iyi konu, her şeyin bir sebebi olduğuna dair ortak inançlarıydı. Hz. İsa'dan Krişna'ya, Wicca'dan Spiral Dans'a bütün kutsal bilgeler bunu onaylıyordu. Yollarına devam ederken, minibüslerinin makası kırıldı ve Leslie derhal paniklemeye başladı.

Bir yol kenarı restoranına çektiler ve tam da o sırada oradan geçen Kanadalı bir adam yanlarına gelip sorunu inceledi. "Bunu tamir edebilirim," dedi. Sonraki iki saati minibüsün altında, makasları eskisinden daha sağlam hale getirerek geçirdi. Adama ücret ödemeye kalktılar fakat Kanadalı bir sent bile kabul etmedi.

"Gördünüz mü?" dedi Suelo. "Tam da ihtiyacımız olduğu sırada karşımıza çıktı!"

"Bu bir tesadüf olamaz," dedi Scully.

Evrenin bir başka cömertliğinden bahsettikleri bir diğer sohbetleri esnasında, Leslie nasıl olduysa doğum sırasıyla ilgili devam eden sohbete katıldı. Suelo ve Scully ailelerinin en genç ve ortanca üyeleri olduğundan bahsettiler. Leslie ise kendi ailesindeki en büyük çocuktu.

"Daha küçük çocuklar devrimleri başlatır," dedi Suelo.

"Doğru. En büyükler asla böyle bir şey yapmazlar," dedi Scully.

Leslie haritayı kontrol ettikten sonra benzinlerinin azaldığını fark etti.

"Benzinimiz bitmek üzere," dedi.

Bir ormana doğru devam eden dar, çamurlu bir yoldaydılar.

"Belki etrafta birileri vardır!" diye kehanette bulundu Suelo.

Belki de kimsecikler yoktu. Önlerinde fazla bir seçenek kalmamıştı. Arabayı kenara çekip yol kenarından ormana doğru yürümeye başladılar. Saat akşam dokuzdu ve karanlık giderek koyulaşıyordu. Yoksa benzinleri de bir sebepten ötürü mü tükenmişti?

"Bence eğer yapmak zorunda olduğunuz bir şeyler var ise bu tarz şeyler başınıza gelir," diyor Leslie. "Mesela çok fazla stresliyseniz kronik bir hastalığınız olabilir. İkisi de benzinimizin kimselerin olmadığı bir yerde tükenmesinden sonra, etrafımızdaki tepelerin dibinde kurabiye pişiren birilerine rastlayacağımıza inanıyorlardı. Fakat ben öyle düşünmüyordum."

Ne kadar da yanılıyordu hâlbuki. Çok geçmeden karşılarına bir oduncu çıkmıştı ve onlara bir bidon benzin vermiş ve "Annem kurabiyeleri yeni çıkardı fırından," demişti. "Gelin ve birkaç tane alın."

Alaska'ya giderken uğrayacakları ilk yer, Kenai Yarımadası'nda bir balıkçı köyü olan Homer'dı. Leslie orada yaşayan bir çifti uzaktan da olsa tanıyordu. Çiftin erkek olması, oranın bohem bir yer olduğunu ispatlar gibiydi. Haritaya baktığımda Homer'ın Denali'den iki gün uzakta olduğunu fark etmiştim.

"Orası biraz güzergâh dışı değil miydi?" diye sordum Leslie'ye.

"Paris de yolumuz dışında sayılmaz mı?" diye yanıtladı.

Homer'a vardıklarında üçlü arasındaki çatlak giderek büyümeye başlamıştı. Suelo ve Scully, çiftlik evinde kalma konusunda çok heveslilerdi fakat Leslie oraya şöyle bir baktıktan sonra başka türlü düşünmüştü: "Herkesin birbirinden bir şeyler çaldığı bir gençlik hosteliydi yalnızca." Suelo ve Scully'yi kendi başlarına bırakıp minibüsle Harry Karstens'i aramaya devam etti.

Yeni dostlar birkaç hafta daha beraber kaldılar. Suelo'nun aklına bir somon gemisinde çalışma fikri gelmişti ve Scully'yi de onunla beraber gitmesi için ikna etmeyi denedi. Fakat kadının umutsuzluğu ona engel olmuştu. "O zaman sırılsıklam âşık olduğum bir eşcinselle bir balıkçı teknesinde çalışmak istemediğimi fark ettim." Böylece ikili yollarını ayırdı. Scully, konaktaki işine geri dönerken, Homer'da kalan Suelo ise seçeneklerini gözden geçirdi. "Param neredeyse bitti," diye yazmıştı Tim Wojtusik'e. "Fakat yine de şansımla flörtümü devam ettiriyorum."

Hâlâ kendini kuşlar gibi özgür bırakıp hiçbir şey için endişelenmediğinde, doğanın sana ihtiyacın olanı vereceği fikrine dayanan teorisini test etmek istiyordu. Fakat korkuyordu. "Timo, sanırım aptallık yapıyorum," diye yazmıştı. "İdeallerimi bir kenara bırakıyorum ve cesaretimi kaybettim. Kenai isimli rezil bir kasabada, Snug Limanı Deniz Ürünlerine emeğimi ve onurumu satıyorum."

Suelo, limanda somon varillerini gemiden askıya alıp konserve fabrikasına götürüyordu. Çalışılabilecek en aşağılık işti. Her yer leş gibiydi ve sürekli terliyordu. Üstelik parası da fazlasıyla düşüktü. Ekstra hiçbir şey verilmiyordu ve üstelik yaşadıkları ahırdan bozma kulübelerde her an, günün herhangi bir saatinde işe çağırılmak üzere yaşıyorlardı.

Diğer işçiler gibi Suelo da koşullardan yakınıyordu: "Ufacık bir para karşılığında, uyumadan, kıçımızı yırtarak çalışıyoruz – ruhuma ne kadar zarar verdiğimin farkındayım. Zen metoduyla işe girişiyorum fakat böyle domuzların otoritesi altında çalışarak bir yandan da ruh sağlığımı paramparça etmelerine izin veriyorum."

Suelo'yu balıkhanede birlikte çalıştığı arkadaşlarından ayıran şey, boş zamanlarını değerlendirme şekliydi. "Bir yandan Bhagavad Gita, Tao Te Ching ve Thomas'ın Ruhani Müjdesi'ni çalışmaya devam ettim. Henri David Thoreau, Gandi ve Tolstoy da okuyor, öğrendiklerim hakkında günlüğüme notlar alıyordum. Yolculuğumla ve öğrendiklerimle ilgili günlüğüme sayfalarca şey yazdım"

Yaklaşık bir ay boyunca bu işte çalıştı ve bu süre boyunca kendine hiçbir şey katmadığı konusunda endişelenip durdu. Derken bir gün tekne bozuldu ve patron çaresiz kalıp on üç yaşındaki ergen oğluna kıyak geçerek onu işin başına koymak zorunda kaldı. Suelo bir anda kendini on üç yaşında bir çocuktan emir alırken bulmuştu. Sonunda bir gün dayanamayıp vardiyasının ortasında önlüğünü fırlattı ve oradan uzaklaştı.

Yarımadadan Seward'a doğru otostop çekip giderken Doğa ve Şans konusundaki teorilerini test etme konusunda daha kararlıydı. "Hayatımda o güne dek para kazanmak ya da değiş tokuş yapmak için yaptığım şeyleri düşündüm," diye yazmıştı Wojtusik'e bir zamanlar kiliseyken kafeye dönüştürülmüş o yerden. "Bütün bu yaptıklarımın yanlış, tamamen yanlış olduğu sonucuna varmaktan kendimi alamadım. Yolum hâlâ sisli ve önümü göremiyorum ama bir yerlere doğru gittiğimi kemiklerime kadar hissediyorum. Tek yapmam gereken ölü ya da diri, o sisli yola doğru bir adım atmak..."

Kafasında bu düşüncelerle Yeniden Diriliş Dağları'na doğru yoluna devam etti. Etrafta Kutsal Kitap'tan alıntılar yapan milyonlarca insan vardı ama hangi birisi bu öğretileri yaşamlarıyla kanıtlamaya çalışıyordu? Son maaşından birkaç yüz dolar biriktirmeyi başarmıştı fakat yiyecek depolamakla uğraşmamıştı. Oysa yola çıkmadan önce böyle yapmayı düşünmüş hatta bir piknik sepetinin yarısı kadar yiyecek almıştı. İnsan vücudunun yiyeceksiz birkaç hafta dayanabileceğini biliyordu. Aklında Hz. İsa'nın öğretisi, elinde vıcık vıcık çantasıyla ormana doğru yola koyuldu.

Çamlardan yağmur damlaları süzülüyordu. Patika, ıslak çimen ve kalın akçaağaç çalılarıyla örselenmişti. Geyik ve ayı izleri yolu işaretlemişti. Yoğun sis, ağaçlar arasından sızıyor, arada esen yelle beraber, dorukları buzul kaplı dağlar görünür oluyordu.

Evet, Tanrı ona yiyecek sunuyordu. Suelo'nun karşısına olgunlaşmış dutlar çıkmıştı. Ahududuları doyasıya yedi. "Ormanda ahududu yiyerek inanılmaz şeyler öğrendim," diye yazmıştı. "Şu ahududular bile insana toprakla ilgili sarsıcı şeyler öğretiyor. Yiyeceklerimizi marketten alırken doğanın gücünü ve en basit gerçekleri bile görmüyoruz." Yabanmersini ve çay üzümlerinin de tadını çıkardı.

Suelo katranlı muşambasını göl kenarında iki ağacın arasına astı ve kendi yiyecek deposunu oluşturdu. Ne bir ocağı ne de fırını vardı. Sağanak yağmurla beraber, birkaç gün içinde benliğine şüpheler de sızmaya başlamıştı. "Deli olduğumu düşünmeye başlamıştım," diyor Suelo. "Utanmıştım." Karşılaştığı diğer tam teşkilatlı, kamp mutfaklı kampçılara Hz. İsa'nın vaazını test etmek için kendini aç bıraktığından bahsetmedi.

Bu çok aptalca, diye düşünmüştü. Karnı açtı. Ahududulardan başka bir şey düşünemez olmuştu. Aklına kolejde aldığı antropoloji dersleri gelmişti. İnsanların yalnız yaşamaması gerektiği fikrini düşündü. Antropologlar biz insanları hayvan topluluklarıyla karşılaştırmıştı. Bizler sosyal yaratıklardık. İnsanlar, bazı yönlerden maymunlardan çok kurtlara benziyordu. Biyolojik olarak sosyal iletişimlerimize güveniyorduk. Örnek olarak avlanmayı ele alabiliriz; birlikte çalışarak koca bir hayvanı avlayabiliyorduk ancak. Kurtlar da bu şekilde çalışıyordu. Suelo, somonların akarsudan göle yumurtlamalarını canlı gözle izlemişti. Elbette ki yanında bir çubuk ve makara getirmemişti. Becerebileceğine pek inanmasa da elinde bir dal parçasını saplayarak yakalamaya çalıştı fakat hiç şansı yoktu. Aklına Eskimoların somonları yakalamak için çatallı mızraklar kullandıklarını okuduğu geldi. Çakısıyla oldukça aptal gözüküyor olmalıydı. *Sosyal bir varlık olarak ihtiyacım olan şey bir Eskimo'nun gelip bana somon avlamayı öğretmesiydi.*

Utancıyla baş başa bir halde düşünürken, yakınlarında kamp kurmuş bir genç adam ona doğru yaklaştı. "*Hablas espanol?*[3]"

"*Si*[4]," diye yanıt veren Suelo, en yakın Latin Amerika ülkesinden beş bin kilometre uzaktayken, karşısına çıkan ilk kişinin bildiği bir yabancı dili konuşmasına şaşırmıştı.

Genç adam gülümsedi ve İspanyolca konuşmaya devam etti. "Burada topraktan geçinmeye çalışıyorum ve zıpkınla avlanmayı öğrenmek istiyorum. Benimle zıpkınla avlanmaya gelmek ister misin?"

---
3   (İsp.) İspanyolca konuşabiliyor musunuz? (ç. n.)
4   (İsp.) Evet. (ç. n.)

Suelo yerinden sıçramıştı. Bütün şüpheleri bir anda dağıldı. Yaşadığı tecrübe meyvelerini vermişti. Başımıza gelen her şeyin bir sebebi vardı.

İki adam çubuklarını keskinleştirdiler ve somonların yoğun bir şekilde aktığı bir bölgeye geçtiler. Birkaç denemeden sonra bıçaklarını mızraklarının ucuna takıp avlandılar. Yakaladıkları balıkları ateşte pişirdiler. Etin tadı harika değildi ve biraz zamanları geçmişti fakat yine de onlara ihtiyaçları olan proteini sağlamıştı. Ziyafet sonrasında memnun bir şekilde ateşin başında oturdular.

Ander, yirmi yaşında, İspanya'nın Endülüs dağlarından, Basklı bir genç adamdı. Tıpkı Suelo gibi o da kafasında doğayla ve kendini doğada test etmekle ilgili düşüncelerle yollara düşmüştü. İkili Doğa ve Şans hakkında sohbet ettiler. Ander, Suelo'nun fikirlerine hak vermişti. Beraber yolculuk etmeye karar verdiler. Yiyecekleri yoktu, yalnızca Ander'in yanında getirdiği bir şişe sıvı yağ vardı ve ateşte somon pişirirken oldukça iyi iş görüyordu. Somon avlamadaki başarısının yanı sıra Ander mantarlardan da anlıyordu ve Suelo'nun yemişlerle ilgili bilgisini de ekleyince iyi beslenmişlerdi.

Her ikisi de bilinmeyen bir gücün onlara kılavuzluk ettiği düşüncesinden kaçamıyorlardı. Bir gece yine mantar ve somonla geçiştirdikleri bir başka akşam yemeğinden sonra sevdikleri ve özledikleri yiyecekler hakkında konuşmaya başladılar. Ander, Paella ve Noel yemeklerini özlediğinden bahsetti ama en çok da kahve içmeyi özlemişti; çok kavrulmuş, kremalı Kolombiya kahvesi. Suelo da Şükran Günü yenilen soslu hindiyi özlemişti ve marşmelovlu bisküvi...

Ander o bisküviyi bilmiyordu.

"Bilirsin, kamp ateşinde marşmelov pişirirsin ve iki bisküvi arasına koyup çikolataya batırırsın..."

"Şu marşmelov nasıl bir şeydir?"

"Beyaz, yumuşacık, sakızımsı kıvamda bir şeydir. Şişmiş şekerden yapılır."

"Nasıl bir şey olduğunu bilmiyorum."

Suelo bir süre daha tarif etmeye çalıştı ama sonunda tanımlanamaz bir şey olduğunu kabul etti.

"Bir gün sana ne olduğunu göstereceğim," dedi. "O zaman nasıl bir şey olduğunu anlayacaksın."

Aniden bastıran yağmurla beraber iki adam tabaklarını göl kenarında bıraktılar. Sabah olup Suelo tabakları yıkamaya gittiğinde bir market poşeti fark etti. Kuruydu. Demek ki gece boyunca yağan yağmurun altında kalmamıştı. Meraklanmaya başlamıştı. İçine şöyle bir göz attığında yiyecek olduğunu gördü. İşte bu çok garipti. Ander bunları onca zaman saklamış mıydı? Sormamaya karar verdi. Tabaklarını almak için göl kenarına giden Ander'i izledi. Ander de aynı şeyi yapmış, poşetin içine şöyle bir baktıktan sonra Suelo'ya bakmıştı. Bütün sabahı balık avlayarak geçirdiler. Aralarında bunca konuşmadan sonra içlerinden biri yiyecek mi saklıyordu? Ander sonunda dayanamayıp sordu: "Şu poşet de neyin nesi?"

"Senin sanıyordum."

"Ben de senin sanmıştım."

Poşeti alıp incelemeye başladılar. Etrafa bakındılar. Diğer kampçılar ilk ışıklarla birlikte oradan ayrılmışlardı ve geride yalnızca ikisi kalmıştı.

Ander poşete uzanıp içine baktı ve içinde bir paket çikolata kaplı espresso çekirdeği buldu.

Şaşkınlık içinde birbirlerine baktılar. Poşetin içindeki diğer şeyleri de çıkardılar. Paketler dolusu Hint yemeği, mercimek, patlıcan ve ıspanak konserveleri buldular. Bir kavanoz köri sosu ve bir Hindistan cevizi sütü konservesi de vardı. Fakat poşetin dibindeki şu yumuşak şey de neydi böyle? Suelo kararsız bir hareketle paketi çıkardı.

Bir paket marşmelovdu.

Fazlalıklardan kurtulup yaşamın temellerine dönen Suelo kendini daha güçlü, canlı ve hiç olmadığı kadar üretken hissediyordu. Şansını kontrol etmeye çalışmaktan vazgeçtiğinde, evrenin ona ihtiyacı olan şeyleri sağladığını görmüştü. Gerçekten de sağlıyor muydu?

Suelo ve Ander, Matanuska Glacier Ulusal Parkı'na doğru otostopla yolculuklarına devam ederken yol boyunca insanların cömertlikleriyle karşılaşmışlardı. İnsanlar onları yalnızca araçlarına almıyor, kimisi evlerinde ağırlıyor, kimisi sıcak yemek veriyordu. Gerekli birkaç şeyi tedarik ettikten sonra ikili buzulların ağzında kamp kurdular. Buzulların altında masmavi, buz gibi bir nehir hızla akıyordu. İşte o zaman işler kötüye gitmeye başlamıştı.

"Nehri geçip diğer tarafta kamp yapalım," dedi Suelo.

Nehir çok derindi ve aşmak için akıntısı fazlaydı. Kıyı boyunca gezinirken, nehir kenarında birçok tabakanın buzla kaplı olduğunu fark ettiler. Ne çivili ayakkabıları ne de tırmanış ekipmanları ya da tecrübeleri vardı ama yine de nehri geçebileceklerine karar verdiler. Buz gibi bir kanaldan geçtiler. Ayak parmakları ve botları şimdiden su içinde kalmıştı. Buzullar kaygan ve inişli çıkışlıydı. Soğuk kanal boyunca uzun adımlarla yürüdüler. Sonunda daha geniş bir dereciğe varmışlardı. Kristal gibi akan su o kadar şeffaftı ki Suelo ne kadar derin olduğunu anlayamamıştı. Yarım metre de olabilirdi, bir buçuk metre de... Tek seçenekleri atlamaktı. Suelo cesaretini topladı ve boşluğa doğru birkaç küçük adım attı fakat birden ayağı kayınca göğsüne dek suyun içine battı. Soluğu kesilmiş, ciğerlerinde adeta hava kalmamıştı. Islanan kıyafet ve çantası da yüküne birkaç kilo ekledi. Buzlanmış tabakaya tutunarak çıkmaya çalıştı. Ander de aynı atlayışı yapmak için suya battı ve Suelo onu yakalayıp yukarı çekti. Yoğun bir şekilde adrenalin pompalayıp panikleyen ikili buzla kaplı tabakanın üzerinde birkaç defa tökezleyip düşerek, soğuktan ve korkudan titrer halde kıyıya ulaştılar.

Kıyafetlerini ve vücutlarını kurutmak için bir ateş yaktılar fakat odunlar tutuşur tutuşmaz yağmur başlamıştı. Yeniden nehri geçip geldikleri noktaya gitmeye halleri kalmamıştı ve çok fazla üşüyorlardı. Yağmur çiselemeye başlar başlamaz ateşin üzerine eğildiler fakat her ikisi de çabucak bir şeyler yapmazlarsa soğuktan donarak öleceklerini biliyorlardı.

"Etrafta barınacak bir yer var mı diye bir bakacağım," dedi Ander. Suelo yün kazağını çıkarıp ateşe doğru tuttuğu sırada Ander ormana doğru yöneldi. Bir süre sonra geri döndü.

"Bir kulübe buldum!" diye bağırdı. "Kapısı açık!"

Ander ve Suelo ıslak kıyafetlerini kaptıkları gibi çalıların arasından koşarak kulübeye gittiler. Odunlarla dolu bir avcı kulübesiydi. Köknar ağacındandı kulübe ve içeride dökme demirden bir soba vardı. Titreye titreye kâğıt, çıra ve birkaç kütük tutuşturdular. Çok geçmeden sıcacık ateşin önünde ellerini ısıtırken, çatıya düşen yağmur damlalarını dinlemeye başlamışlardı.

Fırtına ancak üç gün sonra sona ermişti. Suelo ve Ander ıslak uyku tulumlarını ve yün pantolonlarını odunla besledikleri ateşin üstünde kirişlere asıp kuruttular. O yağmurda ıslak kıyafetleriyle hayatta kalamayacaklarını bilmek ürperticiydi. Ellerinde kalan yiyecekleri yiyip balık avlamakla ya da yiyecek aramakla uğraşmadılar. Dördüncü günün sabahında yağmur azaldı ve bulutların arasından bir parça güneş ışığı belirdi. Gökyüzünde bir Cessna uçak vızıldıyor ve sesi giderek yaklaşıyordu. Yoksa onları kurtarmaya mı gelmişlerdi? Suelo ve Ander kapıya çıkıp el salladılar. Tek kişilik uçak o kadar alçalmıştı ki neredeyse pilotun bağırışını bile duyacaklardı. Adam küfreder gibi bağırıyordu. Uçak tek kanadını kaldırıp yükselmeye başladığı sırada ne dediğini açıkça duymuşlardı.

"Buradan defolun gidin!" diye bağırmıştı pilot. "Hey, siz! Kulübemden defolup gidin dedim size!"

Ardından pilot daha da alçaldı ve elindeki siyah objeyi kulübenin penceresine doğru tuttu.

"Tabancası var!" dedi Suelo.

İki adam kapıyı kapadıkları gibi kendilerini kulübenin zeminine attılar. Suelo hızla atan kalbini duyabiliyordu. Uçağın gürültüsü ve adamın tiradı bir süre daha devam etti ve sonrasında her şey yeniden sessizleşmişti.

Suelo ve Ander'in kıyafetleri kurumuş, yağmur durulmuştu. Etrafta bir kâğıt ve kalem arayıp bulan Suelo, kulübe sahibine orası sayesinde hayatta kaldıklarını ve minnettar olduklarını belirten bir not yazdı. İkili eşyalarını yüklendikleri gibi nehre doğru geri döndüler.

Yoğun yaz yağmuru bazı buzulları eritmiş, nehir yalnızca daha derinleşmekle kalmamış, genişlemişti de. Önlerinde büyük bir hızla akan bir akarsu vardı ve yüzerek geçebilmeleri söz konusu bile değildi.

Suelo ve Ander uygun bir nokta bulabilmek için yürüdüler ve nehir boyunca uzanan bir kablo çekilmiş olduğunu gördüler. Kıyıdaki kablonun diğer ucunda, uzakta bir kayık bağlıydı. Oraya ulaşmalarına imkân yoktu. Fakat güneş altında parıldayan kablo, nehrin kendisinden daha çok şey vaat ediyordu.

Suelo çelik kabloyu sıkıca kavradı ve topuklarını yere sıkıca basıp çekmeye başladı. Ander de onu takip etti. Bir süre sonra bunun korkunç bir fikir olduğunu anlamışlardı. Soğuk çelik örgüler ellerini dayanılmaz derecede acıtmıştı. Bir süre sonra dayanamayan Ander halatı bıraktı ve dengesini kaybeden ikili kayığın gücüne dayanamayıp kendilerini akıntıda buldu. Buz gibi su onu çekerken Suelo nefesini tuttu ve battıktan kısa bir süre sonra kendini yüzeye çekip kıyıya doğru yüzdü. Şansları vardı ki fazla sürüklenmemişlerdi. İlk düştükleri noktadan yaklaşık elli metre öteden çıkmışlardı kıyıya. Ander'in teselli olmaya niyeti yok gibiydi."

"*Eso es,*" dedi ve öksürüp hıçkırarak ağlamaya başladı. "Bu iş burada biter."

Suelo otuz yedi yaşındaydı, Ander ise yirmi. Daniel, hayatında ilk kez babalık içgüdülerine benzer bir şey hissetmişti.

"Her şey düzelecek," diye yalan söyledi. "Bunların hepsi maceranın bir parçası."

"Ölmek istemiyorum," diye bağırdı Ander.

"Ne olursa olsun hepsi eğlenceliydi," diye fikrinde ısrar etti Suelo.

Nehri ölmeden geçme şansları yüzde elliydi. İkisi aynı anda nehre girdiği takdirde her ikisi de ölürdü. Fakat Suelo önden giderse, başına gelecekleri izleyecek olan Ander, bir B planı yapabilirdi.

"Burada bekle ve endişelenmeyi bırak," dedi Suelo. "Gidip yardım getireceğim."

Neyse ki sıcak ve güneşli bir gündü. Onu suda ağırlaştıracak, üzerindeki yün kıyafetleri çıkarıp baştan aşağı pamuklu kıyafetler giydikten sonra birkaç gün önce akıntıyı geçtikleri yere geldi. Buz parçalarının olduğu kısımdan karşıya doğru, hızlı adımlarla geçme planını uygulamaya çalışacaktı. İlk kanalı geçip hemen buzulun üzerine tırmandı. Bu defa karşısına çıkan derecikler atlayarak geçilecek gibi değildi. Yüzmesi gerekiyordu.

İşte başlıyoruz, diye düşündü ve kendini buz gibi suya bıraktı. Hayatını kurtarmak için köpek stili yüzmeye başladı ve göğsü suya çarpa çarpa devam etti. O kadar da kötü değildi. Fakat bir sonraki adımda işler giderek kötüleşmeye başlamıştı. Buzların arasında her bir ileri atılışında karşı kıyıya daha fazla yaklaştığını biliyordu fakat ne zaman nefesini toparlamak için durup şöyle bir baksa nehir giderek genişliyormuş gibi hissediyordu. Uzanıp büyükçe bir buz kütlesine tutundu fakat tutunduğu buz parçası fazla kaygandı. Tutunamayıp kendini bırakmak zorunda kaldı. Girdaplar onu suyun altına çekiyor, Suelo yüzeyde kalıp nefes alabilmek için çabalıyordu. Suyla dolan sırt çantası ağırlık yapıp onu sırtından aşağı çekiyordu.

Çantam ya da hayatım, diye düşündü ve derhal omuzlarına asılı duran çantayı serbest bıraktı. Yükünden kurtulan Suelo güç bela tırmalayarak buz kütlesinin üstüne çıktı ve nefes nefese kalmış halde uzandı. Artık nehri geçtiğinden emindi fakat aslında öyle değildi. Nehrin yarısını bile geçmemişti henüz. Nehrin ortasında, üzerine tünediği buz kütlesinde sürükleniyordu.

Dizlerinin üstünde durup başını buza doğru eğdi ve haykırmaya başladı. Ander'e göstermekten çekinmediği özgüveninden eser kalmamıştı. Korkmuş, üşümüş ve titriyordu. Nehir, ağzını açmış onu yutmayı bekleyen bir ejderha gibiydi ve orada ölecekti.

Fakat o anda bir şeylerin olduğunu hissetmişti. *Sonunda herhangi bir şeye sahip olmama, kimseye bağlı olmama ve herhangi bir ilişkide olmama noktasına eriştiğimi hissetmiştim. Sırtımdaki kıyafetlerim dışında hiçbir şeyim yoktu. Dibe vurmuştum. Artık yalnızca Doğa ve Ben vardım. İşte ulaşmak istediğim nokta tam olarak buydu.* Fark ettiği bu yeni durum, damarlarına akan yepyeni bir enerji kaynağı gibiydi. *Hayattaydım. Bunca yıl boyunca hayatın yaşamaya değer olup olmadığını tartışmış ve Tanrı'nın insanları cezalandırmak için onları yaşayan bir cehenneme mahkûm ettiğini düşünmüştüm. Fakat hepsi saçmalıktı! Artık yaşamak istiyordum!* Hissettiği yaşama arzusu ona yeniden güç vermişti.

Suelo ayağa kalktı. Artık buzdan ejderhayla yüzleşmeye hazırdı.

"Geber, kahrolası ejderha!" diye bağırdı.

Önceki planından vazgeçip nehri yüzerek geçmeye karar verdi ve suya daldı. Akıntı yönünde hızla yüzdü ve bir süre sonra uyuşmuş ellerinin bir kayaya çarptığını hissetti. Ardından bir kaya parçası daha çıkmıştı. Gözlerini açınca bir akçaağaç çalısı gördü. Dallara tutunup kendini yukarı çekti ve nefes nefese kalmış bir halde, mutluluktan dolmuş gözlerle kıyıya çıktı.

Suelo henüz ormandan kurtulmamıştı. Ormandaki kamp alanına doğru koşmaya başladı ve orada kampçı evlerinin arkasındaki piknik masalarını gördü. Heyecandan nefes nefese kalmış Suelo, derhal yanlarına gitti.

"Merhaba!" diye bağırdı. "Yardıma ihtiyacım var!"

Kampçılardan biri sandviçini bir an bırakıp Suelo'ya baktıktan sonra lokmasını çiğnemeye devam etti.

Vay be! diye düşündü içine düştüğü kültür şokuyla yüzleşen Suelo ve diğer kampçılara yöneldi.

"Yardım eder misiniz?" diye bağırdı. Kimseden çıt çıkmamıştı.

Üçüncü kamp aracının yanına gelince titreyerek bağırdı: "Nehirden geliyorum, vücut ısım çok fazla düştü. Çantamı nehirde kaybettim ve arkadaşım nehrin öte tarafında. Yardım edilmezse ölecek. Yardıma ihtiyacım var."

Kısa bir kararsızlık yaşayan kampçılar, Suelo'yu arabalarının arka koltuğuna oturtup bir sandviç verdiler ve onu bir kulübeye bıraktılar. Suelo titrer bir halde içeri girdiğinde onu ekşi suratlı, bıyıklı, flanel gömlekli, bel kısmında bıçak bulunan bir tip karşılamıştı. Suelo yaklaştığı sırada buz gibi bir bakışla onu süzdü.

Karşısındaki kişi şu pilottu.

Suelo konuşmaya fırsat bile bulamadan adam bağırmaya başladı.

"Seni aptal!" diye bağırmıştı adam. "Orası özel bir mülk! İçeri girmeye hakkınız yoktu."

Suelo okulda müdürün karşısına gönderilmiş bir öğrenci gibi boş bir sandalyeye bıraktı.

"Siz bok sürülerinin hepsi macera yaşayacaksınız diye Alaska'ya gelirsiniz ve başınız belaya girince de bizden sizi kurtarmamızı beklersiniz."

Suelo yalnızca karşısında oynayan dudakları izliyordu ama söylediklerini duyamıyordu. Aciz bir durumdaydı. Az önce ejderhayla yüzleşmiş, bir kahraman gibi nehri yüzerek geçmişti fakat şimdi bu adamın karşısında giderek küçüldüğünü hissediyordu. Buz dolu nehirde dibi boyladığı anı düşündü. Oysa şu an hissettiği şey daha kötüydü hatta ölümden bile kötüydü. Kendini aciz, zayıf bir çocuk olarak görmekten bir gün vazgeçecek miydi? Eğer o buzlu nehre karşı koyduysa bu adama da karşı koyabilirdi.

Titreyen bedenini oturduğu sandalyeden kaldırdı. Kararlı adımlarla adama doğru yürüdü. Adamın kokusunu hissedecek kadar yaklaşmıştı. Aralarında yalnızca ahşap bir set vardı.

"Hakkımda ne düşündüğün umurumda değil," dedi Suelo. "Yardıma ihtiyacım var. Vücut ısım giderek düşüyor ve arkadaşım nehrin öte yakasında ölüyor. Şimdi düşüncelerini kendine sakla ve bana yardım et."

Konuşması etkisini göstermişti. Adam karısını çağırdı ve yemek hazırlatıp kuru kıyafetler getirtti. Bir jeolog çağırtıp halatı nasıl harekete geçirebileceklerini öğrendi. Suelo'yu nehir kenarına götürdü ve halat aracılığıyla Ander'e yiyecek ve sağlam durmasını, yardımın yolda olduğunu belirten bir not yolladılar. Bir süre sonra jeolog Ander'i ve hatta dallara takılı kalmış halde buldukları Suelo'nun çantasını getirdi. Kulübe sahibi, onlara eşyaları kuruyana kadar kalacakları bir yer gösterdi. Ertesi gün kulübesine gidip Suelo'nun özür notuyla karşılaşan adam bu defa döndüğünde kendisi özür diledi. Bir sürü serserinin kulübeye dadandığından ve bacadan duman çıktığını görünce yine serserilerin içeride olduğunu düşündüğünden bahsetti.

Yeniden kurumuş, ısınmış ve güven içindeki Suelo ile Ander, geldikleri yere dönmek için Yukon'a doğru yola çıktılar. Kahramanımız yol boyunca birkaç ejderha birden öldürmüştü.

"Erkekliğimi keşfediyormuşum gibi hissetmiştim," diye hatırlıyor Suelo aradan yaklaşık on yıl geçtikten sonra. "İlk önce nehirle yaşadığım fiziksel mücadele, ardından kulübe sahibiyle yaşadığım... Bir erkek olduğumu ve yüz yüze konuşabileceğimi fark etmiştim. Kimse beni küçük göremezdi. Bu hissi yakalamakta geciktiğimi biliyordum ama sonunda nasıl bir şey olduğunu öğrenmiştim."

En önemlisi ise Suelo'nun 1997 yılında şans ve doğayla ilgili uzun zamanlı deneyim ve tecrübeleriyle alakalı daha derin bir analiz yapma olanağı bulması ve uzun zamandır bir ifrit gibi peşini bırakmayan para kavramıyla yüzleşmesi olmuştu. "Fark ediyorum ki ardındaki itici gücün para olduğu her şey bozuk, lekeli ve yıkıma dair tohumlar taşıyor," diye yazmıştı Alaska'dan o yaz. "Yaşadığım mücadele sanırım Van Gogh'un resimlerini satamayışıyla aynı sebeptendi. Dürüst, saf bir iş, uğraş yoktu ve çelişki de burada yatıyordu. Dünyanın en eski mesleği (fahişelik), aynı zamanda en dürüstüydü ve uygarlığın ne olduğunu en çıplak haliyle gösteriyordu. Ne de olsa bütün mesleklerin kökeniydi."

Bölüm 3

11

"O zaman anladım ki bütün bu zahmet ve meziyetler, insanoğlunun komşusuna duyduğu kıskançlıktan geliyor. Bu da gösteriş ve rüzgârda uçup gidecek bir uğraşıdan başkası değil."
Ecclesiastes

1990'ların sonu, ilk bakışta parayla bağdaşmış en tuhaf tarihsel anlara denk gelmişti ve her şey artık yalnızca para etrafında dönmeye başlamıştı. Amerika Birleşik Devletleri, Sovyetler Birliği'nin çöküşüyle büyük zaferini ilan eden kapitalizme her zamankinden daha da sıkı bağlanmıştı. Eşcinsellik ve kürtaj gibi sosyal meseleler üzerine yoğun tartışmalar sürerken, ekonomi çevrelerinde tuhaf bir fikir birliği tecrübe ediliyordu. Demokratlar, CEO'larla birlikte atağa kalkmıştı. Clinton ve Cumhuriyetçi Kongre, endüstriler ve refah devleti üzerindeki kısıtlayıcı müdahaleleri kaldırıp yabancı pazarlara açılmak için birleşmişti. 1993 Kuzey Amerika Serbest Ticaret Anlaşması, 1996 Telekomünikasyon Kanunu (Devlet Müdahalesini Kaldırmak Amaçlı) ve 1999 yılı Finansal Hizmetlerin Modernleşmesi (Bankalar Üzerindeki Müdahaleyi Kaldırma Amaçlı) gibi anlaşma ve kanunlar, gayrisafi milli hâsıla, hisse senetleri ve kurumsal kârlarda tarihsel bir yükseliş meydana getirdi.

Suelo'nun son parasıyla yollarını ayırdığı 2000 yılı, aynı zamanda nokta-com balonunun zirve yaptığı, NASDAQ'ın zirvesine ulaştığı, Forbes raporuna göre "Amerika'nın en zengin 400 kişisinin servetlerinin 1 trilyon dolardan 1.2 trilyona çıkarak en yüksek seviyeye ulaştığı" yıldı. Suelo o zaman elindeki otuz doları bir telefon kulübesine bırakmak yerine bir dönüm arazi alsaydı, bugünkü net kârı yüz doları geçebilirdi! Listenin bir numarasındaki Bill Gates, 101 milyar dolarlık servetiyle dünyanın ilk yüz milyar dolar seviyesini aşan zengini olmuştu. O dönem iş ortağı Paul Allen yaklaşık yüz metre uzunluğunda, içinde sinema barındıran ve iki helikopter pisti olan, 100 milyon dolar değerinde bir yat aldı. Suelo'nun telefon kulübesine bıraktığı otuz doları bulan adamın haricindeki bir diğer tarihi ve büyük ekonomik birleşme, Time Warner ve American Online şirketlerinin 152 milyar dolarlık sermayelerini birleştirmeleri olmuştu.

Benzer bir patlama Reagan'ın başkanlık döneminde de yaşanmıştı. Fakat o dönemin finansal titanları –Ivan Boesky, Michael Milken, Charles Keating– Hollywood'un kötü adam karakterleri ustası Gordon Gecko tarafından canlandırılırdı ve açgözlülüğün iyi bir şey olduğu mesajı verilirdi. "Seksenlerde belki de para kötü bir şeydi," diye yazmıştı eleştirmen Thomas Frank. "Şeytani bir kibrin kokain çekmek için kullandığı bir aletti." Devam eden yıllarda birtakım huysuzların resmî geçidi sonucunda –Jimmy Carter, Walter Mondale, Mike Dukakis gibiler– açgözlülüğün iyi bir şey olmadığı konusunda ısrar edildi. Ahlak gösterisi olarak daha yüksek vergi ödenmesi ve hava soğuk olsun ya da olmasın iç mekânlarda süveter giyilmesi gibi eylemler vurgulandı.

Adayların anketlerdeki performansından yola çıkarak yalnızca bir Amerikan azınlığının onlarla hemfikir olduğu söylenebilirdi. Fakat doksanlarda Yeni Demokratların ortaya çıkışıyla birlikte karşıtların açgözlülüğü de yok olup gitti. Bill Clinton, parti üyelerinin geniş bir yarığın üzerinde oturup iki tarafı birden idare etmelerine izin verdi. Bir yandan kendilerini ilerici olarak tanımlayıp eşcinsellere kardeşçe davranır ve Lauryn Hill'in son albümünü dinlerken diğer yandan "mali muhafazakâr" olup NAFTA'yı (Kuzey Amerika

Ülkeleri Serbest Ticaret Anlaşması) destekliyorlardı. İş dünyasının kralları Gates, Richard Branson ve Larry Ellison revaçtaydı. "Milyarderlerimiz artık köle sahibi despotlar ya da Wall Street spekülatörleri değillerdi," diye yazıyor Frank. "Halkın plutokratlarıydılar. Kravat veya takım elbise giymiyorlardı, herkesle kolayca sohbet ediyorlardı... Stok fiyatlarını arttırırken hepimizin kârdan faydalandığından emin olmak istiyorlardı."

Varılan yeni fikir birliği, paranın kendi başına bile bilgelik getirdiği yönünde bir inanç ortaya çıkarmıştı. Hepimiz para istiyorduk ve düşününce para iyi bir şeydi. "Bedavacılardan Nobelli ekonomistlere, gizli muhafazakârlardan yeni demokratlara, Amerikan liderleri doksanlı yıllarda piyasanın popüler ve hükümetlerden çok daha demokratik olduklarına inanmaya başlamışlardı," diyerek fikrini sonuçlandırıyordu Frank.

Liberallerin hiç görülmedik ölçüdeki servetlerine dair duydukları vicdani sızı, güler yüzlü Amerika'ya zenginlik kattıklarına dair inançla yatışıyordu. IMF ve Dünya Bankası gibi kuruluşlar, üçüncü dünya ülkelerine tarım ve endüstrilerini ve altyapılarını ilerletmek için nakit para akışı sağlıyor, bütün ülke ekonomilerinin birlikte yükselmelerini umuyordu. 1995 yılında 153 ülkenin katılımıyla Dünya Ticaret Örgütü kuruldu ve böylece ticaret ağını hızlandırıp en fakir ülkelerin bile bundan faydalanması hedeflendi.

Fakat borsanın tırmanması ve para akışının dolması üzerine, yapılan işbirliğinde çatlaklar meydana gelmişti. Ralph Nader ve Ron Paul gibi sol ve sağ görüşlü isimlerden de eleştiriler geldi ve bütün bu tarihsel rakamların, borsadaki yükselişin ortalama bir Amerikalının yararına olmadığını fark ettiler. 1970'li yıllarda tarihsel olarak en düşük seviyelere ulaşan gelir eşitsizliği, yeniden Yaldızlı Çağ dönemindeki seviyelerine çekilmişti. 1980 ile 2005 yılları arasında Amerikalıların gelirinin yüzde sekseni, zirvedeki yüzde birin eline geçmişti. *Business Week,* 1990 yılında CEO'ların işçilerin 85 katı kazandığını belirtirken, 1999 yılında ise bu oran 475 katına çıkmıştı. Küreselleşme, Amerikan çiftlik ve fabrikalarını vurmuş, orta sınıf işlerini yok etmişti.

1990'lı yıllarda Amerikalıların en yüksek gelire sahip olduğu doğruydu fakat bu durum gelir pastasından daha büyük bir dilim aldıkları anlamına gelmiyordu. Bir önceki nesilden daha fazla para kazanmalarına rağmen daha iyi işlere sahip değillerdi ve ebeveynlerin her ikisinin de çalışmasıyla bu mümkün oluyordu. Ekonomik Politika Enstitüsü, Amerikalı işçilerin bir önceki on yıla oranla yılda altı hafta daha fazla çalıştıklarını rapor etmişti. Tam zamanlı ve sigortalı işlerin yerini yarı zamanlı ve geçici işler aldı.

Sonuç olarak ortalama birikim oranları serbest düşüşe geçmiş, 1999 yılında kırmızı seviyeye ulaşmıştı. Bir başka deyişle Amerikalılar, önceki kuşaklardaki aileleri gibi standart bir yaşam sürdürebilmek için borç para almak zorunda kalıyorlardı. Doksanlı yılların ikonlarından arazi cipleri ve geniş McMansion'lar hep banka borçlarıyla alındı. Şirket ve kurumların tarihi yüksek rekorlarına rağmen asıl maaşlar azalmıştı. Halkın çoğunluğu borç vermekten ziyade borçluydu. O dönemin zenginliği yalnızca bir maskeden ibaretti.

İlk ayaklanma, 1999 yılı sonbaharında meydana geldi. Sendikalardan, çevreciler ve sosyal adalet savunucularından oluşan bir koalisyon, Dünya Ticaret Örgütü'nün kasım ayında yapacağı toplantıyı hedef aldı. Clinton ve Tom Friedman gibi yeni ekonomi politikacılarına ve DTÖ'ye güvenilmiyordu. Örneğin Amerikan Ulusal Nesli Tükenen Türler Kanunu, Amerikalı ithalatçıların deniz kaplumbağalarını öldüren ağlarla avlanmış karides ticareti yapılmasını yasaklamıştı. Fakat Asyalı ülkelerin zirve öncesi yaptıkları baskıyla bu kanun geri çekildi.

İşçi sınıfı ve sendikaların bu toplantıya karşı çıkmak için kendi sebepleri vardı. Dünya Ticaret Örgütü'nün ilkesel misyonlarından biri de uluslararası ticareti, şirketlerin dünyanın her yerinde şube açabilmelerine olanak tanıyacak şekilde genişletmekti. Yüz yıllık bir mücadele sonunda elde edilen kırk saatlik çalışma saati, mesai hakları, sakatlık tazminatları, çocuk işçiliğinin önlenmesi gibi hakların, Amerika'da fabrikaların kapatılıp Üçüncü Dünya Ülkeleri'nde üretime geçilmesiyle yok olup gideceğini önceden görmüştü sendikalar.

Böylece 30 Kasım tarihinde çeşit çeşit insanlar, deniz kaplumbağası kıyafetleri giyinmiş çevreciler, hokkabazlar, kuklacılar, sendikacılar gibi tuhaf bir insan topluluğu, Seattle'daki toplantı merkezine çıkan caddeleri tıkamıştı. Asıl amaçları toplantıyı engellemekti. O zamana kadarki küreselleşme karşıtı en büyük gösteriydi ve aynı zamanda Amerika tarihindeki en büyük ve başarılı, ekonomi temelli bir sivil itaatsizlik eylemiydi.

İşin asıl şaşırtıcı yanı, uluslararası para politikalarının ağaç tırmanıcıları ile liman işçilerini, sol düşüncelere hep mesafeyle bakan çevreleri bir araya getirmesiydi. 1994 yılında, C. Edward Griffin isimli bir John Birch Topluluğu üyesi, kendi bastığı, Amerikan Merkez Bankası karşıtı altı yüz sayfalık uzun bir eleştiri metni kaleme almıştı. Onun tezine göre Amerikan Merkez Bankası, Kongre'nin sayesinde yasal bir tekelcilik meydana getirmişti ve sonunda kaçınılmaz bir şekilde hem vatandaşlarını hem de Birleşik Devletleri iflasa sürükleyecekti. Beşinci baskısında Japonca, Vietnamca ve Almancaya da çevrilen kitap, altın meraklıları ve hükümet kurtarma paketlerinin düşmanı Çay Partilerinin Magna Carta'sı olmuştu. Kitabın düşünce özgürlüğü meselesinde kapsamını anlamak için hem Ron Paul hem de Willie Nelson tarafından yazılmış tanıtım yazılarını göz önünde bulundurmak gerekir. 2010 yılında yerel kütüphanemden kitabın bir kopyasını talep ettim fakat bekleme listesinde önümde yirmi beş müşterinin olduğunu öğrendim.

Birileri Griffin'in Theodore Roosevelt'in başkanlık yarışından Lusitania'nın batışına, 29 yıkımından Sovyetler Birliği'nin çöküşüne hatta Dünya Günü'nün ilanına dek her olayda bir sosyalist komplo keşfetmesine yüzünü ekşitebilir. Fakat tekelci fonlara karşı en basit eleştirisi dahi oldukça tedirgin edici ve açıklayıcı... "İnsanlığın bütün emekleri yalnızca hükümet kararına dayanan kâğıt paranın yararınadır," diye açıklıyor Griffin, Karl Marx'la benzerlik gösteren bir şekilde. "Bir nevi modern dönem serfliği gibi yani; geniş halk yığınları, finansal soyluluğun yönetici sınıfları için uşak görevi görüyorlar."

Birçok modern zaman tekelcilik eleştirisinin aksine, Griffin öncelikle şu soruyu sorarak problemi işaret ediyor: "Para nedir?" Başlangıçtan beri paranın değiş-tokuşun orta yerinde olduğunu söylüyor. Elbette ki takasın tarihi paranın keşfinin öncesine dayanıyor: Bir tavuk çiftliği sahibi bir düzine tavuk karşılığında, bir hububat çiftçisiyle bir kile buğday takas edebilir. Köyler büyüdükçe ticaret daha fazla karmaşıklaşır ve ürünlerin direkt olarak takası daha az pratik bir şey haline gelir; bir düzine tavuğu cüzdanınızda taşıyamazsınız. Sonunda boncuk ya da deniz kabuğu gibi materyaller, takas jetonu yerine geçer. Amerikan kolonilerinde tütün yaprağı para birimi olarak kullanılmıştı çünkü dayanıklı, hafif ve taşıması kolaydı. En iyi yönü de pazardaki enflasyonda kaybetmek yerine tütün yapraklarını sarıp içebilmenizdir.

Bu tarz para yerine geçen metaların en kalıcısı, değerli metallerden yapılmıştır. Altın, gümüş ve bakırın az bulunma, rahat taşınma, bozulmama ve kolay parçalanmama gibi avantajları vardı. Metal paranın ömrü oldukça uzun sürdü ve son dönemlerde sona erdi. Bir adamın taşıyabileceğinden fazla altını olduğunda, evde güvenli bir şekilde saklayamayacağından ötürü bir mahzene ihtiyaç duyardı. Küçük bir ücret karşılığında bir kuyumcunun deposunda saklarlardı. Depozit ödedikten sonra mülk sahibi *Hamiline Talep Ettiğinde Ver* yazılı bir kâğıt makbuz alırlardı ve makbuzlar, altınlarla aynı değerde olurdu. Kâğıt paralar bu şekilde doğmuştu. Sonunda kâğıt para kullanımının hizmet ve ürün alımı için geçerli takas materyali olması daha uygun görüldü.

İşte burası tam da problemin başladığı yerdi. Kuyumcular, kullanılmayan bir servetin üzerinde oturduklarını fark etmişlerdi. Kâğıt makbuzlar güvenilir bir şekilde para görevi görmeye başlayınca, insanlar nadiren altını takas malzemesi olarak kullanmaya başlamışlardı. Müşterilerinin altınlarını borç vererek –elbette ki komisyon karşılığında– işini bilen kuyumcular para kazanabilirlerdi. Bundan dolayı bankalar yükselişe geçmişti. Şimdi bir demircinin yüz altın Amerikan doları depolayıp karşılığında makbuz olarak yüz kâğıt dolar aldığını düşünelim. Bankacı dönüp dolaşıp o yüz altın doları bir çiftçiye borç veriyor ve yanında ağır bir altın kesesi taşımak istemeyen çiftçi madeni paraları yüz kâğıt dolarla takas ediyor. Birden altın paraların iki katı değerinde kâğıt para ortaya çıkıyor. Yani çiftçi ve demirci aynı anda bankaya varıp madeni para istediklerinde, ellerindeki toplam iki yüz dolarlık makbuza karşın yüz dolarlık metal para bulurlar. Yapay bir şekilde kâğıt para miktarını iki katına çıkaran bankacı, değeri yarıya düşürmüş oluyor. Böylece demirci ve çiftçi, her bir kâğıt doları karşılığında yarım sentlik altın para almak durumunda kalıyorlar. Bu senaryoyu binler ve milyonlarla çarpınca bankaların nasıl yürüdüğünü öğreniyoruz. (Burada çiftçi, bankanın düzenbazlığıyla elli dolar kaybetmesine rağmen, borç aldığı yüz dolar karşılığında bankaya faiz de ödemek zorundadır. Bankacılar her şekilde kazanırlar.)

Kâğıt paranın altın ve gümüş karşısında belirlenen bir değerinin olduğu sistem, Amerika Birleşik Devletleri tarafından yirminci yüzyılda benimsenmişti. Ardından Kongre, Merkez Bankası'nı kurdu ve altın, gümüş ya da başka herhangi bir materyale bağlı olmayan, milyarlarca dolarlık banknot basma yetkisi verdi. Oldukça kafa karıştırıcı bir sistemdi fakat Griffin'in de dediği gibi işin özü şuydu ki yapılan şey aslında devasa bir sahtecilik işiydi. Ekonomi durulduğunda Merkez Bankası en basit tabiriyle para basıp (faiz karşılığında) Birleşik Devletler Hazinesi'ne borç veriyor ve Hazine ganimeti devlet kurumlarına, orduya ve tabii ki daha önceden borç alınan bankacı ve yatırımcılara dağıtıyor. Böylece ulusal borç denen şey ortaya çıkıyor. Amerikan doları Fort Knox Kasası'ndaki altınlar gibi gerçekten değerli mallarla değiştirilemez. Eğer Kongre bir trilyon dolara ihtiyaç duyarsa, Merkez Bankası derhal büyüsünü yapar ve para ortaya çıkar. Oy kullandırmaya ya da vergileri arttırmaya gerek yoktur. Aniden ortaya çıkan para hesap defterine işlenir ve ulusal borca eklenir.

"Para dediğimiz şey devasa bir illüzyondan başka bir şey değildir," sonucuna varıyor Griffin. "Asıl gerçek, borçtur." Esasen, "herkes borcunu geri ödeseydi *ortada para kalmazdı.*"

The Nation ve *Rolling Stone*'un politika muhabiri William Greider, *The Secrets of Temple* isimli kitabında Merkez Bankası'nı karşıt bir politik spektrumdan eleştiriyor ve benzer bir sonuca varıyor: "Her şeyin ötesinde, para denilen şey inancın bir fonksiyonudur. Üstü kapalı ve uluslararası, toplumsal bir rıza ister ve işin gizemli yanı da burada yatmaktadır. Parayı yaratıp kullanmak için herkesin ama herkesin inanması gereklidir. Ancak bu şekilde değersiz bir kâğıt parçası değer bulabilir."

Paramız metalden kâğıda ve kredi kartlarına, online işlemlere dönüşürken, paranın nasıl bir illüzyon olduğu gerçeği çok daha fazla göze çarpıyor. "Para artık kâğıtla temsil edilmediğinde daha da soyut bir gerçeklik haline geliyor ve uzakta bir bilgisayarda kaydedilmiş rakamlara dönüşüyor," diye yazıyor Greider. "Bilgisayardayken ne sahibi ne de işlemi yapan banka görevlisi tarafından görülürler."

İnanç gerçeğine rağmen neden hâlâ bu sahte dolarları kabul ediyoruz ve değerinin enflasyon tarafından kırılmasına göz yumuyoruz? Kanunlar böyle istediği için. Hükümet, bu yasal şefkati tüm özel ve kamusal borçlar için zorunlu kılıyor. Buna karşı çıkmak *suç* kapsamına giriyor. Maaşınızı çek, nakit ya da doğrudan yatırma yerine altın olarak istediğinizde size ne kadar gülüneceğini bir düşünün. Kullandığımız para esasında değersiz olmasına rağmen, bu yasal değersizliği kullanmak, kanunlarca zorunlu hale getirilmiştir ve bu durum Griffin'e göre uygarlığın duvarındaki ilk çatlaktır: "Olaylar zinciri, Merkez Bankası'nın hükümet kararına dayanan kâğıt parayı basmasıyla başlar ve bu durum kamusal borçlara, enflasyona, ekonominin parçalanmasına, açlığa, fakirliğe yol açıp hükümetin totaliterleşmesine giden yolu açar."

Ya da Gredier'in ifade ettiği gibi: "Toplum, paraya olan inancını kaybettiğinde, üstü kapalı olarak kendine olan inancını kaybedecektir."

Liberal görüşüne rağmen Suelo, *The Creature* tarafından büyülenenler kervanına katılmıştı. "Griffin'in kitabı muhafazakârlar arasında oldukça popülerdi ve muhafazakâr görüşler taşıyordu," diye açıklıyor Suelo. "Griffin'in kitabı, bardağı taşıran son damla etkisi yaratmıştı üzerimde. Beni parasız yaşamaya ikna etmişti." Vardığı sonuçlar, Seattle caddelerini dolduran aktivistlerden farklı değildi. Bankacılığın sahtecilik olduğuna katılıyor, ucu ta Kitab-ı Mukaddes'e uzanan eleştirilere katılıyordu. Eski Ahit tefeciliği kınıyordu ve Hz. İsa tapınakta tefecilerin olduğunu keşfettiğinde, masalarını ters yüz etmiş ve onları kovmuştu. "Evimin dua evi olacağı yazılmıştır; oysa siz onu haydut mağarası yaptınız." Kredi kartlarına ve mortgage için faiz ödeyen Amerikalılar, tefeciliğin bir zamanlar ne kadar tehlikeli görüldüğünü ve Katolik Kilisesi tarafından yaklaşık on iki yüzyıl boyunca yasaklandığını öğrendiklerinde muhtemelen çok şaşırırlardı. William Greider, orta çağ tefecileriyle ilgili şunları yazmıştı: "Kilise ilişkileri içerisinde zengin ve kalıcı tüccarlar olarak görülebilirlerdi belki fakat o dönemde soyguncular, sapkınlar ve fahişelerle eşit muamele görüp kınanmışlardı. Ahlâksız olarak görülen şey, çalışmadan kâr etmeleriydi. Tefeciler, yalnızca Tanrı'ya ait olan zamanı satıyorlardı." Faiz alımı zamanla devletler tarafından kabul görse de birçok devlet tarafından yüzde on gibi bir limitle sınırlandırıldı.

"Eğer bankalar ortadan kalksaydı, dünyadaki açlık probleminin büyük bir kısmı sona ererdi," diyor Suelo. "Gerçekten de böyle düşünüyorum. Sistem, ürünleri çalışandan alıp çalışmayana, fakirden alıp zengine vermek üzere kurulmuş. Faiz bankacılığının özü tam da buraya dayanıyor."

Fakat Suelo'nun karşıtlığına rağmen, paranın ve faizin dolandırıcılık olduğuna dair inançtan ziyade, paranın egemenliğine dair olan inanç giderek derinleşiyor. O da Griffin ve Greider'e katılarak, paranın bir illüzyon, yalnızca bir peri masalı olduğuna inanıyor. "Para, sonsuz bir gücü varmış gibi bir illüzyon içeriyor ve geleceği kontrol eden, psişik bir araç olarak zamanı mağlup ediyor," diye yazıyor Greider. "Kimse ölümden sonra yaşamın olup olmadığını bilmezken, paralarının daima yaşayacağını biliyorlar."

İşte Suelo'nun zamanın doğası ile para karşıtlığının çakıştığı nokta da tam burası. Muhafazakâr ebeveynlerinin çizgisel zamanın trajedisine dair duydukları inancın bir benzerini, Suelo para için hissediyor. Kapitalistler de yarattıkları servetlerinin bileşik faiz sayesinde sonsuza dek yaşayacağını zannediyorlar. Zamanın doğrusal bir çizgide ilerlediğine dair inançlarını sorgulayan Suelo, her iki öncülü de reddediyor.

"Parayı iyi ya da kötü bulmuyorum: Bir illüzyon nasıl iyi ya da kötü olabilir ki?" diye yazıyor. "Fakat eroin ya da matematiği de iyi veyahut kötü diye tanımlamıyorum. Hangisi daha fazla bağımlılık yapıp güçten düşürüyor? Para mı yoksa matematik mi? Bir illüzyona daha fazla illüzyon eklemek onu gerçek yapmaz. Yalnızca daha fazla taptırır ve buna bağımlılık denir."

Suelo eleştirilerini bir adım daha ileriye götürüyor. Parayı bir hastalık olarak değil, bir belirti olarak görüyor. Para yalnızca insanoğlunun daha derin, daha zamansız bir şekilde kredi ve borca batmasının en elverişli yoluydu.

Kutsal metinlerin yanı sıra Tolstoy, Thoreau ve Gandi gibi düşünürlerin de fikirlerinden yola çıkarak, Suelo kendi bakış açısını ortaya koyuyor: "Bütün bu farklı metin ve yazarlar şu konuda birleşiyorlar: Doğruluğun yolu mülksüzlükten geçer." Açlık benim gururumdur, diyor Muhammed Peygamber. Hiçbir şeyimiz olmasa da mutlu bir şekilde yaşayalım, diyor Buda. Mükemmeliyete erişmek istiyorsanız, sahip olduğunuz her şeyi satıp karşılığını fakirlere dağıtın, diye öğütlüyor İsa Peygamber. Suelo, kendi yorumunu katarak; "Doğrusu, en bilgemiz toplum düzeyinin en altındaki bir evsizdir," diyor kendini borç ve kredilerden soyutlamış, aydınlanmış bir adam olarak.

Eğer peygamberler, gerçeğin mülksüzlükte olduğu konusunda fikir birliğine varmışsa, dindarlığıyla övünen insanlar nasıl oluyor da tamamen banka faizleriyle kontrol edilen bir toplumda öylece başıboş gezebiliyorlar? "Açlık, bir zamanlar dünyevi şeylere kıymet vermemenin bir işareti olarak Hıristiyanlıkta bir erdem gibi görülürdü," diye yazıyor Vine Deloria *Kızılderili Tanrı* isimli eserinde.

"Protestan reformlarından sonra geçen yüzyıllarda açlık, tembellik işareti olarak diğer büyük günahlardan biri gibi algılanmaya başladı ve bireyin yozlaşması olarak görüldü. Hıristiyan Amerika'nın beyaz kesimi giderek zenginleşirken, yöneticilik kavramı, utanç verici bir şekilde aniden zenginleşen kesimlerin meşrulaştırılması için ortaya çıkarıldı. Tanrı'nın bizi iyi idareciler olabilmemiz için zenginlikle kutsadığına ve bunun açgözlülükle bir ilgisi olmadığına dair bir teoriye ağırlık verildi."

Fakat Suelo'nun zihnindeki problem ne Amerikan Merkez Bankası, ne Dünya Ticaret Örgütü ne de nakit paranın icadıyla ilgiliydi. Paraya olan güvenimiz, ilk günahla ya da Prometeus'un tanrılardan ateşi çalışıyla duyduğu kibre benzerlik gösteriyordu. "Avcıların ve avların öç duygusu olmadığını unutmayalım. Ödeme ve borç yalnızca evrene aittir, bireylere ait değildir. Fakat biz insanlar, borç ve ödemeyi tanrılardan çaldık. Özgür bir şekilde ne bir şey alabiliriz ne de verebiliriz. Sürekli bir zorunluluğun içinde yaşıyoruz."

Diğer canlı türlerinde aynı durum geçerli değildir. Suelo bizzat içinde yaşayarak, doğada takas diye bir şey olmadığını öğrenmişti. Bir boz ayı yemiş topladığında ağaca borçlu olmaz. Bir kuzgun, bir geyik ölüsünü didiklerken ölü bedene, onu öldüren yırtıcıya ya da diğer geyiklere borçlanmıyor. Aynı şekilde bir çiçek, polenini toplayan arıdan ödeme beklemiyor. Suelo'ya göre doğa kendi içinde bir "hediye ekonomisi" yürütüyor. Hayvanlar var olan şeyleri bedava alıp sahip olduklarını da karşılıksız veriyor.

Bu görüş, çalışmayı değer addeden bir kültür için çeşitli problemler içeriyor. İnsanoğlunun kartal, aslan ya da ayı gibi yırtıcılara karşı bir hayranlık eğilimi vardır ve onları semboller olarak paralarımıza, bayraklarımıza koyarız. Bunun asıl sebebi bir yandan güçleri ve heybetleri olsa da diğer sebebi ise yiyecekleri için çalışmalarıdır. Kunduzlar ya da balarıları gibi endüstriyel tarzda yaşayan yaratıklara da bayılırız. Bir çakal ya da akbabayı herhangi bir dolar banknotunun üstünde göremezsiniz. Bu yaratıklar leş yiyici, parazit olarak tanımlanırlar. Bir şey vermezler ve çalışmazlar. Bu yüzden insan standardınca ikinci sınıf olarak görülürler.

Suelo bu noktada düşünmeye başlıyor. Bir çakalın zor zamanlar için çürümüş et saklamadığı ya da yiyeceğini diğerleriyle paylaşmadığı doğruydu. Aylık avından bir aşar vergisi ayırıp Meksika'da açlıktan ölen çakallara ya da Afrika'daki aç kuzenlerine de göndermeyecekti. Yine de hayatta kalacak ve doğada en az diğer soylu yırtıcılar gibi kritik bir rol oynamaya devam edecekti. Aslında böylesi bir hiyerarşi yaratıp hayvanları sıralamak, insanların kendi hırslarını hayvanlar âlemine yansıtmasından başka bir şey değil miydi?

"Çalışmak, çalışmak ve yine çalışmak, üstüne üstlük bunu bir zorunluluk olarak görmek gerçekten de kötü, parçalayıcı bir şey," sonucuna çıkıyor Suelo. "Yeni Ahit'i okudukça kendimizi para ya da borca zorlama üzerine kurulu sistemden kurtulmamız gerektiğine dair olan inancım güçleniyor."

Suelo'nun 1997 yazını Alaska'da geçirdiği dönem, parasız yaşamın mümkün olduğuna dair ilk işaretleri gördüğü dönemdi. Lower 48'e yaptığı ziyaret bu anlamda daha fazla destek sağlamıştı. Ander'le yollarını ayırdıklarında Suelo'nun elinde nakit olarak elli dolar kalmıştı. Kendi teorisini test etmek için elinde kalan çok az parayla, eve otostop çekerek gidip gidemeyeceğini merak ediyordu. Önce Yukon'a otostop çekti ve British Columbia'sından geçip Oregon'un iç kısımlarında bir çölde yaşayan arkadaşı Tim Wojtusik'i ziyaret etmek için yollara düştü. Bir kez daha insanlar cömertlikleriyle onu büyülemişlerdi; yalnızca arabalarına almakla kalmamış, yemek yedirmiş, kalması için evlerine davet etmişlerdi. Moab'a vardığında ilk iş cebindeki kalan parayı kontrol etmek oldu.

Kırk beş doları vardı.

İki haftalık yolculuğunda yalnızca beş dolar harcamıştı. Satın aldığı şeylerin listesini de tutmuştu: Yalnızca çikolata ve birkaç fincan kahve almıştı. Kabul edilmesi pek de mümkün olmayan teorisinin doğru olma ihtimaline aniden inanmaya başlamıştı.

Fikirleri arasında bir uyum ortaya çıkmaya başlamıştı fakat bunları pratiğe geçirmeye henüz hazır değildi. "Buna önce kendim inanmam gerekiyordu," diye yazmıştı. "Belli ki henüz inanmıyordum. İnancım azalıyor, yeniden zorunlu köleliğe dair düşüncelere kayıyordum." Bu sorunla karşılaşan ilk idealist değildi. "Benim gibi bir şifacı bile biraz paraya ihtiyaç duyar," diye yazmıştı, "çünkü beni onsuz yaşayamayacağım hayali dünyada yaşamaya zorluyorsun."

Suelo, kendini paradan uzaklaştırmak üzereydi. Önündeki ilk problem, öğrenci kredisi borcuydu. Yıllar önce ödemeyi bırakmıştı fakat bir süre sonra borçları toplayan ajans ailesini rahatsız etmeye başlamıştı. Ortak imza atmıştı ailesiyle ve kendisi borcunu kapamadığı takdirde yetmiş yaşındaki annesi ve babasına kalacaktı borç. Bu borcu öderkenki baş motivasyonu ise kira vermeden yaşamaya duyduğu inanç olmuştu. Bu defa Moab'a döndüğünde ev kiralamak işiyle kendini hiç yormadı ve doğruca kanyonda kamp yaptı. Barınaktaki eski işyerine döndü ve sıkı çalışıp her ay ödemesi gereken minimum miktarın birkaç mislini ödedi. Ayrıca Conrad Sorenson'un pazar yerinde gönüllü olarak çalışmaya başlamıştı. "Bu kooperatife para için değil yiyecek için çalışmaya geldim. Hâlâ karşılıklı alıp verme aşamasındayım ama en azından kendimi Babil'den kurtarmak için küçük bir adım atmış oldum."

Takip eden yaz, öğrenci kredisi borcunu bitirdi ve Timo'ya: "Ne faturam, ne kiram, ne sigortam ne de ehliyetim var. Hiçbir şeyim yok," diye yazmıştı. Artık neredeyse hazırdı. Fakat geriye kalan son adımını atmasını engelleyen bir şeyler vardı. Düşüncelerini diğerleriyle paylaşarak ihtiyacı olan son adım için gereken gücü toplayacağını umut ediyordu.

Yıllar öncesinde kız kardeşine yazdığı mektupta, yazı yazmanın onun gerçek eğilimi olduğunu ilan etmişti. Artık sonunda mücadele etmek için hazırdı: "Hâlâ evrenin gizemi üzerine tezimle ilgili çalışıyorum." Fakat aklında berrak bir şekilde duran fikirleri kâğıda dökmek gerçekten de zordu. "Vermek istediğim bir mesajın bir çocuk ya da kalın kafalı bir yetişkin tarafından bile anlaşılmasını istiyorum. Bir yandan da en pragmatik bilim adamlarına meydan okumasını da istiyorum. En saf haliyle çevrebilim... Dinin orta yerinde gördüğüm şey bu."

Vermek istediği mesajı basitleştirmeye çalışan her girişimi onu yalnızca daha da karmaşıklaştırmaktan başka bir işe yaramamıştı. Bu yüzden Timo hariç kimseye girişeceği işten bahsetmedi. Yapmaya çalıştığı şeyin tuhaf, aşırı ve tam olgunlaşmamış olduğunun farkındaydı. "Kafamdaki fikirleri Moab'daki insanlarla paylaşacağımı düşünmeye devam ediyorum. Fakat bir yandan da hâlâ ikiyüzlülüğün kölesi olduğumu fark ediyorum. İşte bu sebepten çöle gidip saklanmalı ve omurgamı güçlendirip omurgasızlığımla başa çıkmam gerekiyor."

Belki de problem mesajda değil, vasat olmasındaydı. "Yazma işi bana göre değil," diye yazmıştı 1998'de Tim Frederick'e. "İnsanlarla fikirlerimi direkt olarak paylaşmaya ihtiyacım var." Böylece Suelo, kültür merkezinde bir dizi dersler vermeye karar verdi. Saati altmış dolardan bir saatliğine salon kiralayıp kasabanın her yanına el ilanları dağıttı. "Dünya Dinlerinde Ortak Tinsel Başlıklar" başlığı ilk ders içindi ve giriş bir dolardı.

Seminerler henüz hız kazanmadan bile bazı problemlerle karşılaşmıştı. Postanedeki ilana astığı tanıtım broşürleri sökülmüştü. Ardından bir film festivali posterinin arkasına bir tane daha iğneledi fakat ertesi gün yine kaybolmuştu. Sonunda orada çalışan memura broşürüne ne olduğunu sordu. Görevli memur ona ilanının reklam içeriği taşıdığı için kaldırıldığını bildirdi. Film festivali posteri ise ticari amaç taşımadığı için kaldırılmamıştı.

"İyi de giriş ücreti sadece bir dolar," diye karşı çıkmaya çalıştı Suelo. "Üstelik geliri masrafını bile karşılamayacak."

"Kurallara uymak zorundayım."

Suelo fikirlerini bir daha para karşılığında paylaşmamaya karar verdi.

Sonunda seminer akşamı geldi. Suelo toplantı salonundaki sandalyeleri sıraya dizdi. Notlarını bir kez daha düzenledi. Birkaç tanıdık yüz gelmişti yalnızca. Birçok sandalye boş kalmıştı. Bir de anne ve babası vardı gelenlerin arasında. Fruita'dan onca yol teperek oraya gelmişlerdi. Sonunda kalabalığın artmayacağına inanan Suelo, beş kişilik izleyici kitlesine konuştu. Hiç kimse olmamasından iyiydi. Taoizm, Budizm, Hinduizm ve Hıristiyanlık üzerine ders verdi. Anne ve babası tartışma amacı gütmeyen birkaç soru sordu. Seminerde sadece beş kişi olmasına rağmen oldukça güzel geçmişti. Bunu yine de bir fiyasko olarak değerlendirdi. Üstelik ona elli beş dolara mal olmuştu. İkinci semineri vermekten vazgeçti.

Genel anlamda fikirleriyle ilgili sabırsızlık duyuyordu. "Kafamdaki fikirlerin yalnızca kavramlardan öteye gidememesi beni huzursuz ediyordu. Bir çeşit enerjiye, güçlenmeye ihtiyacım vardı. Zihnimdeki fikirlerle ilgili heyecanlanmak bana yetmiyor, yazmaktan tatmin olmuyordum," diye yazmıştı. Ruhsal yolculuğunun onu paradan vazgeçmeye yönelttiği artık açıktı. Fakat öte yandan etrafına bakarken bunun nasıl olacağına dair bir yol bulamıyordu. Sokak süpürgeleri ve doğa keşişlerinin yolu haricinde, Birleşik Devletler'de parasız yaşamaya dair izleyebileceği bir gelenek yoktu.

Böylece Suelo yolculuğunun ikinci ayağına başlamaya karar verdi ve Doğu'ya gitti.

12

"Kutsal kitaplar yalnızca Tanrı'nın yolunu işaret eder. Bir kez yolu öğrendikten sonra kitapların ne anlamı kalır ki?"
Sri Ramakrishna

Suelo, 1998 yılında Moab'da harekete geçerken kooperatifin kütüphanesinde 19. Yüzyıl Hindu mistisizmiyle ilgili bir kitap bulmuştu. Ramakrişna, yarı bilinçli halde transa geçen ve Tanrı'yla iletişime geçtiği söylenen, eğitimsiz bir adamdı. Birçoğu onu yalnızca çılgının teki olarak görüyordu. Yine de etrafında toplanan bir grup dindar, onu insan kılığına girmiş bir Hint tanrısı olduğuna ikna etmişti. Peygamber, müritleri tarafından masrafları karşılanan bir tapınakta oldukça basit bir yaşam sürdü ve aynı müritler Hinduizm'i Amerika'ya taşıyıp 1906 yılında, San Francisco'da ülkenin ilk tapınağını kurdular.

Suelo oldukça etkilenmişti. Biyografiye göre müritlerden biri günün birinde efendisinin paraya olan tiksintisini test etmek istemiş ve yatağına bir rupi saklamıştı. "Yatağa dokunur dokunmaz fiziksel bir ağrı hissetmeye başlamıştı."

"Dünya'ya yardım edeceğim diye konuşmaya nasıl cesaret edebiliyorsun?" diyordu Ramakrişna. "Bunu yalnızca Tanrı yapabilir. Sana düşen öncelikle benliğinden kurtulmandır. O zaman Kutsal Annemiz sana izleyeceğin yolu ve görevini verecektir."

1999 yılı ocak ayında Suelo Moab'ı terk etti ve Hindistan'a gitti. Hindu bilgini Ramakrişna'nın yazdıklarının bundan sonraki hayatı için aradığı ilham kaynağı olduğunu düşünerek ustanın memleketine gönüllü bir hac yolculuğuna çıkmıştı. Aslında Hindistan'da bir dönemliğine, bir üniversitede çalışan ve medikal araştırmalar için geri dönmek isteyen Michael Friedman'ın daveti olmasaydı oraya hiç gitmeyebilirdi. "Rastgelelik benim rehberimdir," deyip ona sunulan davetiyenin zamanlamasına sevinerek şansına uydu. Önce Friedman'ın Connecticut'taki evine gitti. İki adam daha az maliyetle Hindistan'a gidecekleri Tayland yolculuklarının biletlerini aldı. Orada birkaç ay kalmayı planlamışlardı.

Uçuşlarının bir gün öncesinde Friedman hastalandı ve yolculuğunu ertelemek zorunda kaldı. Daniel, Bangkok'a yalnız başına gitmeye karar verdi. Friedman bir ay kadar sonra arkasından gelecekti. Suelo, Bangkok'a cebinde bin dolarla varmıştı ve ne birilerini tanıyor ne de tek bir kelime dillerini konuşabiliyordu. Fareler tarafından istila edilmiş bir hostel buldu. "Geçirmem gereken bir ay vardı önümde ve orada olmaktan ödüm kopuyordu."

Quito'yla tanışmadan önce Daniel'ın ilk durağı ibadethaneler olmuştu. "Tapınaklar çok güzeller. Gerçi henüz iç kısımlarını görme fırsatı bulmadım," diye yazmıştı. Bu yolculukla beraber Suelo'nun el yazısı mektup dönemi sona ermiş, daha sonra bloga evrilecek elektronik posta devri başlamıştı. Elektronik posta alıcılarına, "Sizler, Hıristiyanlar, agnostikler, ateistler, umursamazlar, evrenciler, Budistler, Protestanlar, eşcinsellerden oluşan bir arkadaş ve aile topluluğunun meydana getirdiği bir elektronik posta listesindesiniz. Her biriniz zihnimdeki çelişki ve çözüm arayışlarını temsil ediyorsunuz," diye yazmıştı.

Bir gün oldukça popüler bir tapınağa denk geldi ve içeri girip sessizce Buda'nın heykellerinden birini defterine çizdi. Doğu dinleri üzerine yıllardır eğilmesine rağmen pratik yapma şansını hiç bulamamıştı. Fakat Ramakrişna'nın yazılarını okuduktan sonra meditasyona ilgi duymuştu ve bir batılının bunu öğrenip öğrenemeyeceğini merak ediyordu. Sorusunu bir görevliye sordu ve görevli onu Budistlerin ibadetlerini gerçekleştikleri, Wat Mahathat isimli bir tapınağa yönlendirdi.

Suelo, Bangkok'un kaotik sokaklarına dalar dalmaz yolunu kaybetmişti. Bir süre sonra artık tapınağı bulmaktan vazgeçmiş, yalnızca kaldığı hostele dönebilmeyi istiyordu. Kendi yolunda ilerlerken uzun, taş bir duvarın içinden gizli bir kapı açıldı ve içinden turuncu cübbeli bir keşiş belirdi. Neredeyse birbirlerine çarpmışlardı. Keşiş, Suelo'yu dirseğinden tutup açık kapıdan içeriyi işaret etti. Suelo bir anda kendini yemyeşil, güzel bir bahçede bulmuştu.

"Nereye gidiyorsun?" diye sordu iyi İngilizcesiyle.

"Wat Mahathat'ı arıyorum."

"Peki," dedi keşiş ve gülümseyip bahçeyi gösterdi. "Tam da oradasın işte."

Suelo artık bu tarz tesadüflere şaşırmıyordu. Şansı bir kez daha ona yardım etmişti. "Asıl amacım eğer mümkün olursa Hindistan'a gitmekti," diye anlatıyor şimdi, "ve Michael bana sormasaydı bunu düşünür müydüm bilmiyorum. Amacım Hint fakirlerini gözlemleyip belki de onlardan biri olmaktı ve Hinduizmi araştırmaktı. Fakat onun yerine Budizm'e kendimi kaptırmıştım."

Keşiş kendini Adjan Sumeto olarak tanıttı ve Suelo ona meditasyon yapabilme dileğinden bahsetti.

"Beni izle," dedikten sonra Suelo'yu Buda'nın altındayken aydınlandığı ağacın benzeri bir bilgelik ağacı altına götürdü. Ona kısaca dört Asil Doğru'dan ve Sekiz Aşamalı Yol'dan söz etti. "Şimdi transa geçelim," dedi.

Keşiş bağdaş kurup oturdu ve Suelo da aynısını yaptı. Ne yapması gerektiğini bilmiyordu ve keşiş de söylememişti. Bu yüzden yaklaşık yirmi dakika sessizce oturdu. Ardından keşiş, bilgelik ağacından kopardığı bir yaprağa ismini yazıp Suelo'ya kapıyı gösterdi ve ertesi gün saat sabah beşte yeniden gelmesini söyledi. Daniel, hostele giden yolu bulmuştu. Ertesi sabah keşiş, Suelo'yu Tailerin transa geçtiği bir odaya götürdü ve "İşte burası," dedi. Suelo yere oturup diğerleri ne yapıyorsa onları taklit etti. Vaazları dinledi. "Kimsenin beni pek de umursadığı söylenemezdi," diye hatırlıyor.

Aradan birkaç gün geçtikten sonra bir başka keşiş ona orada ne yaptığını sordu.

"Meditasyon yapmayı öğreniyorum."

"Seni buraya kim gönderdi?"

"Adjan Sumeto."

"Adjan Sumeto mu? Emin misin?"

"Evet. Adjan Sumeto."

"Tayland'a dönmüş mü?"

Suelo tanışma öykülerini anlattı ve kanıt olarak bilgelik ağacı yaprağına yazılmış ismi gösterdi.

"Çok şanslısın," dedi keşiş. "Birçok insan Adjan Sumeto'yla tanışmak için yıllarca bekler. Tayland'daki en ünlü keşiştir o."

Suelo o mistik görünüşlü keşişi bir daha görmemişti. Yine de meditasyon pratiklerine devam etti. Tanıştığı ikinci keşiş ona İngilizce konuşan insanlar için daha uygun bir manastırı tavsiye etti. Suelo üçüncü sınıf bir tren bileti alıp bir aylık bir meditasyon eğitimine katıldı. Lotus pozisyonunda günde on saat meditasyon yaptı. Öğleden sonra katı yemek yoktu ve öğretmenler konu dışında konuşulmasını yasaklamıştı.

Suelo inatçı bir öğrenci olduğunu kanıtladı. Lotus pozisyonu çok sıkıcı ve yorucuydu. Aradan bir hafta geçtikten sonra öğretmenleri Kate ve Tanach'a şikâyette bulundu. Tanach: "Fazla çabalıyorsun," diye yanıtlamıştı onu.

"Bana tüm bu görevleri verdikten sonra fazla çabaladığımı mı söylüyorsunuz? Çok yoruldum ve hasta hissediyorum kendimi."

"Güzel," dedi Tanach. "Mental ve fiziksel toksinler dışarı çıkıyor."

Suelo çok öfkelenmişti. Bir gün meditasyon yerine uzanıp uyudu. Mevcut hiyerarşiye oldukça kızmış ve gücenmişti. Rahibeler bütün gün yemek pişirirken keşişler yalnızca etrafta dolaşıp sohbet ediyor, sigaralarını tüttürüyorlardı. Hizmet boyunca keşişler yüksek bir platformda dururken, öğrenciler yerde oturuyor, rahibeler en arkada oturuyorlardı. Ardından rahip o manastırın nasıl Buda'nın öğretilerini en doğru şekilde izlediğinden bahsediyor, başkalarının sahtekâr olduğunu söylüyordu. Suelo yeniden kendini Plymouth Brethren günlerinde gibi hissetmişti. Üç hafta sonra eşyalarını toplayıp soluğu Tanach'ın ofisinde aldı ve oradan ayrılacağını söyledi.

"Buda'yı selamlamayı unuttun."

"Buda'yı selamlamak istemiyorum."

"Neden?"

"Çünkü o sadece bir heykel. Bunu yalnızca sizi memnun etmek için yapıyorum. Doğru ya da kalpten geldiği için değil. Ayrıca Buda'yı eğilerek selamlamak Buda'nın öğretilerine aykırıdır."

Tanach, Suelo'nun son sözleri üzerine biraz düşündü.

"Sana katılıyorum," dedi. "Belki de içindeki Buda'ya selam verdiğini düşünmelisin."

Tanach, Suelo'yu kalmaya ikna etmişti. Meditasyonda ilerlediler. Bir gün huzurlu, diğer gün hasta ve öfkeli hissediyordu kendini. "Her şeyin gelip geçici olduğunu öğreniyorsun," dedi Tanach. "Dün kontrol sendeyken bugün öyle değil. Yüksek bilgelik yoluna böyle girilir."

Ardından eğitmenler Suelo'ya uykusunu azaltmasını söylediler. Geç saate kadar uyumayıp erken kalkacaktı. "İşin en zor kısmı buydu," diyor Suelo. "Kendimi çok yorgun hissediyordum ve yorgunlukla pek de başa çıkamıyordum. Duymak istediğim en son şey uykumu azaltmamın söylenmesiydi. Yine de dayanmıştım ta ki bana artık uyuma denilene kadar. Bütün gece uyumayacak, yürüme ve oturma meditasyonları yapacaktım."

Meditasyon yapmanın amacı her zaman şimdiki zamana dönmekti. O gece Tanach ona bir Koan (Zen Budacılığında rahip adaylarının meditasyon eğitiminde kullanılan kısa ve çelişkili önerme ya da soru) verdi. "Daha önce hiç görmediğin ya da tecrübe etmediğin ve bir daha da asla edemeyeceğin bir şey bulmaya ant iç."

Suelo, lotus pozisyonunda otururken, uzun zamandır aklına gelmeyen Hıristiyanlık üzerine düşünceleri su yüzüne çıkmıştı. "Büyüdüğüm dönemler, çocukluğum, hislerim ve dinimde bulduğum yoğun huzuru düşünmeye başladım: Hepsini dışarı atmıştım. Fakat yine de özündeki huzuru inkâr edemiyordum. Ruhumun en derinliklerinde bana dokunan şey kendi dinimdi." Hz. İsa'nın sözlerini hatırlamıştı. "Yarını düşünme, yarın kendi başının çaresine bakacaktır. Her bir günün kendi sıkıntıları kendine yeter." Suelo, Hz. İsa'nın hoşgörü, alçakgönüllülük, affedicilik ve tefekkürle ilgili düşüncelerinin Buda'nın düşünceleriyle benzerliğini keşfeden ilk kişi değildi. Üstelik anı yaşama düşüncesi her ikisinden de önceye uzanıyordu. "Yahweh" sözcüğü İbranice'de Tanrı anlamına geliyordu ve tam olarak "ebedi şimdi" diye çevrilmişti. Kolej günlerinden beri Suelo bütün dinlerin özünde aynı gerçeklerin olduğunu zaten seziyordu. Oysa şimdiki meditasyounda bunu tam anlamıyla hissetmişti fakat eğitimi henüz sona ermemişti.

"İlk geceden sonra bittiği için seviniyordum," diyor Suelo. "Ertesi gece yine uyumamamı söylediler. Bana uyukladığım anların çizelgesini çıkarmamı söylediler. Buna yükselme ve düşme diyorlardı. Buna odaklanmamı istediler ve her seferinde küçük işaretler koydum. Her bir görevden sonra yeni bir aşama geliyordu.

Giderek yoruluyordum ve bıkmıştım. Çok fazla çaba sarf ediyordum. Yaptığım şey doğal değildi. Lotus pozisyonunda gecenin yarısı ya da daha fazla bir süre durmaya çalışıyordum. Çizelgelerde yaptığım işaretler giderek artıyordu. Artık lotus pozisyonunda oturamıyordum. Canı cehennemeydi. Sonunda başımı dizlerimin üzerine düşürdüm.

"Aniden her şey sessizleşmişti. Huzur içindeydim. Her şey kopkoyu bir karanlığa bürünmüştü. Yalnızca başı dizlerinin üzerinde birini görüyordum. Kimdi o? Ben miydim yoksa Buda mıydı? Her yer tamamen sessizleşmişti. Mavi bir ışık gördüm. Ne bir düşünce, ne bir his ya da başka bir şey vardı. Bir an 'geri dönmeliyim,' diye düşündüm. Nedenini bilmiyordum. Başımı kaldırdığımda kendimi aynı odada bulmuştum. Dışarıdaki her bir cırıltıyı duyuyordum. Ayağa kalktığımda hayatımda o güne kadarki en güzel uykumu uyuduğumu hissetmiştim. Son derece enerjik ve uyanıktım.

"Gülmeye başladım. Sanki birilerinin beni izlediğini hissediyordum. Bütün bunlar beni vazgeçirmek için düzenlenmiş oyunlardı. Tanrım, gerçekten de eğlenceliydi. Bir kahkaha attım. Manastırın içinde sessizce yürürken gülüyordum. 'İşte, buraya öğrenmek için geldiğim şey,' diye düşünüyordum. Bütün bu saçmalıkların bir anlamı olduğu iddiası ortadaydı ve saçmalık olarak kalmaları gerekiyordu. Eğer saçmalamazsan onların saçmalık olduğunu fark edemezdin ki esasen saçmalık değillerdi.

"Sonunda odama döndüm. Bütün ay banyo yapmamamız gerekiyordu. Küçük bir duş vardı. Hemen içine girdim ve temizlendim. Saatin beş olmasına birkaç saat vardı. Uyudum. Uyandığımda kendimi harika hissediyordum. Hemen eğitmenlerimin yanına gittim. Kate oradaydı. "Gecen nasıl geçti?" Yüzümde kocaman bir gülümseme vardı. Ona olanları anlattım. Benim adıma mutlu olur diye düşünmüştüm. Fakat yüzünde şu cenaze görmüş ifade vardı. Tanach yanımıza geldi ve oturdu. Birbirlerine bir şeyler fısıldadılar.

"Ardında Tanach konuştu: 'Bunun bu kadar erken olmaması gerekiyordu. Çok şanslısın. Çok daha zor olabilirdi. Birçok insan bu tecrübeyi yaşayamıyor. Yeniden denemelisin. Yolun daha zorlaşacaktır. Bütün bunlar anla ilgili. Eğer geçmişi düşünüp aynı tecrübeyi yaşamayı denersen işin zorlaşacaktır. Aslında bir gece daha uyumamanı istemiştik. Duş alıp yatağa gitmemeliydin. Yine de sorun yok. İstersen şimdi buradan ayrılabilirsin ya da bir gece daha kalabilirsin. Nasıl istersen. Önemli değil.' Tanach benim adıma mutlu gözüküyordu.

"Bir gece daha kaldım ve uyumadım. Kendimi gerçekten de harika hissetmiştim. Tanach gecenin ortasında belirdiği sırada yürüyüş meditasyonu yapıyordum. Odamı ilk kez ziyaret etmişti. İçeri girdi. 'Artık zamanın bir önemi yok. Yürürken beş saattir mi yoksa beş dakikadır mı yürüdüğünü söyleyemezsin.'"

Joseph Campbell, Suelo'nun öyküsünü anlatırken kahramanımızın Tanrı'yla yeniden barıştığını da söylemesi gerekebilirdi artık. "Sonsuz şimdi"yi bulmuştu ve zehirli çay üzümü tecrübesinde gördüğü düşlerin aksine bu defa cennetteydi. "Kahramanımız modern bir adam olarak öldü," diye yazıyor Campbell, "fakat sonsuz bir adam olarak –mükemmelleşmiş, eşsiz, evrensel bir biçimde– yeniden doğdu."

Suelo, yaşamını değiştirecek bir deneyim yaşadığının farkındaydı fakat bunu nasıl adlandıracağını bilmiyordu. "Herhangi bir dinin parçası olma niyetinde değildim ya da kendimi herhangi bir şekilde tanımlama amacım yoktu," diyor. "Yalnızca Budizm'in derinliklerini keşfetmek istemiştim. Esasında bütün dinlerin doğrularını çekip çıkarmak istiyordum."

Tuhaf olan şey, Budizm'in derinliklerinde Hıristiyanlığı bulmasıydı. "Toptan bir şekilde hepsini reddetmek yerine içindeki doğruları kabul etmek, diğerlerini ise reddetmek zorundaydım. Bunu yapmayı istememenin bir sebebi, insanların ne düşüneceklerinden endişelenmemdi. Ayrıca bir yanım, ikiyüzlülerle beraber anılmak istemiyordu. Yalnızca bize verilen doğruları ve köklerindeki iyi şeyleri kabul etmek mümkün müdür? İkiyüzlü olmayıp çılgın bir fanatik olma korkusunu yaşamadan bunu yapabilir miydik?"

Suelo'nun manastırı terk ettikten sonraki ilk düşüncesi Hindistan'a gidip bir Hintli fakir bilge olmaktı. Michael Friedman geldikten sonra ikili Kalküta'ya geçti ve Buda, Ramakrişna ve Rahibe Terasa'nın tapınaklarını ziyaret edip sınırı üçüncü sınıf bir trenle aştılar. Daniel sanki yüzlerce yıldır yaşıyormuş gibi görünen bazı Hindu bilginlerle tanıştı. Hiçbir şeyleri yoktu. Mağaralar, tapınaklar ya da ormanda yaşıyorlardı ve başkaları ne verirse onunla hayatta kalıyorlardı. Bu adamlar ya çıplaktı ya da üzerlerinde yalnızca bir peştamal vardı. Sakalları oldukça uzundu ve saçları rastalıydı. Vücutlarını çoğunlukla külle kaplayıp yüzlerini parlak renklere boyuyorlardı. Fiziksel varlıklarıyla bağları olmadığını ispatlamak için zaman zaman çivili bir yatağa uzanma ya da ellerini günlerce başlarının üzerinde tutma gibi performanslar sergiliyorlardı.

Suelo hızlı bir şekilde din adamlarının bile paranın kıskaçlarından bağımsız yaşamadığını öğrenmişti. Kendilerine bilgin diyenlerin birçoğu aslında sahtekârlardı ve düzmece gösteriler yapıp sahte ritüeller gerçekleştiriyorlardı. Suelo onları izlerken aklına Gandi'nin bir tapınak ziyareti sonrası söyledikleri gelmişti: "Kendini Tanrı'ya adayanlardan ziyade hacıların gafillikleri, derbeder halleri ve ikiyüzlülüklere denk geldim. Soyu buraya dayanan bilgeliğin kuğusu, yaşamın güzelliklerinin tadını çıkarıyor gibi gözüküyordu." Suelo, Avrupalı bir Hint fakiriyle karşılaşmış ve onunla birkaç gün geçirmişti. Fakat adamın ara sıra açlığa düştüğünde İsveç'teki hesabına başvurduğunu öğrendiği zaman Suelo'nun gözü açılmıştı. Hindu tapınakları ise kutsal ibadethanelerden çok şarlatan yuvalarına benziyordu. Suelo, ona para harcatmak için kuzeninin çay ocağına götüren kılavuz ve taksi şoförünü azarladı. Bir otelci ona hiçbir şey satmaya çalışmayacağına söz verdikten sonra bir hediyelik eşya dükkânına sokmaya çalışınca sonunda patlamıştı:

"Bir şey almak istemiyorum!" diye bağırdı. Sıcak yaz güneşinin altında terden sırılsıklam olmuştu. "Çok az param var ve dümenlerinizden sıkıldım. Hindistan'da nereye gitsem beni kazıklamaya çalışıyorsunuz. Ya bu Varanasi'ye ne demeli? Buranın Tanrı'nın şehri olması gerekmiyor muydu? Oysa burada gördüğüm tek şey düzenbazlık ve açgözlülük. Çocuklar uygun olmayan işyerlerinde çalıştırılıyor burada ve bunu desteklemek istemiyorum."

Suelo adamdan onu otele geri götürmesini istedi ve geri döndüklerinde eşyalarını toplamaya başladı. Otelci ona yalvarmaya başlamıştı. Suelo ona Bhagavad Gita'nın sözlerini tekrarladı: "Kutsal ahit der ki hareketlerinizin meyvesinden vazgeçin, karşılığında bir şey beklemeden, bedava verin!"

Otelcinin yüzünde pişmanlık dolu bir ifade belirmişti. Gözyaşı dökerek, "Lütfen kal," diye ağladı. "Üzgünüm. Bir daha yapmayacağım."

Fakat Suelo kızmıştı ve inatçıydı. "Sözümü tutmak zorundayım. Sana otelden ayrılırken bana bir şey satmaya çalışırsan burayı terk edeceğimi söylemiştim. Şimdi sözümü tutuyorum. Hatanı telafi etmek istiyorsan bundan böyle insanlara verdiğin sözleri tut." Ardından kahramanımız yorgun bacaklarla orayı terk edip başka bir otel aramaya başladı.

Haziran ayı sıcakla ve düzenbazlarla boğuşarak geçmişti. Suelo, Friedman'la yollarını ayırdı ve bir otobüse atlayıp Tibetli Budistlerin bir ileri karakolunun bulunduğu Himalayalar'a gitti. Bir Hindu ailenin yanında, içinde su akmayan, Dharamkot denilen, balçıktan yapılmış bir evde oda kiraladı. Bagsu isimli bir kasabadaydı. "Etrafımdaki her yer yamaçlara kademeli olarak ekilmiş tarlalarla doluydu," diye yazmıştı. "Bir de her yerde maymunlar vardı!"

Yaklaşık bir ay kadar Budizm dersleri almaya devam etti ve o sırada bir keşişe gönüllü olarak İngilizce dersleri verdi. "Tibetliler inanılmaz derecede barışçıl, mutlu ve karşılaştığım birçok insandan daha fazla aklı başında insanlar," diye yazmıştı. "Tapınak ve manastırlara gittiğinde oldukça neşeli insanlarla karşılaşıyorsun fakat bu elbette ki derin bir dürüstlükten geri kaldıkları anlamına gelmiyor. Karşılaştığım diğer dinlere nazaran kendini beğenmişlik duygusu ya çok az var ya da hiç yok."

Keşiş ona bir yirminci yüzyıl Tibetli azizi olan Milarepa'yla ilgili bir kitap vermişti. Esaslı bir kitaptı ve bir çaylağa göre değildi. "Dikkat edilecek ilk şey, insan olmayan varlıkları fethetmektir: Usta, İblis Kral Binayaka'ya Chonglung'un Kızıl Dağı'nda insanın kendi Laması olmanın farkına varmanın Altı Yolu'nu öğretmişti." Suelo şimdiden büyülenmişti. Milarepa mağaraya yerleştiğinde şöyle bir yemin etmişti:

Ruhsal aydınlanma mertebesine ulaşıncaya kadar,
Mirasımın tadını çıkarabilmek için alçalmayacağım ya da bu dağda yapayalnız açlıktan ölsem bile verilenleri yemeyeceğim.
Soğuktan donarak ölsem bile kıyafet giymeyeceğim.
Kahrımdan ölsem bile dünyevi zevklerden ve eğlencelerden uzak duracağım.
Hastalıktan ölsem bile ilaç aramayacağım.
Bedenim, dilim ve zihnimin zevklerine izin vermeyip bir Buda olmak için çabalayacağım.

Dahası burada yalnızca bir mağaraya değil, yirmi mağaraya yerleşmiş, kutsal bir adam vardı! Suelo, her biri kendine ait isimlere sahip bu efsane mağaraları ziyaret edip kamp yaptı: At Dişi Beyazı Kayası ve Yedilerin Gölgesi, Ragma Aydınlanma Mağarası ve

Gökyüzü Sancağı, Bahis Zevki ve Yalnız Guguk Kuşu gibi yerleri ziyaret etti. Böylesi bir gizem ve güç, yalnızca karanlık, kayalar arasındaki bir delikten ibaret değildi. Orası Grotto'nun Lotusu'ydu.

Hint fakirlerinden yana hayal kırıklığı yaşayan Suelo yine de Doğu'da kalıp kalmayacağını merak ediyordu. Dharamsala'ya döndüğünde Dalay Lama'nın kasabada olduğunu öğrenince onu dinlemeye gitti.

"Siz Batılılar, hepinizin," dedi Dalay Lama. "Tibet Budizmi'ni öğrenmek için onca yolu aşmış olmanız gerçekten de hayranlık verici. Fakat çimler her zaman çitin diğer tarafından daha yeşildir. Her kültür ve din doğruyu öğretir ve biz her zaman diğer kültürün bizimkinden daha iyi olduğunu düşünürüz. İçlerinizden bazılarınızın Tibet Budizmi'ni öğrenmiş olmanız ve keşiş olmanız harika bir şey ama bu misyon herkese uygun değildir. Birçoğunuz kendi bulunduğunuz yer dışında bir şeyleri arıyorsunuz. O yüzden çoğunuza ait olduğunuz kültürlere dönmenizi ve kendi bilgeliğinizi ve geleneklerinizi öğrenmenizi tavsiye ediyorum."

Suelo, Dalay Lama'nın haklı olduğunun farkındaydı. Onca yolu aşıp okyanuslardan, çöllerden geçip dağlara tırmanmıştı ve sonunda kendini Dalay Lama'nın dizinin dibinde bulmuş ve ihtiyacı olan şeyin yalnızca eve dönmek olduğunu öğrenmişti. Manastırdaki eğitiminin amacı da buydu – sonunda gençliğindeki inancını yeniden keşfetmişti. Köklerinden koparılmıştı ve şimdi geri dönmesi gerekiyordu. "Asıl ironik olan ise diğer dinleri öğrenmeye çabalarken Hıristiyanlıkla ilgili daha fazla şey keşfetmem olmuştu," diye yazmıştı o zamanlar. "Bir Hindu ya da Budist olmak değildi amacım." Aynı zamanda geri dönüş için üzerinde duygusal bir baskı da hissediyordu: Eğer Hindistan'da paradan vazgeçerse ailesini bir daha göremeyeceğini biliyordu. Bu çok üzücü bir ihtimaldi. Suelo sonunda manastırda bir keşiş hayatı sürmek istemediğine karar verdi. Tibetlilere duyduğu hayranlığın yanı sıra teolojileriyle ilgili şikâyette bulunmaktan da geri durmamıştı. "Budistlerin ve Hıristiyanların ortak eğilimleri, dünyayı uzak durulması gereken bir şeytan olarak görmeleriydi."

Oysa Suelo bütün düzenbazlıkları ve kötülüklerine rağmen fiziksel dünyayla temas içinde olmak istiyordu. "Bir Hint bilgini olmak istedim," diyor Suelo. "Fakat Hindistan'da bir Hint bilgini olmanın bana yararı nedir? Asıl gerçek test, çok daha dünyevi şeylerle dolu, paranın hükümdarlığının sürdüğü ülkelere gidip orada bilge olabilmekti."

Böylece kahramanımızın yolculuğunun son aşaması başlamış oldu: Geri dönüş. "İkinci önemli görevi ve eylemi, bize geri dönmek ve öğrendiklerini yeni yaşamında diğerlerine öğretmekti," diye yazıyor Campbell. "Geri dönen kahramanımızın yaşayacağı ilk sorun, ruhunu tatmin edici böylesi bir deneyim yaşayıp üzüntü ve zevkleri geride bıraktıktan ve yaşamın bayağılıklarını, gürültülü bilinmezliğini aştıktan sonra gerçeği kabul etmek olacaktı. Neden yeniden böylesi bir dünyaya girecekti? Neden soyut bir mutluluğu tutkuyla tüketen kadın ve erkeklere düşüncelerini ilginç kılma girişiminde bulunacaktı? Geceleri oldukça ciddi gözüken rüyalar gündüz olunca çok saçma gelebilir. Bu yüzden şair ve nebi, ciddi bir jüri önünde aptalı oynarken bulabilir kendilerini. En kolayı bütün toplumu kötü ilan edip elini eteğini çekerek hızlı bir şekilde bir mağaraya kapak atmaktır."

Gerçekten de Himalayalar'ın sert kayalıklarında kalmaktan vazgeçen Suelo, geri dönüş fikriyle birlikte inancının dünyanın bayağılığı karşısında test edileceğini düşünüyordu. Bunu yaparken ne kendini bir kahraman olarak görmüş ne de yaşamını anlamlı bir yolculuğa benzetmişti. Yalnızca kafası karışıktı. Bir yıl daha kararsızlık batağına batmış bir şekilde geçirdi. Finansal olarak bir kez daha çökmüştü. Kışı Damian Nash'in kanepesinde geçirdi ve eski işinde yarı zamanlı olarak çalışmaya başladı. Alaskalı arkadaşı Leslie Howes'un Seattle'a taşınmasına yardım etti ve Dünya Ticaret Örgütü karşıtı gösteriler sırasında göz yaşartıcı gaza boğulduğunu duydu. Kadın barınağında tam zamanlı bir iş için başvuruda bulunduysa da kabul edilmedi.

Suelo bir süre sonra parasız hayata geçmeden önceki yaşayacağı son küçük düşmeye maruz kaldı. Hâlâ elden düşme bir Honda hatchback arabası vardı ve yan taraflarına bir kuzgun sürüsü resmedilmişti. Boulder'a, Tim Frederick'i ziyarete giderken yolda arabası bozuldu. Suelo arabayı bir Honda bayisine götürdü. Tamirci ona arabanın yeni bir triger kayışına ihtiyacı olduğunu söyledi ve kayış altı yüz dolardı. Arabanın fiyatı bile bu kadar etmiyordu oysa. Suelo daha ucuz bir tamirci bulma umuduyla tamir teklifini geri çevirdi. Belki erkek kardeşi onun için ücretsiz yapardı bu işi. Fakat Suelo, arabanın kontrolü için tamirciye hâlâ yetmiş beş dolar borçluydu.

"Bu hiç de etik değil," diye itiraz etti Suelo. "Bana arabaya sadece bakmak için bile para aldığını söylemedin."

"Şirket olarak politikamız bu yönde," diye cevapladı tamirci.

Tim Frederick, arkadaşını bu durumdan kurtarmak için kredi kartını kullanmasını teklif etti.

"Sen bu işe karışma," dedi Suelo. Varanasi otelden ayrılmasıyla aynı sebepten ötürü, adamla bu konuyu tartışmaya niyetliydi. Bir diğer tamirci, farklı bir çözüm önerdi. Suelo'nun elindeki döküntüyü yüz dolar karşılığında alabilirdi. Daniel paralarını istemiyordu. Onlardan yalnızca dürüst olmalarını istemişti.

"Arabayı alabilirsiniz," dedi sonunda ve o hızla ofisten çıktı. Bir daha hiç motorlu aracı olmadı.

İki hafta sonra yeniden yollara düşmüş, otostop çekerek ülkeyi geziyor, arkadaşlarını ziyaret ediyor ve ucuza yaşıyordu. Etik olarak bu sahtekâr dünyada yaşayabilmesinin tek yolu, parayı terk etmekti. Suelo ne borçlu olmak istiyordu ne de kimsenin ona borcu olsun istiyordu. Hıristiyan tabiriyle Tanrı'nın borçları için onu affetmesini diliyordu. Kendisi ise alacakları için affetmişti bile. Karşılığında bir şey alma beklentisi olmadan vermek... İşte ancak o zaman Batılı çizgisel zaman kavramından sıyrılabilirdi. Kredi ve borçlar, geçmiş ve geleceği bağlıyordu. Buda'nın tabiriyle Suelo bağların üçgenini kesmek, reenkarnasyon çemberini kırmak ve sonsuz şimdiye yerleşmek istiyordu.

Fakat paradan öyle bir anda vazgeçmek kolay değildi. Yalnızca materyal lükslerden değil, araba kullanmasına olanak tanıyan ehliyetten, yurtdışına çıkmasını sağlayan pasaporttan da yoksun kalacaktı. Zaten mesele de buydu. Fakat bütün bunlarla öylesine sarmaşık bir hale gelmiştik ki kurtulması sanki imkânsızmış gibi geliyordu. Paradan vazgeçmenin yasadışı yönleri bile vardı: Örneğin ya ödenmemiş geçmiş vergi borçları vardıysa? Ödememekle yapacağı şey sivil itaatsizlik olarak değerlendirilecekti. Suelo bu yola yalnız çıkmaktan korkuyordu.

Oregon'da bir komün çiftliği olduğunu duymuştu. Komün üyeleri mahsulü beraber yetiştiriyor ve yemeklerini paylaşıyorlardı. Para gerekmiyordu. Belki de öyle bir yer ona uygun olabilirdi. Suelo derhal birkaç elektronik posta gönderdi fakat cevap alamadı. Fazla beklemeden çantasını sırtlandığı gibi Eugene'e otostop çekerek gitti. Yıkık dökük bir eve ve gelişigüzel yayılmış bir çiftliğe gelmişti.

"Bir elektronik posta yollamıştım," dedi. "İşte buradayım."

Kimse öyle bir posta hatırlamıyordu. Onlara elbette katılabilirdi fakat derhal işe koyulması gerekiyordu. Haftalık kırk saat çalışmasını talep ettiler. Gayet adil geliyordu kulağa. Fakat iş yalnızca patates toplayıp bolluğu, bereketi paylaşmaktan ibaret değildi. Hindibaları çekmesi, araba yolunu açması ve yaprakları toplaması da gerekiyordu. Aslında yetişen ürünler komünün yiyecek ihtiyacını karşılamıyordu. Bazen bir salataya bile zor yetecek kadar ürün çıkıyordu. Çiftlik başka yan girişimler sayesinde ayakta duruyordu. En yakın kasabada bir kafe işletiyorlardı ve postaneyle iletişim halindeydiler. Komün, varlığını kredi borçlarıyla sürdürebiliyordu.

Daha kötüsü orada hayat pek de eğlenceli değildi. İnsanlar asık suratlı ve kasvetli karakterlerdi. Herkes kırk saatini tam anlamıyla çalışarak dolduruyordu ve sohbet ederken ya da kaytarırken yakalanırsan fazladan çalışmak zorunda kalıyordun. Sanki yapılan işin amacı yeterince mahsul üretmek değil de insanları meşgul tutmak, tembellikten uzaklaştırmaktı. Bu ütopik grup Protestanlığı reddetmiş ama çalışma etiğini korumuşa benziyordu.

Suelo, Kung Bushman'ı düşündü. Dünyanın en zorlu coğrafyalarında yaşamalarına rağmen günde yalnızca iki ya da iki buçuk saat çalışıyorlardı. Geri kalan zamanlarını istedikleri gibi geçiriyorlardı. Oysa burada, dünyanın en bereketli topraklarında köle gibi çalışıyordu Suelo. Ters giden bir şeyler olmalıydı.

Aradan birkaç hafta geçtikten sonra Suelo çantasını toplayıp çiftlikten ayrıldı. Onu sisteme bağlayan şeyler daha da arapsaçına dönmüştü. Seattle'ın kuzeyinde yaşayan kız kardeşinin yanına otostopla gitti. Her zamankinden daha da muhafazakâr bir hale bürünmüş olan kız kardeşi, Suelo'nun Hıristiyanlıktan ayrılmasını onaylamasa da onunla inanç ve hayatın anlamı üzerine konuşmak istiyordu. Hayatını gözden geçirdi. Suelo otuz dokuz yaşındaydı. İsa Mesih'in çarmıha gerildiği ve Martin Luther King'in 95 tezi yazdığı yaştan altı yaş daha büyüktü. Martin Luther King Jr.'ın öldürüldüğü yaştaydı. Peki hayatı boyunca ne yapmıştı? Yurtdışında birkaç macera ve mağarada birkaç yıl...

Suelo bir karara varmak zorundaydı. Yollardan biri düzenli bir iş bulup başının üstünde bir çatıyla faturalar, borçlar ve bunlarla beraber gelen ödünlere çıkan bir hayatı işaret ediyordu. Diğer yol ise vahşi doğaya dalıp Lama'nın ayakucunda derin bir yakarıştan geçiyordu. Bu yol kahramanların ve peygamberlerin yoluydu. İyi de bu yol yalnızca bir fantezi değil miydi? Colorado, Grand Junctionlı Daniel Shellabarger kim oluyordu da modern çağı tek başına reddedecekti? Bu yol yabancılaşma, sıkıntı ve alaya alınmadan geçiyordu. Belki de bu danstan vazgeçmeliydi. Belki de bir iş bulup yoluna bakmalıydı. 2000 yılıydı ve ekonomi iyiye gidiyordu. Sıradan bir hayatın cazibesi daha yüksekti hatta direnmesi imkânsızdı.

Akıcı İspanyolcası ve Barış Topluluğu'nda yaptığı işi de içeren özgeçmişi sayesinde İspanyol dili konuşan Latinlerin haklarını devlet bürokrasisine karşı savunmak için Seattle'da varlık gösteren bir kuruluşta işe girdi. İşe gittiği daha ilk sabah, yoğun trafikte iki saat geçirmek zorunda kalmıştı. Ardından şehirdeki kaosun ortasına daldı. Yardım etmeye çalıştığı insanlar ona anlaşılması imkânsız bir hızla İspanyolca konuşuyorlardı ve birkaç kez tekrar etmelerini istemek zorunda kalıyordu – İspanyolcası biraz paslanmıştı doğrusu. Masasının üstü kâğıtlarla dolmuş, gömleği ter içinde kalmıştı. Ona şöyle bir bakan patronu, bu işi gerçekten isteyip istemediğini sordu. Suelo kararsız bir bakışla karşılık vermişti. Saat en sonunda insaf edip altı olunca kendini bitkin halde sokağa atan Suelo, arabanın ön camına bir park cezası bırakıldığını gördü. Ardından trafik keşmekeşinde iki saat daha geçirdi. Trafikte dönüp onunla aynı kaderi paylaşan diğer insanlara baktı. Hiç kimse gülümsemiyordu. Hiçbiri hayatlarından memnun gibi gözükmüyordu.

Sonunda eve vardığında, içeri girer girmez kız kardeşi gününün nasıl geçtiğini sorunca patladı: "Bu çok manyakca. İnsanların nasıl bu şekilde yaşayabildiklerini anlamıyorum." Ardından patronunu arayıp sesli bir mesaj bırakarak şans verdiği için teşekkür ve vaktini aldığı için özür dilediğini anlatan bir sesli mesaj bıraktı.

Artık bu yolculuğu tamamladığından emindi. Bazı özel amaçlarla bir araya gelmiş topluluklara dikkatini verdi ve dünyada onlardan yüzlercesi olduğunu gördü. Fakat en tehlikelisi bu ticari, takas sistemine taviz vermekti. Bu çılgın sistemden kaçmaya kararlıydı. Böyle daha fazla gidemezdi.

Sonunda gidecek bir yer bulmuştu: Nova Scotia ormanlarının gerisinde, vegan, organik bir üretim yapan, Gandi Çiftliği adında bir komündü. Yaklaşık yirmi dönümlük akçaağaç şekeri, titrek kavak, ceviz, dut ve elma bahçeleriyle dolu bir araziye sahipti. Yaz olduğunda yaban çilekleri ve yaban armutları olgunlaşıyordu. Yakınlardaki bir kuyudan temiz içme suyu elde ediyorlardı. Seksen yıllık çiftlik evi, on sekizinde gibiydi. O kadar izole bir yerdeydi ki ne bir telefon numarası ne de elektronik posta adresi vardı.

Daniel haritadan kontrol etti. Nova Scotia Seattle'dan uzakta bir yerdi. Cebinde yalnızca birkaç yüz dolar kalmıştı. 2000 yılı eylül ayında Maine, Bar Harbor'a bir otobüs bileti aldı. Beş günlük yorucu, ter, tütün ve kusmuk kokusuna bulandığı zorlu bir yolculuk yaptı. Oraya vardığında bir feribotta yer bulup Bay of Fundy'den Kanada'ya geçti. Yalnızca elli doları kalmıştı. Parayı önce ikiye ardında dörde katlayıp acil bir durumda kullanmak üzere arka cebine koydu.

Feribotta kimse ona ne gülümsemiş ne de selam vermişti. Öyle ki yaptığı otobüs yolculuğundan ötürü koktuğu için bakmadıklarını bile düşünmüştü. Daha önce hiç bu kadar istenmediğini hatırlamıyordu. Nova Scotia'ya ayağını basar basmaz otostop çekmeye başladı. Kimse onu almıyordu. Bütün gün bekledi. Tuhaf ya da tehlikeli mi gözüküyordu? Sonunda yaşlı bir Hıristiyan çift durup onu arabalarına almıştı. Onlara yapmak istediği şeyden bahsetti Suelo. Yaşlı çift onu anlamış gibi gözüküyordu. Suelo'ya veda ederken bol şans dilediler.

Geriye yalnızca on beş kilometre bir yolu kalmıştı. Yeniden otostop çekti. Nadir olarak geçen arabalardan hiçbiri durmak bir yana, yavaşlamamıştı bile. Ormanlık bölge giderek kararıyordu. Bahçelerde oynayan çocuklar, onu görünce ağaçların arkasına saklanmışlardı. Suelo yürüdü, yürüdü ve yine yürüdü. Sırt çantası omuzlarına inanılmaz bir baskı yapmaya başlamıştı ve topukları, ayaklarının altı şişmişti.

Gandi Çiftliği'ne giden özel yola girdiğinde artık gün batmıştı. Çıplak akağaçların kahverengi yaprakları bir halı gibi yolu kaplamıştı. Bir yatak bulabilmek için yanıp tutuşsa da oraya vardığında heyecanlanmaktan kendini alamamıştı Suelo. Çiftliğe çıkan son kıvrımı dönerken ürperdiğini hissetti. Devasa bir Viktoryen evi silueti karanlığın içinde, kırık camları ve parçalanmış perdeleriyle bir Stephen King kitabından fırlamış gibi duruyordu. Bir süre olduğu yerde durup kendini toparladıktan sonra verandaya çıkan merdivenleri tırmandı. Botlarının altında ezilen çimler gıcırdıyordu. Ağır kapıyı hafifçe iteleyince rüzgârda aralandı.

"Merhaba?" diye seslendi içeri doğru. "Kimseler yok mu?"

Yalnızca rüzgârın sesi, kapı gıcırtısı ve savrulan perdeler yanıt vermişti.

"İçeride kimse var mı?" diye bağırdı. Tüyleri diken diken olmuştu.

Kapıyı iyice itti. Eli girişteki ışığa uzandı fakat ışık yanmadı. Sırt çantasını indirip el fenerini çıkardı. Fenerini yakıp içeriye doğru tuttu. Görecek pek bir şey yoktu. Eski bir muhasebe defterinin kalıntılarından başka bir şey bulamamıştı. Üzerinde çiftliğin kurucusunun ismini gördü. *21 Ekim, Philip'in ebeveynleri gelip ona ait eşyaları aldı,* yazıyordu ve başka da bir şey kaydedilmemişti. Bir aylık envanter boştu. Yukarı kata çıktığında bir duvar takvimi buldu. Üzerine bazı notlar karalanmıştı. *21 Ağustos. Su için kazı yaptık ama kuyu kurumuş. 22 Ağustos, Su için kazı yaptık ama kuyu kurumuş. Ağustos 23, Su için kazı yaptık ama kuyu kurumuş.* Haftalar boyunca aynı şekilde not düşülmüştü.

Suelo bir an önce oradan kaçıp gitmek istiyordu ama dışarısı soğuk ve karanlıktı. Ayrıca gidecek başka bir yeri de yoktu. Çantasından uyku tulumunu çıkarıp yere serdi ve uzandı. Fazla uyuyamamıştı. Güneş belirir belirmez ilk ışıkla birlikte çantasını toparlayıp oradan ayrıldı. Botlarını ayağına geçirip yola düştü. Yollar birbirini izledi. Yine onu alacak bir araç bulamadan bütün gün yola devam etti.

Akşama doğru birileri sonunda durmuştu. "Seni işe giderken görmüştüm," dedi duran aracın şoförü. "Şimdi eve dönüyorum ve sen yine yoldasın. Buralarda kimse seni arabasına almaz," dedikten sonra onu da yanına alıp en yakın kasabaya bıraktı.

Daniel bir an cebindeki elli doları düşündü. Şimdi değilse ne zaman kullanacaktı? Sırada yapacak ne vardı ki? İçinde küçük bir umutla, bir halk kütüphanesinden Halifax'ta tanıdığı bir adama bir elektronik posta gönderdi. Birkaç gün içinde buluştular ve arkadaşı ona Lorelei isimli, onunla tanışmak isteyen bir kızdan bahsetti. Aynı türden bir ruha sahiplermiş.

Lorelei ve Suelo sanki birbirlerini yıllardır tanıyormuş gibi hissetmişlerdi. Yıllardır yollarda gezen ateşli bir hayalet gibiydi Lorelei. Geçmiş yaşamlar, enerji ve bitki ile hayvanlarla aramızdaki uyumdan bahsetmişti. Çok geçmeden Suelo onun Gandi Çiftliği'nde bir süre çalıştığını öğrendi. Daniel onu kendini yakın bulunca, ulaşmak istediği şeyden bahsetmekten çekinmemişti.

"Parasız yaşamak istiyorum," dedi.

"Ben de!" diye cevap vermişti kız.

Beraber yollara düştüler. Yeterince inanca sahip olduğunda evren sana ihtiyacın olanı sağlayabilirdi. Fakat endüstriyel bir şehir ortamında – özellikle de başını çevirdiğiniz her yerde "izinsiz girmek yasaktır" tabelalarının olduğu bir yerde, geniş kanyon ve dağlardan uzak bir bölgede bunu gerçekleştirmek zordu. Fakat neyse ki bu defa otostop çekerken şansları yaver gitmişti. İnsanlar yanında bir kız varken seni almakta daha az tereddüt ediyorlardı. Maine, New Hampshire, Massachussetts, Connecticut, New York. Dökülen yaprakların altında otostop çekerek yolculuk etmek çok güzeldi. "Hayat bizim için büyüleyiciydi," diye yazmıştı Suelo. "Şansın yüzüne gülmeye başladığında inanılmaz güzellikte şeyler geliyordu başına."

Ardından Pennsylvania otobanındaki bir kamyon parkında, Suelo son eşiği geçti. Lorelei'yla beraber yaklaşık iki saattir birilerinin onları almalarını bekliyorlardı. Derken bir süre sonra kar taneleri kasvetli bir şekilde düşmeye başlamıştı. Suelo'nun paltosu inceydi. Asfalta yayılmış benzin kalıntıları, güneş ışığında gökkuşağı gibi parlıyordu. Suelo bir kez daha kaygılanmaya başlamıştı ve başına gelebilecek daha büyük bir tehlike hissediyordu. Yalnızca paranın deva olabileceği kötülükte bir şey…

Suelo cebinden elli dolarını çıkardı ve bir dolara zarf ve pul alıp trafik cezasından ötürü kız kardeşine borçlu olduğu yirmi doları postaladı. Son borcundan da kurtulmuştu.

Yeniden otoparka döndü. Gelip geçen motorcular benzin alıp kahvelerini içiyor ve yollarına devam ediyorlardı. Suelo bu sahneyi olağan bir alım-satım olarak değerlendirip âdeta kışkırtıldığını hissetti. İçinde giderek büyüyen bir heyecan hissediyordu. Sanki ihtiyacı duyduğu ilhamı çok yakında bulacaktı.

Sonunda bulmuştu da: Cebindeki elli dolar kaygılarının dermanı değil, sebebiydi. Elbette ki kötü şeyler olabilirdi hayatta. Fakat uçurumun kenarına geldiğinde değil elli dolar, milyonları da olsa onu kurtaramazdı. Ayrıca onca başına gelenden sonra daha kötüsü ne olabilirdi ki? Ölüm? Ölümsüzlük? Zamanın sonu? Aslında korktuğu şey tam da buydu: Zamanın sonu geldiğinde onu parayla satın alamayacaktı.

Para, sonsuz bir fantezi dünyasını sürekli kılıyor, geleceğe dair illüzyonlar görmemize sebep oluyordu. Suelo böylesi bir illüzyonu ta en başından reddetmeye hazırdı. O elli dolar, onu en çok ihtiyacı olan şeyden yoksun bırakıyordu: İnançtan. Gerçek inanca ulaşmak istiyorsa, maddi dünyada geride bırakılacak hiçbir şey olmadığını kabul etmesi gerekliydi. Başına gelecek "kötülükten" kurtuluşun tek yolu inançtan geçiyordu. "Kutsal açlığı samimi bir şekilde benimsersek," diyordu Aziz Francis, "dünya bize gelecek ve bizi gani gani besleyecektir." Tanrı'nın takdiri onu güvenli bir şekilde taşıyacaksa, başına gelecekler Suelo için önemli olmayacak, cebinde para olsun ya da olmasın yine de iyi olacaktı.

Son otuz dolarını bir telefon kulübesinde bıraktı.

"Birileri çıkıp paranın esaretinden kurtulmak için bir adım atmak zorundaydı," diye yazmıştı sonraları. "Hapishaneden kaçış için tüneli kazıp mahpus dostlarına yolu göstermeli, diğerlerini yargılamadan, bu hapishane dışında da hayatın bereketli ve denemeye değer bir şey olduğuna ikna etmeli."

Suelo parayı arkasında bırakıp döndü ve otoparkı terk etti.

Cennetin kapıları açılmıştı. Yağmur yağıyordu ama Suelo'ya sanki başından aşağı bal yağıyormuş gibi geliyordu. Gurur ve coşkuyla kalakalmış, evrenin şefkatiyle sarıldığını hissetmişti. Borçlarımızı Affet, Kördüğümü Kes, Çemberi Kır. Vaftiz olmuş gibi hissettikten sonra titreyen kol ve bacaklarının yerini yanmaya benzer bir his aldığında, artık doğru noktaya vardığını biliyordu.

Nerede olduğumun bir önemi yok, diyebiliyordu artık. *Nerede olursam olayım yine de evdeyim.*

13

"Ayaklarımda sazdan bir sandalla,
Bir yolcunun gölgesi aklımdayken
Başka bir yıl daha geçiyor."
Başo

1953 yılında yanında yalnızca bir diş fırçası ve bir demet savaş karşıtı bildiri olan bir kadın, Los Angeles'tan yürüyerek yola çıkmıştı. Ön kısmında BARIŞ SEYYAHI yazan mavi tuniğiyle ismini vermeden, artık hesaplamayı bırakmadan önce, otuz yıl boyunca yaklaşık kırk bin kilometre yol yürümüştü. Barış Seyyahı ne para kazanmış ne de para harcamıştı. Yolculuğu boyunca karşısına çıkan insanlara güvenmişti yalnızca. Bu uğurda zaman zaman günlerce yemek yiyememiş, bazen bir yol kenarında uyumak zorunda kalmıştı.

Suelo gibi Barış Seyyahı'nı en radikal haliyle taklit eden kişiler ya yalnızlardı ya da sayıları oldukça azdı. Hedidemarie Schwermer isimli bir Alman kadın on dört yıl boyunca para kullanmadan yaşamıştı. Mark Boyle isimli bir İrlandalı genç adam ise iki yıl parasız yaşamıştı. Suelo birkaç ay boyunca kendilerini "inançla yaşayan, para için değil, Tanrı için çalışan bir Hıristiyan topluluğu" diye tanımlayan bir Hıristiyan grubuyla seyahat etti. Benzerliklerine rağmen bir avuç parasız bireyin bir hareket oluşturabileceğine dair bir tartışma yürütmenin gerekliliği, üzerlerinde baskı oluşturuyordu.

Ancak hayatı en basit şekilde yaşamaya gönüllü kişilerin düşünceleri oldukça genişlik gösteriyordu ve Suelo ile arkadaşları yalnız değillerdi. Suelo'nun da paradan vazgeçtiği 2000 yılında kendine "koala" diyen bir punk rocker belirdi ve "Neden Az Tüketim" adında tüketim karşıtı bir felsefeyi içeren kitapçığını ortaya çıkardı. "Eğer bir antikapitalistsen," diye yazmıştı, "ekonomiyi protesto etmenin en iyi yolu kendini ondan kurtarmak ve bir daha asla para kullanmamak değil midir?" Kitapçık çöp karıştırma, küçük hırsızlık, ev işgalciliği ve doğadan yiyecek toplama üzerine yararlı bilgiler içeriyordu ve şu sonuca varıyordu: "Var olmak için iki seçenek vardır: 1) İhtiyacın olmayan ve doğayı parçalayan şeyleri alabilmek için hayatını boşa harcamak ya da 2) Dopdolu, tatmin edici bir hayat yaşayıp gerektikçe çöp karıştırmak ya da doğaya nazikçe davranırken kendi yeteneklerinle yiyecek sağlamak ve bunu yaparken sistemi boykot edip yalnızca artıkları yeniden değerlendirmektir."

Onun gibi düşünen tüketim karşıtları 1999 yılındaki Dünya Ticaret Örgütü karşıtı gösterilerde, sistemin ürettiği sınırsız tüketim ve ekolojik boşa harcamalara yoğun bir şekilde tepki gösterdiler. İnternet siteleri freegan.info'da amaçlarının kâr hırsının etik unsurları çevrelediği ve birçok devasa, karmaşık üretim sisteminin bize satın aldığımız her şeyin üzerimizde çoğumuzun farkında bile olmadığı, zararlı yönde etkide bulunduklarının garanti edildiği bu ekonomik sistemi bir marka yerine ötekini tercih etmek şeklinde değil, tam anlamıyla boykot etmek olduğunu anlatıyorlar.

Aradan geçen on yılın sonunda dünya görüşleri, San Francisco, Portland ve New York gibi sahil şehirlerinde kendilerine taraftar bulmayı başarmıştı. Aslında radikal, basit yaşam hareketinin son halkası olan bu hareketin kökenleri, on sekizinci yüzyıl Shaker kolonilerine ve on dokuzuncu yüzyıl Thoreau ve deneyüstücülere kadar uzanıyordu. Modern uygulayıcıları geniş bir çeşitlilik gösteriyorlar günümüzde. 1940'lı yıllarda Doğanın Çocukları isimli bir grup uzun saçlı, çıplak genç adam Güney California kanyonlarında güneş banyosu yapıp lotus pozisyonunda oturmuş, ham meyve ve sebzelerle beslenerek yaşamışlardı. 1960'lı yıllarda kendilerine "Kazıcılar" diyen San Franciscolu anarşist bir grup –ki adlarını on yedinci yüzyıldan bir radikal komünden almışlardı – bir dükkân açıp ücretsiz yiyecek ve ilaç dağıtmışlardı. 1972'den bu yana her yıl otobüsler dolusu hippi Rainbow Toplantıları adlı etkinlikler için toplanmış, bir hafta süren ruhsal ve sanatsal kutlamalar içeren, paranın kesinlikle yasak olduğu toplantılar gerçekleştirmişlerdi. Abbie Hoffman'ın 1970 yılında kaleme aldığı *Bu Kitabı Çalın* isimli manifestosunda ücretsiz yiyecek, barınma ve ulaşım üzerine devrim niteliğinde fikirlerini öğütlemişti: "Amerika gibi bir ülkede kolayca toplanmayı bekleyen dünyalar kadar yiyecek var." 1981 yılında, Harvard Meydanı'nda bir anti-nükleer protestosunda BOMBA DEĞİL YİYECEK yazan bir tentenin altında vejetaryen yiyecekleri dağıtıldı. Gevşek bir şekilde bağlarını koruyan bu grup aynı mesajı yayıp bedava yiyecek dağıtmaya hâlâ devam ediyorlar.

2007 yılında Brer Erschadi isimli genç bir adam otostop çekerek Moab'a gelmişti. Daha önce Houston'daki BOMBA DEĞİL YİYECEK etkinliğinde çalışan Oklahoma kökenli genç adam, benzer bir şeyi Moab'da yapmayı planlıyordu. Conrad Sorenson'un parasız işleyen yiyecek kooperatifinden beri kasabada böyle bir amaçla çalışan başka bir yer kalmamıştı. Heila Habibi isimli yeni kız arkadaşıyla birlikte bisikletiyle restoranları dolaşıp artık yiyecekleri toplamaya başlamıştı Brer Erschadi.

Tahtadan, seyyar arabalarını taşıyan sakallı ve uzun boylu genç adama, "Hangi grup için çalışıyorsunuz?" diye sormuşlardı merakla. Kendi başına çalıştığını söylediğinde kapılar yüzüne kapanmıştı. "Kiliselerden bağış istedik ama hiçbir kilise bize yardım etmedi," diye anlatıyor bugün. "Bizi mutfaklarında istemiyorlardı."

Brer ve Heila'nın bu iş için pek de cesaretlendirildikleri söylenemezdi. "Dağıttığımız ilk bedava yiyeceğimizi doğrudan çöpten çıkarmıştık," diye anlatıyor Brer Erschadi. 2008 yılında bir bahar günü o ve Heila yiyeceklerini, diğer beş kiracıyla paylaştıkları barakaya taşıdılar ve pişirdiler. Acele etmek zorunda hissetmişlerdi kendilerini zira kaldıkları yerde buzdolabı yoktu ve yiyecekler yavaştan bozulmaya başlamışlardı. Bir tencere çorba pişirip yanında salata yaptılar. Ardından bisikletlerine yüklenip Main and Center'ın köşesine gidip kaldırıma serdiler.

"Ne masamız, ne sandalyemiz ne de arabamız vardı," diye hatırlıyor Erschadi. "Tenceremizi betona indirdik. O iki kişi gelmişti yanımıza. Oldukça eğlenceli ve ilham verici bir tecrübe olmuştu."

Turistler ve gelip geçenler merakla, fasulye yiyenlere bakıyordu. Yemek yiyenler arasında kaya tırmanışçıları ve çocuklar vardı. Bir film artisti kadar yakışıklı oluşu ve ergen bir çete savaşçısı gibi fit vücuduna kır saçlarını ekleyince, Erschadi'nin yaşını tahmin etmek imkânsızlaşıyordu. Heila da oldukça çarpıcı bir güzelliğe sahipti ve ten renkleri Brer'le oldukça uyumluydu. Her ikisinin de babaları Tahran'da doğmuştu. Utah'ın uzak bir köşesinde, park ettikleri kaldırımda oldukça dikkat çekiyorlardı. Yanlarına yaklaşan bir polis ne yaptıklarını sordu ve para karşılığı yapmadıklarını öğrenince uzaklaştı. "Bizimle bir kâse patates yedi ve yoluna devam etti," diye anlatıyor Houston'dayken de birçok polise ücretsiz yiyecek ikram eden Brer.

"Aslında o dönem bir anlaşmazlığın acısını çekiyordum," diye kabul ediyor şimdi geriye bakınca. "Birilerine derdimi anlatmak istiyordum."

Şansını deneyecekti. İlk yemekleri başarılı geçmişti ve bunu çöpler ve restoran artıklarını toplayarak düzenli bir hale getirmişlerdi. Derken bir gün sağlık bakanlığından bir müfettiş yanlarına gelip izinleri olup olmadığını sordu. Erschadi ona bir grup yemeği verdiklerini ve bunun için izne ihtiyaç gerek olmadığını söylediyse de müfettiş ısrarcı davranmıştı.

"Çantamda iki sandviçim olsa ve gidip birini kız arkadaşıma vermek istesem sizden izin mi almam gerekiyor?" dedi Erschadi. "Bunu asla yapmam."

Brer ve Heila'nın bebekleri doğduktan sonra August Brook isimli bir itfaiyeci Bedava Yemek işini devralmıştı. Kentin ileri gelenleriyle olan ilişkileri yaptıkları şeye bir yasallık kazandırmış, restoranlar, hatta okul kafeteryaları bile yiyecek bağışlamıştı. 2009 ve 2010 yılına geldiklerinde organizasyon her gün bir gönüllünün yardımıyla, hava ister yağmurlu ister karlı olsun yine de devam ettirildi.

Bedava Yemek'in devrimsel niteliği basitliğinden geliyordu. Bu sayede birçok yemek çöp kutuları yerine insanların midelerini boylamış, yemeğe gelenlerden hiç kimse geri çevrilmemişti. Para, işin içinde hiç yoktu. Yemekler günden güne, olanaklara göre çeşitlilik gösteriyordu. *Bomba Değil Yiyecek* hareketinin aksine, Bedava Yemek'te yalnızca vejetaryen yiyecekleri servis edilmiyordu. Artık olması şartıyla her türlü yiyecek değerlendirilebilirdi. Herhangi bir şekilde para bağışı ya da satın alınmış yiyecek kabul edilmiyordu.

"İnsanlar burayı bir aşevi zannediyorlar ama öyle değil," diyor August Brooks. "Yaptığımız şey, her türden insanı bir araya getirmek."

"İnsanlar geldiklerinde bir tabak yiyeceklerini alıyorlar fakat esas gelme sebepleri bu değil," diyor Suelo. "Toplumun birçok kesiminde artık yok olmaya yüz tutmuş bir sosyal ilişki ağına dâhil olmak istiyorlar. O zaman gerçekten de bir topluluk içinde olduklarını hissediyorlar."

Buna katılıyorum. Finansal bir bağımsızlığın kazanıldığını görmüştüm orada ve daha azına sahip olduğumda, böylesi bir topluluğu özleyeceğimi biliyordum. Yirmili yaşlarımdayken amacım minimum tüketim ve maksimum özgürlüktü. Yarı zamanlı, mevsimlik işlerde çalışmıştım ve yılın geri kalan zamanını seyahat edip yazarak geçiriyordum. O kadar az para kazanıyordum ki vergilerimi bile güçlükle ödüyordum. Sahip olduğum her şey bir kamyonetin içini dolduracak kadar azdı. Kendime ait bir yeri karşılayamadığım için çoğunlukla komün hayatı yaşıyordum. Kılavuzluk mevsimlerinde birçok gençle haftalarca kamp yapmıştım.

Bu hayatı seviyordum. Fakat zaman ilerledikçe kendime ait bir yerin özlemini hissetmeye başlamıştım. Otuz beş yaşıma geldiğimde sonunda buna kavuştum ve üç şeritli bir yolun kenarında, küçük bir ev satın aldım. İlk defa yazı yazdığım yer ile uyuduğum yer aynı oda değildi. Çok iyi bir maddi teminat gösterememe rağmen küçük bir faiz karşılığında borç alabilmiştim. Artık evden çalışabilirdim ve para kazanmak için kalemi terk etmek zorunda kalmayacaktım.

Fakat hayalini yaşamanın bedeli oldukça büyüktü ve bu bedelden yalnızca ev kredisi, mülkiyet vergisi, ev sigortası, faturalar, sağlık sigortası ve emeklilik birikimini kastetmiyordum. Özgürlüğümü kaybetmiştim ve kira ödemeyi bırakıp birkaç ayımı kamyonette geçirebilirdim. Lakin ekonomik bağımsızlığının en şaşırtıcı yönü şu olmuştu: Artık yalnızdım. Huzursuz ve kaygılı birine dönüşmüştüm. Diğer insanlarla yaşarken ki rahatsız yaşantımı özlemeye başlamıştım.

Ardı ardına yapılan bir sürü araştırma, zenginlik ve mülkiyet arttıkça mutluluğun azaldığına işaret etmiştir. Elbette ki benim gibi daha basit bir yaşamdan gelenlerin, bu ekonomik patlama yaşanan yıllardan etkilenmiş olması sürpriz sayılmazdı. Suelo tarafından radikal bir şekilde uygulanan fikirler aynı zamanda ana akım fikirlere de sızmıştı. Aradan geçen on yılların arasında meydana gelen ekonomik sarsılmalara bakarak sistemin çalışmadığı kanısına varmak için bir anti-kapitaliste dönüşmek zorunda değildiniz. 2001 yılında *dot-com* balonunu konut balonu takip etmişti ve finansal riskler gizlenerek kolay kredi imkânı yaratılmıştı insanlara. 2005-2009 yılları arasında *Bolluk* başlığı altında, dörtten fazla kitap basmamışlardı ve bir PBS belgeselinde durum "aşırı tüketim salgını" başlığıyla ele alınmıştı. Diğer alarm niteliği taşıyan başlıklar ise şöyleydi: *Aşırı Harcayan Amerikalı: İhtiyacımız Olmayan Şeyleri Neden İstiyoruz?* (1999), *Materyalizmin Fahiş Fiyatı* (2002) ve *Satın Almak İçin Doğanlar: Ticarileşmiş Çocuk ve Yeni Tüketim Kültürü* (2005).

Aynı dönem Amerikalılar satın aldıkları şeylerle ilgili daha eleştirel olmaya başlamışlardı. Bin Ladin'in saldırıları, Amerika'nın ekonomisinin petrole ne kadar bağlı olduğunu bir kez daha, inkâr edilemez bir şekilde gözler önüne sermişti. Yıllar boyunca insanlar tarafından yaratılan ekonomik felaket, yiyecek ve enerji masraflarının market raflarına ulaşana kadar çok daha yüksek bir orana erişmesine sebep oluyordu. Yaptığımız petrol âlemlerinin yıkıcı etkileri artık uluslararası saflarda da yer bulmaya başladı ve Al Gore'un *Rahatsız Edici Gerçek*'i kapalı gişe oynuyordu ve üstelik ona Nobel Barış Ödülü'nü kazandırmıştı. Yine Annie Leonard'ın 2007 yapımı belgesel filmi *Şeylerin Hikâyesi*, tüketim karşıtı fikirler dile getirmişti. Çizgi film versiyonu da yapılıp sayısız okulda öğrencilere izletilmiş, belgesel on beş dile çevrilip 12 milyon insana ulaşmıştı.

Serbest ticaret ve ekonomi sisteminin bizi kötü alışkanlıklara sevk ettiğine hâlâ ikna olmamış olanlar, 2008 yılına gelindiğinde artık öfkelenmeye başlamışlardı. Henüz dar gelirli konut kredileri dönemi ortaya atılmadan, ekonominin kaptanları, bu sistemin yakında nasıl patlayacağına dair komşularının çiftlikleri üzerine bahse bile girmişlerdi. Finansörlerin servetleri zarar görmeden öylece yerinde kalırken, orta sınıf ve işçi sınıfı, ceplerinde beş kuruşla ortada kalakalmışlardı. 2010 yılında gelir uçurumu artık hiç görülmedik seviyelerdeydi ve Amerika'nın yüzde 1'lik bir kesimi, tüm gelirlerin yüzde 24'üne sahipti. 1915 yılında bu oran yalnızca yüzde 15'ti. "Ekonomik olarak konuşacak olursak, dünyanın en zengin ülkesi artık bir muz cumhuriyeti oluyordu," diye yazmıştı *Slate* isimli kitabında Timothy Noah. *New Yorker*, durumu ağırbaşlılıkla kabul etmiş ve *"Yatırım bankalarının çoğu sosyal olarak işe yarar hiçbir şey yapmıyorlar,"* demişti.

Peki, endişeli bir vatandaş ne yapabilirdi? Dalgalı denizde, bir plastik parçasına tutunur halde kalmış gibi karmaşık düşüncelerin ortasına saplanıp kalmıştım. Gidip bir mağarada yaşamaya başlayacak halim yoktu. Seçici bir şekilde, para üzerine kurulu sistemi terk etmek o kadar da kolay değildi: Birçok Amerikalı gibi, hükümetin har vurup harman savurmak için ayırdığım ve sonsuzmuş gibi hiç bitmeyecek sandığım paraya el koyması beni de üzmüştü. Bana göre düğüm noktası Irak savaşıydı. Diğerleri için sorun kürtaj ya da Darwin olabilirdi fakat benim için değildi. Yasal anlamda yapabileceğim bütün itirazlarda bulunmuş, barışçıl gösterilere katılmış, kongreye mektup yazmıştım ama bir sonuç alamamıştım. Sonunda federal gelir vergimi ödememeye ve gerekirse Thoreau gibi bunun için bir gece hapiste kalmaya karar vermiştim. Fakat böylesi sivil itaatsizlik eylemlerine karşı verilen cezalar o günlerden bu yana değişmişti. Sam Amca bunu yaptığım takdirde beni öncelikle yüz dolar para cezasına çarptıracak ve beş yıl hapis cezası verebilecekti. Aslında gönüllü olmadığım bir fedakârlığa zorlanıyordum. Kime oy verirsem vereyim ya da hangi sloganın peşine düşersem düşeyim, vergi ödediğim sürece savaşa destek veriyordum. Daha ahlaklı ve basit bir yaşam arayışındaki kişileri madalyonun bu yüzünde yalnızlık ve hapis bekliyordu.

Uzlaşmak mümkündü. Daha basit ve yalnızca artıklarla yaşamak isteyenlerin sayısı Suelo ve her şeyi boykot etmemizi salık veren diğer tüketim karşıtlarından daha fazlaydı. İnsanları "daha az çalış, daha fazla yaşa ve daha bilinçli tüket," gibi sloganlarla Yeni Amerikan Rüyası'na davet eden bir Prius sürücüsü ortaya çıkmış ve tüketim karşıtlarına akraba bir düşünce belirtmişti. Ortaya konan düşünceler Abbie Hoffman'dan ziyade Helen ve Scott Nearing'in 1954'te yazdığı ve 1970'lerin toprak hareketlerine ilham veren, *İyi Bir Hayat Yaşamak* kitabıyla benzerlikler taşıyordu. Kimileri ise Şükran Günü'nün ertesi gününü karşı hareket olarak, *Bir şey Satın Almama* günü adıyla kutlamaya başlamıştı. Geri Dönüşüm Hareketi, "hediye ekonomisi"nin şampiyonu olmuştu ve dünya genelinde fazlalıklarını çöpe atmak yerine birilerine vermek isteyen elli milyon üyesiyle zirvedeydi. Couchsurfing.com ise dünya genelinde bir başkasını evinde misafir etmeye yönelik bir hareket meydana getirmişti. Yeni kitaplar, felaket tellallığından ziyade daha az şeyle hayatta kalma üzerine pratik tavsiyelerde bulunuyordu. *Derin Ekonomi: Toplulukların Zenginliği ve Sürekli Gelecek*, *Basit Refah: Sürdürülebilir Bir Yaşam Tarzıyla Zenginliği Bulmak* ve *Bereket: Gerçek Zenginliğin Yeni Ekonomisi* gibi kitaplar örnek olarak gösterilebilirdi.

Termoslar dolduruldu, lastikler kontrol edildi, ağaçlar ekildi, lambalar yenilendi. Katkıda bulunmak istemediğim endüstrilere karşı kendimce küçük adımlar atmaya başlamıştım. Araba kullanmak yerine bisiklete biniyordum. Daha ekonomik bir ocak almış, paramı ulusal bankadan çekip yerel bir kredi birliğine aktarmıştım. Artık biliyordum ki kâr amaçlı devasa üretimler yapan endüstri ürünlerinin, tek kullanımlık toksik ürünlerin yarattığı problemler çözüm gücümüzü aşacak seviyeye gelmişti. Yeniden buzdolabı poşetleri kullanmaya başlamıştım ve markete giderken yanıma bez poşetler alıyordum.

Ancak asıl problem bu noktada başlıyordu: Bütün bu anlamlı önlemlerime rağmen kendimi daha az kaygılı ya da özgür hissetmiyordum. Kaç defa daha mutfak lavabosunun başında, plastik bir poşet karşısında paralize olmuş halde kalacaktım? Temiz olduğunda onu yeniden kullanabilirdim. Mesela diyelim ki bir sandviç paketiydi ve bir kısmına hardal, peynir ve sos bulaşmıştı. Ne yapmam gerekiyordu şimdi? İçgüdülerim bana çöpe atmamı söylüyordu. Fakat atılan yer de doğanın ta kendisiydi. Bu plastik poşet bir yunusun boğazına dolanabilirdi ya da denizde dolaşıp artık paramparça da olsa geride bıraktığı petrokimyasallar sonsuza dek yakamızı bırakmayabilirdi.

O noktada durdum ve düşündüm: *Saçmalık. Sadece bir plastik poşet değil miydi sonuçta? Yıkayıp yeniden kullanmaya kalkarken bile değerli su kaynaklarını ziyan etmeyecek miydim? Üstelik lekeleri çıkarmak için bir başka doğal kaynak olan gazı açıp suyu ısıtmam gerekecekti. Kullanacağım sabundan bahsetmiyorum bile.* Üstelik daha şimdiden nehri çöplerden temizlemek gibi daha yararlı bir işte kullanabileceğim zamanımı bunun üzerine düşünerek boşa harcamıştım.

Sonunda poşet çöpü boyladı fakat ertesi gün kahvaltı sırasında gözüm poşete çarptığında, çöpün içinden suçlayıcı bakışlarla bana bakmaya devam ediyordu. Nihayetinde gelecekte bir gün yine bir sandviç paketine ihtiyaç duyacaktım ve emeğimle kazandığım parayı bir poşete harcayacak, Ziploc gibi bu tarz toksik plastiklerin seri üretimini yapan firmalara katkıda bulunacaktım. Rust Belt ya da Çin'de bir yerde bu fabrikaların nehre kahverengi bir çamur kustuğunu hayal ediyordum. Böylece benim bir kutu poşetim vergi mükelleflerinin ödediği yollarda, doğaya zararlı gazlar saçarak ilerleyen bir kamyonetle, türleri tükenmekte olan bozayı, antilop ve geyiklerin soylarının tükenmesine sebep olmaya devam edecek ve aynı çark sürüp gidecekti.

Sonunda bu endişelerimi bir terapiste açtığımda şu karşılığı almıştım: "Neden dışarı çıkıp bir şeyler ekmeyi düşünmüyorsun?"

Evimden çok da uzakta olmayan bir sosyal bahçeye gönüllü olarak çalışmak için başvurdum ve haftada iki öğleden sonramı çimleri biçip saman örterek ve salatalık toplayarak geçirdim. Tanımadığım insanlarla beraber çalışıyordum. Hepsi birbiriyle arkadaş olmuşlardı. Artık kasabamda olup bitenle ilgili daha fazla fikrim olduğunu söyleyebilirdim. Sırtım ağrıyorsa da bundan mutluydum. Taze sebzeler ise bir lütuftu ve iş güçleri sömürülen göçmenler tarafından toplanıp kimyasal katkı maddelerine boğulmadıklarını bilmek, kendimi iyi hissettiriyordu. Hepsinden de öte dışarıda olmaktan ve başkalarıyla beraber omuz omuza bir şeyler yapmaktan gerçekten de keyif alıyordum. Plastik poşet yıkamaktan ya da yıkayıp yıkamama kararsızlığından ziyade sebze yetiştirmek beni çok daha iyi hissettirmişti.

Pek farkında olmasam da kendimi gönüllülüğün en enerjik kanadında bulmuştum: Yerel yiyecek hareketi. Geçmiş yıllarda ev yapımı ürün, toplumsal paylaşımcı tarım, gönüllü bahçe ve çiftlik pazarları gibi alanlara yoğun bir ilgi vardı. Gerçi seksenli yıllarda bu tarz hareketler büyüse de yaptıkları sıçramalar ekonomik ve çevresel felaketlerle aynı zamanlara denk gelmişti. Eric Schlosser'in 2001 yılında kaleme aldığı *Fast Food Milleti* kitabında ucuz yiyeceklerin sebep olduğu ahlâksal ve sağlık riskleri ile alışkanlıklardaki değişimleri ele almıştı. Michael Pollan, 2007 yılında *Etobur Otobur İkilemi* kitabıyla, bundan evvel sıkıcı olmaktan ileri gidemeyen yiyecek konusunu en çok satanlar listesine taşıdı ve Barbara Kingsolver'ın *Hayvan, Sebze, Mucize* isimli, yerel, sürdürülebilir çiftliklerin önemini vurgulayan kitabı aynı başarıyı takip etti.

Suelo'nun gönüllü olarak çalıştığı, Chris Conrad'a ait Güneş Gıda Çiftliği isimli çiftliği, bu tarz hareketlerin tam anlamıyla bir örneğini teşkil etmektedir. Tıpkı Bedava Yemek gibi oranın da var oluş amacı yalnızca yiyecek sağlamak değil. "Ekonomi" kelimesinin Yunanca "ev" ve "yönetim" kelimelerinden geldiğini söylemişti bana Chris Conrad. Bir başka deyişle "evi çekip çevirmek" anlamına geliyordu. Yunanlar ağırlıklı olarak zirai bir toplumdu ve ekonomiyi toprağı çekip çevirmek olarak görüyorlardı. Güneş Gıda gibi halka yakın hareketler sayesinde insanlar yeniden doğaya ve toprağa hizmet edebilecekleri bir tapınak buluyorlardı.

Bununla birlikte, orayı ziyaret ettiğimde bu idealist hareketin kâra dönüştüğünü görmüştüm. İlk yaz geldiğinde Chris fazlalık ürünleri dağıtmıştı. Finansal durumu hakkında endişelenip endişelenmediğini sordum.

"Ispanak," diye yanıtladı Chris Conrad. "İşte benim emekliliğim. Kendine yetme kavramıyla her zaman ilgilenmişimdir ve her zaman kendi yiyeceğime sahip olacağım düşüncesi hoşuma gidiyor."

Bu işi bir maaşa nasıl dönüştüreceğini anlamadığımı görünce, bana iş planının büyük ölçekte "çöküşten sonra" meydana gelecek yeni ekonomiye bağlı olacağını anlattı. Petrolün zirve yaptığı dönemde California ve Iowa'dan kamyonlarla, Peru'dan uçakla yiyecek geliyordu ve bu mevcut sistem dağılacaktı. "Petrol olmadığı için kamyonların şehir pazarına yiyecek getiremediğini bir düşün," demişti Brer Erschadi bana bir keresinde. "Bu kasaba birkaç günde bütün rafları boşaltacaktır. Peki, sonra ne olacak?"

Chris Conrad bu tarz kıyamet senaryolarına pek takılmasa da yaklaşık yüzyıl önce köylülerin elleriyle kazarak inşa ettikleri, elektriksiz çalışan sulama sisteminden bahsetmekten geri kalmıyor. Yalnızca petrol temelli yakıtların yaratacağı felaketlerden değil, parasal sistemin çöküşünden de bahsediyor. "Kendi para birimimiz bile hazır," demişti bana. "Güneş doları," ve her bir Güneş doları, bir Amerikan dolarına karşılık gelecekti. Güneş dolarları çiftlik pazarında ya da Chris o gün ne yapıyorsa onu almak için kullanılabilirdi. İnsanlara ön ödeme yaptırmak için güzel bir hile olabilirdi ancak Conrad'ın başka bir fikri vardı. "Ekonomik çöküşten sonra bir Güneş doları iki yeşil dolar edebilir. Yani elde tutmakta fayda var."

"Peki, ya çöküş gerçekleşmezse?" diye sordum. "Ya da çöküş süreci yirmi yılı bulursa?"

Bunu da göz önünde bulundurmuştu. "Belki de o zaman ürünlerimi alıp konut kredimi ödeyen zengin hippiler kalır geriye sadece. Sanırım bunda bir mahsur görmüyorum."

En baskın endişe, ekinlerin toprakta kalmasını sağlamaktır. Birçok ütopik kişiliğin tecrübe ettiği üzere, idealistler her zaman en iyi işçiler olmayabiliyordu. Mesela Suelo gibi bir gönüllü, ekinlerin markete gönderilip kâra dönüşmesiyle ilgilenmezdi. Yaz sonu geldiğinde Suelo'nun en çok umursadığı şey yalnızca yabani otlar olurdu.

Ayrıca çiftçilik değişken bir iştir. Yalnızca işe gittiğiniz için bile para ödenen işlere benzemez. Meyve bahçesinde çalışmaya başladığımda rüzgâr hızını iyice almıştı. Söğütler iyice eğilmiş ve kavak yaprakları gökte uçuşmaya başlamıştı. Chris Conrad yüzünü ekşitti. "Tamamen kaybetmeden şu şeyi sürmemiz gerekiyor." Yakınlardaki bir inşaat yerinde demir oluktan perdeler gökyüzüne yükseldi ve tarlaya doğru sürüklendi. Toz, diken ve yapraklar düşmanımız kesilmişti. "Tanrılar bize kızmış olmalı!" dedi Suelo.

Ardından koca sera çökmüş ve sert bir şekilde geyik çitlerinin üzerine düşerek Chris Conrad'ın kamyonunu parçalamıştı. "Böyle zamanlarda sadece bir gönüllü olarak çalıştığım için kendimi şanslı sayıyorum," diye ekledi Suelo.

Gerçekten de ikinci yılın sonunda, Chris Conrad'ın işi ticari olarak tehlikeli bir girişim olarak görülmeye başlamıştı. Bana yalnızca kendi kileri için yiyecek yetiştireceğini söylemişti fakat yeniden işe dönüp dönmeyeceğinden emin değildi. Ancak Güneş doları hâlâ geçerli bir fikirdi. "Harcayacak Güneş doları var ise elinizde, benimle iletişime geçin," diye yazmıştı kişisel internet sitesinde. "Yerel para birimlerinin (tıpkı Güneş doları gibi) yakın gelecekte Amerikan Doları'nın değerini geçeceğine inanmaya devam ediyorum."

Bedava Yemek de benzer bir kaderi paylaştı. 2011 yılında August Brooks, ondan sonra işi yürütecek birini bulamadığı için mutfağı süresiz bir şekilde kapatmak zorunda kalmıştı. Çöküşün asıl formülü, tam da ütopiklerin bütün fedakârlıkları kuruculardan beklemesinden kaynaklanıyordu.

Kısmi başarısızlıklarına rağmen, Güneş Gıda ve Bedava Yemek gibi girişimler, gelecekte ülke çapında nasıl yiyecek üretilip dağıtılacağına dair sağlam öngörülerde bulunmuşlardı. En büyük iki katkısı ise kimyasalları ve petrol giderlerini işin içinden çıkarmak ve israfın önüne geçmek olacaktı. Görünüşe bakılırsa, onların varlık sebeplerini ortaya çıkaran korkunç koşulları önlemiyorlar – yine de küresel ısınmaya karşılar ve finansal sistemin bankerlerin lehine olduğunu düşünüyorlardı. Peki, parasız fikir üreten filozoflar daha kaç ton domates yetiştirip sistemi tersine çevirebilirlerdi? Gönüllü olarak çalıştığım bahçeden öğrendiğim kadarıyla mesele aslında domatesle ilgili değildi.

Belki de değişim çabasına girmek de değişimin kendisi kadar değerliydi. Çünkü yenilenmiş bir toplum anlayışıyla komşunu tanımak, asıl kazanılan şeydi. Ayrıca eninde sonunda böylesi bir toplum inşa etmek, bireycilik sebebiyle aşırı tüketime yönelen Amerika'nın problemlerini çözebilirdi.

August Brooks, Bedava Yemek'in son aylarında bedava yiyecek dağıtımının toplum arasındaki bariyerleri nasıl kaldırdığına dair bir izlenime sahip olma şansını yakaladı. Fakat ardından şunu fark etti: İnsanlara ücretsiz yiyecek dağıtmak, kalplerini değiştirmekten daha kolaydı. Nihayetinde toplum olabilmek, insanları ilk bakışta gerçek bir toplum olmaktan alıkoyan yargılar ve korkularla yüzleşmeye itecekti. Benim de kendimce endişelerim vardı. Bir süre öğle yemeklerimi onlarla beraber yedikten sonra ben de: "Zenginler nükleer savaş istiyorlar ve bu yüzden kendilerine özel sığınaklar inşa ediyorlar," gibi komplo teorilerini düşünürken bulmuştum kendimi ve bir yandan da *Neden işinize gücünüze bakmıyorsunuz millet?* diye düşünerek bu yeni eğilimlerime meydan okuyordum.

"İnsanlar, 'Yaptığınız şeyi desteklemek istiyorum,' diyorlar ve para ya da yiyecek bağışlamak istiyorlar," diyor August Brooks. "Onlara yapacakları en iyi şeyin gelip bizimle yemek yemeleri olacağını söylüyorum. Fakat birçoğu bunu yapmıyor bile. Yemek dağıtılan bir yerden yiyecek alırken görünmek istemiyorlar ve ayrıca fakir insanlarla bir araya gelmeye korkuyorlar."

Kısacası; dünyayı değiştirmek gerçekten de çok zor bir iş. Her ne kadar elimizden geldiğince birey ile toplum arasındaki dengeyi sağlamaya çalışsak da özgürlüğün asıl formülü bu değil, tam tersidir. Servet edinme kaygısı ile ahlâklı bir birey olma kaygısı arasında bir denge sağlamaya çalışırken aslında kendinizi her iki kaygıdan da özgür kılmıyorsunuz. Yalnızca endişenizi iki katına çıkarıyorsunuz. Tıpkı diyet yapmak gibi… Günde on kilometre koşmayıp balık ile brokoliyle beslenmediğiniz sürece hiçbir zaman dergilerde gördüğünüz o harika karın kaslarına kavuşamayacaksınız. Duble çikolatalı pastayı mideye indirerek harika bir vücuda kavuşamazsınız. İkisini de yarım yapıp ya da yarım yediğinizde, suçluluk duygunuz azalmaz.

Vermek zorunda olduğu tavizlerden en az kaygı duyan kişi elbette ki Suelo'dur. "Eskiden sıkıntılarım uzun sürerdi ve atlatması güç kaygılara dönüşürdü," diye anlatıyor Suelo. "Hayatımı nasıl sürdüreceğim? Kirayı nasıl ödeyeceğim? Sigortamı nasıl ödeyeceğim? Emekliliğimde ne olacağım? Nasıl bir kariyerim olacak?

İnsanlar hakkımda ne düşünecek? Bütün bunlar oldukça çekilmez düşüncelerdir ve bence birçok insan bunlarla başa çıkabiliyor. Oysa şimdiki kaygılarım oldukça basit ve anlık. Yalnızca yiyecek, barınak ve giyecekten ibaretler. Saydıklarım, çözülmesi mümkün kaygılar çünkü bu ana aitler."

Suelo'nun paradan vazgeçmesinin en önemli sonucu, karbon emisyonunu azaltmak ya da para üzerine kurulu sistemi sürekli olarak protesto etmek değildi. Belki hiçbir zaman o rotayı takip etmeseler bile insanlara içlerinde var olan gerçek özgürlük hissine ulaşacakları bir harita sunması, onun asıl başarısıydı. Suelo bizim aksimize ticari sistemlerin kaosundan etkilenmez. Parayı terk ettiğinden beri ekonomideki sarsıntılar onun hayatını pek de değiştirmiyor. İnançtan umutsuzluğa ve sürekli geriye giden yirmi yıllık yaşam yolunda çektiği sıkıntılar, para kullanmayı terk ettikten sonra neredeyse yok oldu. Belki de orta yaş dalgınlığıyla, yıllar içinde birçok defa yoldan çıkmış olabilirdi ancak onun gerçek başarısını çizgisel zaman kavramından kaçmasına bağlıyorum.

"İnsanlardan mağaralarda yaşayıp çöpleri karıştırmalarını beklemiyorum," diyor Suelo. "Yalnızca kalplerini açıp ellerindeki fazlalıkları, ihtiyacından daha az şeye sahip olanlara vermeleri için yakarıyorum. Bu dileğim gerçek olsaydı, çöp toplamama kesinlikle gerek kalmazdı"

Suelo, desteklediği toplulukların çöküşü karşısında soğukkanlılığını yitirmemeyi başarmıştı. Ertesi yıl, insanların bakımsız arazilerinde ürün yetiştirip hâsılatı dağıttıkları bir programa destek verdi. Hâlâ Youth Garden Project'e –girdikleri ekonomik dar boğaza rağmen– yardım etmeyi sürdürüyor. American iCrop üyelerinin de yardımını alan çiftlik, yalnızca mahsul yetiştirip haftalık marketinde satışa sunmakla kalmıyor, aynı zamanda okul sonrasında lise bilim dersleri veriyor, yaz kamplarına destek olup mahkemede ceza alan çocuklara sosyal hizmetlerini orada tamamlama imkânı tanıyor.

Bir akşamımı orada Suelo ve dünyayı bir havuçla değiştireceğine inanan o çocuklarla geçirdim. Kavak ağaçlarının gölgesinde, dağlardan kopup gelen bir derenin kenarında ot topladık. Yemek için oturduğumuz yerin birkaç yüz metre ötesinden topladığımız fasulye, kabak ve biberden oluşan ziyafetin başına geçtiğimde bir an ben de onların hayallerine inandım.

"Paranın modasının geçeceğini görebiliyorum," diyor Suelo. "Ailelere parasız yaşama olanağı sağlayan, ortak bir yaşam hayal edebiliyorum. Komünal yaşamlar her toplumda var olurlar; hatta içinde bulunduğumuz en kapitalist toplumda bile. Bunun adına 'paylaşmak' diyoruz ve daha anaokulunda bize öğretiliyor. İçimizde yetişen bencilliği yok edene kadar paylaşm fikrini ekmeye devam etmeliyiz."

14

"Sonsuz şimdi, ölmek ama yok olmamaktır."
Lao-tzu

Sıcak bir yaz günü Suelo ve ben Mount Evans'ın rüzgârlı yollarına doğru arabayla ilerledik. Uçurumdan düştüğü yeri görmek istemiştim.

Hayatta kalması tam bir mucizeydi. Gaz pedalına yüklenirken aklındaki son düşünce, eğer Tanrı'nın onun yaşamıyla ilgili bir amacı varsa, bunu bu şekilde sonlandırmaması gerektiği olmuştu. Her şey kararıp kayalıklardan aşağı sürüklenirken, dallarla örtülü sert bir kayalığa çarparak durduğunu hissetmişti. Gözlerini açtı. Her yer kıpkırmızıydı ve kırık camlarla kaplanmıştı. Gözlerinin önünü kandan bir perde bürümüştü. *Ah, kahretsin! Yaşıyorum!* Hiç acı hissetmemişti. Oysa, *Bundan da kurtulamam herhalde,* diye düşünerek uçuruma doğru sürmüştü aracını. Uykusu gelmişti ve artık yakında her şey son bulacaktı...

Yeniden uyandı. Titriyordu. Soğuk bir bahar sabahıydı ve donmak üzereydi. Kısa sürede ölebilirdi. Hayatta kalma içgüdüsü, ölme isteğine karşı gelmişti. Bir süre sonra *Ölmek istemiyorum!* diye düşünmeye başladı. *Yola doğru çıkmam gerek.* Yeniden her yer karardı.

Tekrar kendine geldiğinde yol kenarında uzandığını fark etti. Yukarılardan bir yerden motor sesi geliyordu ve birileri oraya doğru iniyordu. Adamın biri Suelo'yu battaniyeyi sardıktan sonra telefon bulmak için hızla tepeden aşağı koşmaya başlamıştı. Suelo'nun ondan sonra hatırladığı tek sahne, bir helikoptere yerleştirilmesi olmuştu.

Daniel'ın annesine, oğlunun hayatta kalmasını neye bağladığını sorduğumda cevabı hızlı olmuştu: "Yaradana sığınırsan melekleri sana göz kulak olur ve seni yeniden ayağa kaldırırlar," diye açıkladı Mezmurlar Kitabı'ndan bir vecizeyle. Fakat Suelo'nun kendisi mucizelere inanmıyordu. O uçurumdan yukarı nasıl çıktığını hatırlamasa da melekler tarafından yukarı çekildiğini de düşünmüyordu. Ne bir aziz ne de bir peygamber olduğunu düşünüyordu. Hatta Tanrı'yla aralarında direkt bir hat olduğundan da emin değildi. Tayland'da meditasyon sırasında ulaştığı en yüksek kırılma anında bile tam anlamıyla bu bağdan bahsedemezdi. Ona ışığa ulaşıp ulaşmadığını sorduğumda: "Hayır," diye cevap vermişti. Çünkü aydınlanmanın sürekli bir şey olduğunu düşünüyordu. Dahası Suelo kendini Hindu gizemciler ya da şamanlar gibi bir kâhin olarak görmüyordu.

"Meditasyon yapıp oruç tutmayı sevsem de geleceği gördüğümü söyleyemem doğrusu," diyordu Suelo. "Başka bir âlemde, daha iyi bir yaşam olduğunu düşünüyoruz ama şimdiki hayatımızın amacı burada ve hemen şimdi yaşamaktır. O yüzden uhrevi tasavvurlara ihtiyacımız yoktur."

Suelo'nun amacı Hz. İsa, Buda, Hz. Muhammed, Lao-tzu gibi dinsel figürlerin yolunu izleyip mümkün mertebe en basit şekilde hayatını sürdürmek olmuştu. Fakat bu tabii ki onlar gibi olmak istediği anlamına gelmiyordu.

Muhafazakâr bir Hıristiyan, bir keresinde Suelo'ya homurdanarak şöyle demişti: "Ne yani? Hz. İsa gibi yaşayabileceğini mi düşünüyorsun?"

"Sence yapamaz mıyım?" diye yanıtlamıştı Suelo.

Aralarındaki diyalog Suelo'nun organize dinlerle olan kavgasını temsil eder nitelikteydi: "Hz. İsa, 'Yaptığımı yapın,' dememiş miydi? O, takip etmemiz gereken bir örnekti. Tıpkı diğer peygamberler gibi. Peygamberler bizlere onlar gibi olmamızı söylememişler miydi? Hıristiyanlığın en büyük yanlışı, Hz. İsa'yı ve peygamberleri ikonlara dönüştürmesi ve onları dünyadan ayırıp cennete yerleştirerek, ulaşılmaz bir mertebeye koyması olmuştur. Böyle yaparak içlerindeki gerçekliği alıp değersiz idollere dönüştürmüyorlar mıydı onları? Hıristiyanlık diğer dinlerin putperestliğini eleştiriyordu fakat artık onlara Hıristiyanlığı ilk elden öğreten insanların ilkeleriyle yaşamıyorlardı."

Bütün bu panteist keşifleri ve muhafazakârlığa dair şikâyetlerine rağmen Suelo, nihayetinde yetiştirilirken edindiği değerlere yakın bir pozisyonda kalmıştı. Ailesi de hâlâ aynı değerlerle yaşamlarını sürdürmeye devam ediyordu. 1994 yılında Suelo'nun ağabeyi öldükten sonra Dick Shellabarger ve ailesi, Rick'in dul eşi ve torununa yakın olabilmek için Motel 6'ten ayrılıp Fruita'ya taşınmışlardı. Yetmişli yaşlarına yaklaşıyorlardı ve hâlâ önemli bir gelir kaynakları ya da emeklilikleri yoktu. O aşamada Dick'in erkek kardeşi devreye girdi. Yeni bir ev inşa edip kardeşi ve ailesine orada istedikleri kadar kalabileceklerini söyledi. Shellabargerler hâlâ evlerinde İncil dersleri vermeye devam ediyorlardı. Yoksulları, uyuşturucu bağımlılarını ve dayak mağdurlarını eve davet edip onlarla kalmalarına izin veriyorlardı.

Suelo'yla beraber Moab'dan onları ziyarete gittiğimizde, Suelo çöpten bulduğu yumurta, peynir ve pastırmayı yanında götürüp kahvaltıda hazırlamıştı. Kahvaltı hazırlanırken Laurel bana Daniel'ın çocukluktan bu yana yaptığı resimleri gösterdi. Ziyaretimizden birkaç gün önce bana yolladığı içten e-postada, "Sana Daniel'ın geçmişte yaptığı ve bizim için çok anlam ifade eden bir şeyler göstermek istiyorum," demişti. Bayan Shellabarger'ın göstermek istediği şeylerden biri, Daniel'ın lisede yaptığı el yapımı ve yaşadığı çevreyi betimleyen suluboya motifleriyle süslü bir Özlü Sözler Kitabı'ydı. Bir diğeri ise onlara hediye ettiği ve aradan on yıl geçtikten sonra yaptığı başka bir resimdi. "Hüzünlü bir resim," dedi Dick. "Ağabeyinin ölümünden sonra yapmıştı bunu."

Bizi sıcak karşılamalarına rağmen yine de Daniel'ın çizdiği yolu kabul etmelerine biraz şaşırmıştım.

"O yalnızca kendisine aittir," dedi Dick. "İstediği hayatı yaşadığı için onunla gurur duyuyorum."

Daniel ve babası arasındaki benzerliği fark etmekten kendimi alamamıştım. Her ikisi de ailelerinin en küçük üyeleriydi ve ağabeyleri finansal olarak daha başarılı kariyerlere sahip olmuşlardı. Her ikisi de sömürüleceklerini düşündükleri işlerde çalışmayı reddetmişlerdi. İkisi de din konusunda aşırıydı ve dinlerinin çoğunluk tarafından metafor olarak görülen kısımlarına meyilleri vardı. Yeni Ahit'in keşfine ve içeriğine dair ana akım inançlıların pek de umursamadığı konularda, ateşli tartışmalar yapmayı seviyorlardı. İkisi de başkalarının cömertliği sayesinde kira ödemeden yaşamışlardı.

Shellabargerlerin oğullarıyla ağız kavgalarının çoğu İncil'in yorumlanması üzerine, teolojik tartışmalardan ötürüydü. "Daniel İncil'i tinselleştirmişti," dedi Dick. "Mesela, Cennet'in Krallığı'nın şu anda var olduğunu ve İsa'nın ruhsal olarak içimizde olduğunu, fiziksel olarak bir kez daha geri dönmeyeceğini savunuyordu. Kılıçlarımızı çekmiştik fakat bir süre sonra birbirimizi kavga edemeyecek kadar sevdiğimizi hatırlamıştık." Dick Shellabarger aynı zamanda Daniel'ın evrenselciliğe dayanan, tüm insanların affedileceğine dair görüşüyle de bir meselesi vardı. "Bütün bu yanlış din ve görüşleri katıp karıştırmış anlıyor musun? İslam, Hinduizm ve Budizm; bütün dinleri birbirine karıştırıp deli saçması şeyler üretiyor. Gönderdiği bazı elektronik postalarda sözleri sahiden solcu nitelikler taşıyor. Bizler dar kafalı olduğumuz için Hıristiyanlık bu haldeymiş."

Tıpkı ebeveynleri gibi Daniel'ın kardeşleri de geleneksel Hıristiyanlığa bağlı kalmışlardı ve maneviyat, her daim öncelikleri olmuştu. Hiçbiri zengin değildi. Sekiz çocuk yetiştirdikten sonra Pennie ve kocası boşanmıştı. Pennie bir süre önce yeniden evlendi. Rick'in dul eşi Elaine ise oğluyla beraber Shellabargerlere yakın, mütevazı bir evde yaşıyordu. Engelli olan Ron, yakınlarda özel bir bakımevinde yaşıyordu. Danışmanlık üzerine yüksek lisans yapmış olan Doug geçirdiği omurga sakatlığı sebebiyle iki yıl boyunca çalışamadı ve fizyoterapist olarak çalıştığı işini kaybetti. Artık Home Depot'da çalışıyordu.

Elaine'e Suelo'nun sürdürdüğü hayattan dolayı bugüne kadar hiç utanıp utanmadığını sordum.

"Hayır," diye yanıtladı. "Bazı konularda ailesi olarak ona gerçekten de katılmıyoruz. Onun aşırı düşüncelere sahip olduğunu düşünüyoruz ama nihayetinde açgözlülüğe karşı savaşıyor ve kendine güveniyor. Birkaç adım daha yaklaşsaydı bize, onunla fikir birliğine bile varabilirdik. Açgözlülük ve gurur Amerika'nın iki büyük problemi ve mevcut ekonomimiz de açgözlülüğün en büyük problem olduğunu işaret ediyor." Ron'a kardeşinin hayatını nasıl bulduğunu sorduğumda yüzüne geniş bir gülümseme yayılmış ve: "Çok havalı," demişti.

Daniel'dan yalnızca on beş ay büyük olan kardeşi Doug, başına gelen talihsizlikten sonra para ve zenginlik getirecek fikirler üzerine yeniden düşünmek zorunda kalmıştı. "Yollarımız birbirinden ayrılmıştı ama aslında öyle olmadı. Asıl paradoks buydu," diye açıkladı bana Doug. "Görüşlerini paylaşmasan bile Suelo'yla karşılaşmaktan mutlaka fayda duyarsın. Yalnızca verir ve karşılığında bir şey beklemez."

Elbette ki ailenin gönüllü olarak yok saydığı cinsellik meselesi vardı. Eşcinsel bir oğula sahip olmak, Shellabargerleri hâlâ hem incitmeye hem de terbiye etmeye devam ediyordu.

"Kimseyle cinsel ilişki yaşayıp yaşamadığını bilmiyorum," dedi Laurel. "Bekâr kalmak zorundasın. Tesirine girmediğin sürece, cinselliği düşünmek günah değildir. Fakat Hz. İsa yalnızca gönülden yapılan zinanın günah olduğunu söyler."

Günah mı yoksa değil mi? diye merak eder halde otururken, Dick konuşmayı bizi iyice köşeye sıkıştırarak sonlandırdı.

"Eşcinsellik beyinde bir kusurdur, tıpkı beyin felci geçirmiş diğer oğlumun sorunu gibi," dedi. "Özürleri olduğu için oğullarımdan vazgeçemem değil mi? İkisini de daha fazla seviyorum."

"İyi de peki cehenneme gitmesinden endişe ediyor musunuz?" diye sordum hepsine.

"Hz. İsa'yı kurtarıcısı olarak kabul ediyor," dedi Laurel.

"Bu ne zaman olmuştu?"

"Yedi yaşındayken."

Yıllarca ailesine eşcinsel olmanın bir sapkınlık olmadığını anlatmaya çalıştıktan sonra Daniel, sonunda ailesinin onu aseksüel olduğunu farz ettiğini anladı ve bunu kabul etmek zorunda kaldı. Onlara yanıldıklarını söylemedi. Yine de ailesinin onu bir hadımmış gibi görmesi acı verici değil miydi?

"Buna ille de karşı çıkacak değilim," diyor Suelo. "Benim felsefeme göre her şey bir seviyede doğrudur. Ayrıca hiçbir zaman cinsel bakımdan çok hareketli biri olmadım. Her şeyi İncil'i referans alarak değerlendiriyorlar ve konunun ne ya da kim olduğu fark etmiyor. Bütün meseleleri bu yolla çözüyorlar ve bir uyum, iç denge yakalıyorlar. Yani benim onlara açılmam aslında iyi bir şey. Onlara bu meseleyi kendilerince sorgulayıp değerlendirme şansı veriyorum."

Dick, Hıristiyanlıkla ilgili kitaplar satan kitabevinin kasasında çalışırken içeri bir eşcinsel girmişti. İkili konuşmaya başladılar. Dick ona oğlunun eşcinsel olduğunu söyledi ve bunu duyunca gözyaşlarına boğulan adam, Grand Junction'da yaşayan bir eşcinsel olarak kendine bir din kardeşi bulamadığından yakındı.

"Ona, 'Tanrı seni de beni sevdiği kadar seviyor,' dedim," diye hatırladı Dick. "Minnettar olmuştu. Dükkân kapandıktan saatler sonra bile konuşmaya devam ettik ve bana hayatında hiç bu kadar eğlenmediğini söyledi."

Suelo'nun bana ebeveynleriyle ilgili anlattığı bir şey aklıma gelmişti. Genç bir adamken anne ve babasının dar görüşlülüğüne kızıyor, sarsılmaz inançlarına sinirleniyordu. Fakat aradan geçen yıllarda bu huylarına minnettar olmaya başlamıştı. "Bu kadar saf, hatta çocukça bir şekilde inançlarını sürdürmeleri, dünyayı farklı ve güzel bir gözle görmelerini sağlıyor."

Aldığı derslerden biri de reddettiği dinsel öğretilerin ona aslında birçok şey öğrettiğiyle ilgiliydi. "Hepimiz bazı köklere sahibiz ve köklerimiz kesilirse yaşayamayız," dedi Suelo. "Yetiştirilme tarzımda barışmam gereken, oldukça değerli şeyler de vardı. Bana karşılıksız verilen şeylere karşı nankör davranıyordum. Eski arkadaşlarımla buluştuğum zamanlarda bana ailemi ve evimizi nasıl sevgi dolu bir ortam olarak hatırladıklarını söylüyorlardı. Oysa onların ailelerinde alkolizm ve geçimsizlik sorunları, sık sık karşılaştıkları şeylerdi. İşte o zaman bütün ailelerin öyle ya da böyle sorunlar yaşadıklarını anlamıştım. Benim yaptığım ise ailemin pozitif yönlerini görmek yerine olumsuz özelliklerine odaklanmak olmuştu. Annem ve babam birbirlerini hep sevmişlerdi ve ne kavga ederler ne de bizlere kötü davranırlardı."

Anne ve babasının onun cinselliğini reddetmesi gibi, Suelo da onların Hıristiyanlığının kişisel ve toplumsal başkalaşımını kucaklarken, bağnaz ve dar kafalı yönlerini reddedebilirdi. "Sonuç olarak iyi özelliklerini alıp kötüleri geride bırakmayı bir şekilde öğrendim. Yetiştirilirken öğrendiğim şeylerin değerini bilip dar kafalı ve ikiyüzlü yanlarından kurtulabilirdim."

Daniel'ın üniversiteden hocası Brian Mahan, eski öğrencisi Suelo'nun yolculuğunu yalnızca kişisel ululuğa eriştiği bir yol değil, aynı zamanda ahlaki bir eylem olarak da görüyordu. Artık New York'ta Birleşik Teolojik İlahiyat Fakültesi'nde kalıcı bir öğretim görevlisi olarak çalışan Mahan, *Bilerek Kendimizi Unutmak: Kabiliyet ve Hırsın Etiği* isimli kitabın yazarı ve William James üzerine bir uzman. Öğrencilerini de Daniel'inkine benzer bir çeşit ahlaki seçim yapmaları konusunda cesaretlendirdiğini anlatmıştı bana. Bu mesele hâlâ Dr. Mahan'ın öncelikli konularından birisi ve şu şekilde yazıyordu: "Açlık gerçekten de yorucu bir yaşam, diye bahsediyor James davullara vurup histerik bir yaygara koparmaya gerek duymadan. Ne yalan söylüyor ne de dolambaçlı yollara giriyor. Bazı insanlar, servet biriktirme fikrinin mevcut neslin tam da belkemiği olacak şekilde idealize edildiğini anladığında, açlığın aslında saygın bir dinsel kabiliyet olduğuna ve askerî bir dönüşüme uğramayacağına dair inancın yeniden dirilip dirilmediğini merak eder. Ayrıca tam da günümüzde en çok ihtiyaç duyduğumuz tarzda bir ruhani reform yapabilecek bir nitelikte olup olmadığını da bilmek ister."

Mahan'a Daniel'ın yaşayış biçiminde etkisi olup olmadığını sordum. Nihayetinde Mahan, genç bir öğrencisinin zihnini para ve hırslardan vazgeçmesini öğütleyen yüce fikirlerle doldurmuştu.

"Aslında Daniel'ın bu konularda benden çok daha istekli olması beni utandırıyor!" diye yanıtladı gülerek. "Hiçbir öğrencimin bu kadar radikal biri olabileceğini düşünememiştim. Daniel gibilerini neden sorguladığımızın cevabını aslında sadece ben değil, hepimiz vermeliyiz."

Daniel'la Mount Evans'a tırmanırken zirvede bir bisiklet yarışıyla karşılaştık. Bisikletçilerin arkasında yoğun bir araç trafiği oluşmuştu. Trafiğin azalması için kenara çekip on beş dakika kadar bekledik. Yeniden harekete geçtiğimizde önümüzdeki araçları kolayca yakalayacağımızı düşünüyorduk fakat yaklaşık on kilometre gitmemize rağmen başka bir araç görmemiştik.

"Belki de hepsi uçurumdan atlamaya karar vermiştir," dedi Suelo.

Suelo, anne ve babası tarafından ona benimsetilen Protestan alışkanlıklarından hiçbir zaman tam anlamıyla vazgeçemediğini daha sonraları kabul edecekti. Başkalarının da öğrendiklerinden faydalanacağını düşündüğü için bununla ilgili konuşmaktan hiç çekinmiyordu. "Birilerini değiştirmeyi istemek kötü bir şey mi? Bazı insanlara yalnızca konuşarak etki edemez miyiz? Yoksa ağzımın fermuarını kapatmam mı gerekiyor?"

Dahası, Suelo artık iman gücünün değişime olan etkisini kabullenmeye başladı. Gandi ve Martin Luther King'i incelerken, en etkili sosyal hareketlerin temelinde ruhani bir merkez olduğuna inanmaya başlamıştı. "Dine karşı olan düşmanlığımın ötesine geçebilmem yıllarımı aldı ki bu yapıcı olmaktan ziyade yıkıcı bir süreç olmuştu – ta ki değişimin gücünün ticaret uygarlığının duvarları arasında bir Truva atı gibi durduğunu anlayana dek."

Kim olursa olsunlar ya da neye inanırlarsa inansınlar, Suelo, vereceği mesaja ihtiyacı olduğunu düşündüğü birine ulaşabilmek için elinden geleni yapıyordu. Hassas bir dengede hareket etmesi gerekebilirdi. Laik solcular onun parasızlıkla ilgili verdiği mesajdan etkilenirlerdi çünkü bankalar ve şirketleri zaten halihazırda aşağılarlar ve açgözlülüğün dünyadaki bütün problemlerin kökeni olduğuna inanırlardı. Fakat dini içeren önerilere pek de açık değillerdi. Suelo, Portland'dayken, bir gün içlerindeki punk rockçuların, Hıristiyanlığı çözüm değil asıl problem olarak gördüklerini belirttikleri güne kadar anarşistlerle gayet iyi anlaşıyordu.

"Portland'da insanlar Amerika'nın kırsal kesiminin muhafazakâr olduğunu anlamıyorlar," diye anlatıyordu Suelo. "Onların dillerinden konuşmadığımız sürece yerlerinden bir milim bile kıpırdamayacak koca bir popülasyondan bahsediyorum. Bu yüzden dini bir dili kullanmayı seçtim."

Suelo'nun blogundaki yorumlara bakınca ne demek istediğini anlayacaksınız. Onu en çok eleştiren muhafazakârlar, aynı zamanda Suelo'yu İncil'den yaptıkları alıntılarla tövbe etmeye ve sürüye geri dönmeye davet ediyorlardı. Suelo da tabii ki onlara aynı şekilde, Kutsal Kitap'tan alıntılarla yanıt verebiliyordu.

"Çocukken dinsizlere karşı çalışmak için misyoner olmayı hayal ederdim. Şimdi de misyonerlikte bir sorun görmüyorum ancak asıl misyonerlik faaliyetinin Hıristiyanlara karşı yürütülmesi gerektiğini düşünüyorum çünkü buna en çok ihtiyacı olan kişiler yine onlar ve dahası, bence artık kendi dinlerinin kökenlerine inanmıyorlar."

Dini bütün Hıristiyanların çoğu Hz. İsa'nın geri dönüşüne kendilerini o kadar kaptırmışlardı ki onun düşmanını sevme, öbür yanağını çevirme, uysallığı övme gibi en basit öğretilerini takip etmeyi bile bırakmışlardı. Suelo, çizdiği yolun tatminsiz Hıristiyanları aydınlatabileceğini düşünüyordu.

"Zihnimden hiç çıkmayan cehennem tehdidi düşüncesine rağmen muhafazakârlıktan uzaklaşmaya karar verdim," diye yazmıştı 2010 yılında bazı okurlarıyla yorum bölümünde tartışırken. "Sıkı bir muhafazakârlıktan vazgeçmek öyle kolay bir şey değil. O yüzden siz muhafazakâr olmayanların, muhafazakârlara karşı daha merhametli olmanızı rica ediyorum. Tam da bu anlayışsızlık sebebiyle yıllar boyunca yoğun bir depresyonun ortasında yaşadım

"Sonrasında özgürlüğüme kavuştum. Cehenneme gideceğim fikrinden vazgeçtim. Evet, belki de kendinden başka herkesin yanıldığını düşünen kişilerin cennetindense, Gandi'nin, Martin Luther King'in, Vivekananda'nın, Ramakrishna'nın, Rahibe Teresa'nın, Buda'nın, Kabir'in, Mevlana Celalettin Rumi'nin ve hatta İsa Mesih'in olduğu bir cehennemi tercih ederim. Bağnazlığın cennetindense sevginin cehenneminde olmaya karar vermiştim."

Suelo'nun nihai amacı ne bir kanunu değiştirmek ne de herhangi bir düzenlemede değişikliğe gitmekti. Asıl amacı kendi inançlarını yaşamaktı. Maddi dünyayı, yaşayan bir cehennem olarak görüp yaşamını sonlandırmayı denediğinde, ona hayata baştan başlama ve bu defa maddiyat yerine maneviyat üzerine bir hayat kurma fırsatı verildi.

Mount Evans'ın zirvesinde, yolun üst kısmında küçük bir yer bulduk ve park ettik. Aşağı doğru yürüyüp Daniel'in kendini öldürmeye kalkıştığı bölgeye geçtik. Aradan geçen yirmi yılda birkaç defa buraya gelmesine rağmen tam doğru noktayı bulmakta zorlanmıştı. Yaz ortası olmasına rağmen dağın zirvesi soğuk bulutlarla çevriliydi. Beyaz, granit blokların arasında sıkışmış halde, iri kaya parçalarına tutunarak tırmanırken, bir yandan da epeyce aşağımızdaki yeşil göle bakıyorduk. Gri bir kar bloğu dağ geçidinde titremişti. Yamaç beyaz ve sarı kır çiçekleriyle kaplıydı.

"Isırgan otları," dedi Daniel. "Yenilebilir."

Uçurum şeritlerinin dar çıkıntıları arasındaki çimleri inceledik. Hava yoğun ve soğuktu. Nefes alışverişlerimiz hızlanmıştı. Artık elli yaşındaki Suelo, yüksekliklerde kaygılanıyordu. Onu hâlâ endişelendiren uçuruma doğru, konuşmadan yürüyorduk. "Ne halt yemeyi düşünüyordum ki?"

Ona mucizevi kurtuluşunu neye yorduğunu sordum.

"Sonunda Tanrı'nın elini üzerimde hissetmiştim," dedi gülerek. "Ve ondan nefret ettim."

Eğer Tanrı gerçekten de ölümle arasına girdiyse –Suelo sahiden de bir sebepten ötürü hayatta kaldıysa– o halde bu, acı ve ıstırabı önlemek isteyen birinin hareketi değildi. Suelo'nun inandığı Tanrı, onun uçurumu tırmanmasına yardım etmişti çünkü eylemlerini inancı sayesinde hizaya sokup kendiyle yüzleşmesini istemişti. Suelo o güne kadar yalnızca cehennemi yaşamıştı ve artık kendi cennetini inşa etmeye zorlanıyordu.

Doğru noktayı bulduğumuzdan emin değildik. Etrafta cam kırığına benzer, en azından doğru yerde olduğumuzu ispatlayacak bazı nesneler arıyorduk. Bir süre daha arandıktan sonra yukarıda, yola doğru olan kesimde bulunan taş yığınına doğru tırmandık. Ayaklarımızın altındaki taşlar kayarak dengemizi yitirmemize sebep oluyordu.

"Özgür irademiz var zannediyoruz ama aslında yok," dedi Suelo. "Yaşamak ya da ölmek benim kararım değil."

İşte Suelo'yu orada bırakmak istiyordum; dağın yanında, özgür ya da özgür olmayan iradesiyle, yaşamaya değer bir hayat için mücadele verirken... Tanrı'nın Suelo için bir amacı vardıysa buna Suelo bile direnemezdi. Modern bir insan olan Daniel Shellabarger arabasıyla kendini bir uçurumdan bırakmış ve ölmüş, hemen ardından yalnızca iki eli ve ayağıyla yeniden zirveye tırmanmaya çalışan, ne parası ne de herhangi bir şeyi olmayan, sonsuz bir adam olarak yeniden dünyaya gelmişti. "Nefretimizle karşılaşacağımızı zannettiğimiz yerde bir Tanrı bulacağız," diye yazıyordu Joseph Campbell. "Birini öldürmeyi düşündüğümüzde aslında kendimizi öldüreceğiz, dışarıya açıldığımızı düşündükçe kendi özümüze döneceğiz, yalnız olduğumuzu düşündüğümüzde bütün dünyayla beraber olacağız."

Sonsuz şimdiye ulaşma çabası, bir adamın kalbini doldurmaya yeter. En iyisi Suelo'yu mutlu bir adam olarak hayal etmeli...

TEŞEKKÜR

Öncelikle benimle hikâyesini hiçbir anlamda karşılık beklemeksizin paylaşan Daniel Suelo'ya minnettarım. Riverhead Books'tan Becky Saletan, onunla ilk kez iletişime geçip kitap fikriyle ilgilenip ilgilenmediğini sorduğunda şöyle yazmıştı Suelo: "Karşılığında elbette tek bir peni ya da başka bir şey istemem, bütün işi saçma bir hale getirir." Başlangıçtan sonuna dek Suelo hiçbir şey almak istemediğini söyledi ve bence sözünü tutmayı başardı. Bana yalnızca kalbini açmakla kalmadı, aynı zamanda ailesi ve dostlarını da sorularıma içtenlikle cevap vermeleri konusunda cesaretlendirdi. Hayatındaki insanlar yalnızca sorularımı yanıtlamakla kalmayıp bana yemek ve yatacak yer de sundular. Richard ve Laurel, Doug, Ron ve Elaine ve tüm Shellabarger ailesini tanıma şansını yakaladığım için özellikle mutlu sayıyorum kendimi. Tim Frederick'e, Timothy Wojutsik ve Damian Nash'e yıllar boyunca biriktirdikleri mektupları paylaşarak katkıda bulundukları için de ayrıca teşekkür etmeliyim. Irv Thomas da eski elektronik postalardan oluşan arşivini sundu. Conrad Sorenson'a zengin öyküsünü bu kitapta paylaştığı için teşekkür ederim.

Moab'daki arkadaş ve komşularım, kasabanın karakterini ve Suelo'nun oraya yerleşme hikâyesini anlamamda çok değerli katkılarda bulundular. Chris Conrad, August Brooks, Andrew Riley, Dorina Krusemer, Linda Whitham, Bill Hedden, Frankling Seal,

Brer Erschadi, Rayburn Price, Roberta Ossana, Whitney Rearick ve Pete Gross ilk elden sayabildiklerim. Youth Garden Project'teki bayanlar: Jen Sadoff, Rhonda Gotway ve Delite Primus'a özellikle teşekkür ederim. Suelo'nun ilginç hayat hikâyesindeki parçaları birleştirmemde Dawn Larson, Rebecca Mullen, Corinne Pochitaloff, Brian Mahan, Michael Friedman, Randy Kinkel, Kathryn Chindaporn, Satya Vatu, Mel Scully, Ander Olaizola, Tre Arrow, James Ward, Sam Harmon, Logan White, Roy Ramirez ve Phillip Maughmer kritik rol oynamışlardır.

Bir kitabın yalnızca yazarının uğraşması sonucu meydana gelmediğini söylersek doğruyu söylemiş oluruz. Elinizdeki kitap, bir sosisin aslında bütün bir köyün emekleri sonucu meydana geldiğini kanıtlar nitelikte bir ürün. Yazar Christopher Ketchum'a özel teşekkürlerimi belirtmek isterim. Dergisinde Suelo'nun hikâyesini yazmasaydı belki de bu kitap hiçbir zaman var olmayacaktı. Blaine Honea, en sonunda okumayı başardığım Öğrenci İncili'ni gönderdi ve Isan Brant, yazar fotoğrafını çekerek katkıda bulundu. Barb ve Scott Brant beni ağırlayıp bu kitapta geçen yazılar açısından oldukça faydalı olan inanç kavramıyla ilgili birçok şey öğrettiler.

Yapmak üzere olduğum şeye dair ilk ipuçlarını yakalayanlar, Dnabury'de bir otel barında, mikrofondan okuduğum ilk taslağı dinleyen Western Connecticut State Üniversitesi, Yaratıcı Yazarlık bölümünden öğrenci ve meslektaşlarım olmuştu. Esirgemediği soruları ve sundukları karşıt fikirleriyle bana doğru bir iş üzerinde olduğumun işaretlerini verdiler. Altı yıl boyunca beni Montana'ya uçuran Brain Clements'e, aynı işyerinde yatıp kalktığım yazar meslektaşlarım Paola Corso, Elizabeth Cohen, Dan Pope, Daniel Asa Rose ve Don Snyder'a teşekkür etmek isterim. Taos Yazarlar Kampı için gittiğimde her seferinde beni hep aynı sıcaklıkla ağırlayan, New Mexico Üniversitesi'nden Sharon Oard ve Greg Martin'e minnettarım.

Riverhead/Penguin'deki dostlar bu kitabı yalnızca daha iyi bir hale getirmekle kalmadılar, aynı zamanda bu fikrin hayata geçmesi için heveslerini ortaya koyup aklımdaki şeyin iyi bir fikir olduğuna ikna ettiler. Elaine Trevorrow, Martin Karlow, Pamela Barricklow, Tamara Arellano, Ashley Fisher-Tranese, Rick Pascocello, Liz Psaltis, Alex Merto, Tiffany Estreicher, Helen Yentus, Caitlin MulrooneyLyski ve Craig Burke'e minnettarım. 3 Arts Entertainment'ten Melissa Kahn, bu trenin durmadan ilerlemesini sağladı.

Sevgili dostlarım Melony Gilles ve Mathew Gross bu kitabın yazımında bana duygusal, entelektüel ve estetik bağlamda tıpkı önceki kitaplarımda da olduğu gibi kılavuzluk ve yarenlik ettiler.

Richard ve Rosemary Sundeen, onları harika birer eski seminerci ve harika birer ebeveyn yapan açık görüşlülükleriyle, bu kitabı ilk okuyan kişiler oldular. El yazmalarım, Ellen Finnigan, Erik Bluhm ve Elizabeth Hightower Allen'ın titiz düzeltmelerinden fazlasıyla faydalandı. İlk taslak ve bölümleri okuyan erkek kardeşim Rich Sundeen'e, Stan, Sharon ve Tim Bluhm'a ve ayrıca Eric Puchner, Antonya Nelson, Leslie Howes, Ashley Gallagher ve Alissa Johnson'a teşekkür etmek isterim.

Menajerim olarak on yıldan fazla bir zamandır benimle çalışan Richard Abate, zekâsı, sadakati ve dostluğuyla New Yorklu edebiyat menajerleriyle ilgili olumsuz önyargıları boşa çıkarmaya devam ediyor. Yayıncım Geoffrey Kloske, benim adımla girdiği ve pek de akılcı olmayan kumarından dolayı birden fazla kere tebrik edilmeyi hak ediyor. Kitap editörlerinin yalnızca özel platformlarda ve satış rakamlarının diliyle konuştuğu bir çağda, Becky Saletan yaptıklarıyla bir zamanlar editörlerin de yazarlar gibi merak, tutku ve yaratıcılıkla çalıştıkları bir çağdan kalmış birisi izlenimi yaratıyor. Bir yıl boyunca, el yazmasını sürekli olarak yoğun bir ilgi ve öngörüyle inceleyip daha iyi hale getirmem için geri gönderdi. Ona minnettarım.

Cedar Brant, sahip olduğu şair kulağı ve seyyah bilgeliğiyle bu kitabı yazarken yanımda oldu. Bununla yetinmeyip aynı zamanda köpeğim Sadie'yi son yolculuğuna uğurlarken de yanımdaydı. Bana harika bir kırkıncı yaş doğum günü partisi hazırladı ve benimle evlenmeyi kabul etti. Onu çok seviyorum.